◎ 本书为国家自然科学基金面上项目

《产学研虚拟知识联盟的动态协同创新机制研究（项目号71273230）》的研究成果

◎ 获得浙江省哲学社会科学重点基地浙江财经大学政府管制研究中心的资助

◎ 浙江财经大学财政与金融协同创新中心资助

Knowledge
知识：
国家创新系统的协同本质

叶伟巍　王翠霞　著

ZHEJIANG UNIVERSITY PRESS
浙江大学出版社

摘　要

　　国家创新系统的协同水平,不仅微观上攸关高校和研究机构知识生产、知识传播、知识转移的效率,攸关企业知识吸收和创新实践的绩效,而且宏观上攸关创新驱动发展战略的实施,攸关自主创新能力的培养,攸关国际竞争力的提升。从历史发展进程分析,美国、英国、欧盟、日本、以色列等发达国家和地区的突出优势就是在于拥有高效协同的国家创新系统。新中国成立以后,我国在人才培养、科学研究和社会经济发展等各个方面取得了长足发展,但是国家创新系统存在的分裂、分割、孤岛现象在发展过程中显得尤为突出,成了制约我国自主创新能力和协同创新绩效提升的重要障碍。因此,构建有中国特色的协同创新体系和创新政策体系,培育企业、高校、研发机构、中介机构以及以政府、金融机构等为主体的创新生态系统,提高协同创新效率,成为当务之急。基于此背景,本研究围绕国家创新体系中协同创新能力建设目标,提炼了国家创新系统协同创新的影响因素,并从理论和实证上对协同创新的静态机制和动态机制展开研究,旨在探索影响我国创新系统发展的关键瓶颈和政策激励解决方案,丰富国家创新系统理论和创新政策理论。

　　本书主要采用文献分析法、案例研究法、问卷研究法、统计分析法,特别是借鉴复杂系统中经典的"B-Z"反应模型,对国家创新系统协同创新进行了较为深入的研究,主要研究了如下四个方面的问题:(1)国家创新系统协同创新过程中的关键维度及其影响因素;(2)国家创新系统静态协同创新机制研究;(3)国家创新系统动态协同机制研究;(4)提高协同效率的创新政策研究。

　　通过理论和实证研究,本书主要得出以下几点重要结论:

　　(1)基于复杂系统理论视角入手,通过文献研究梳理了国家创新系统的知识、参与者、政策体系三个关键子系统,通过案例研究提出了"知识是协同创新核心要素,知识的生产、转移、吸收利用是影响协同创新绩效的关键环节,高校与研究机构知识转移能力和企业吸收能力是直接制约产学研协同创新绩效提升的关键因素"等理论假设,并得到了实证的支持。

(2)基于问卷调查数据和实证分析,探索了协同创新的静态机制,得出如下结论:首先,企业吸收能力是制约当前国家创新系统协同创新绩效的关键瓶颈因素;第二,高校知识转移能力是影响国家创新系统协同创新绩效的主要因素之一;第三,激励政策能有效促进企业吸收能力与高校知识转移能力提升。

(3)在静态协同创新机制研究的基础上,借鉴复杂系统理论中经典的"B-Z"三维分析模型,基于 Matlab 仿真分析软件探索了三种状态中激励政策强度变化下,协同创新绩效、企业吸收能力和高校与研究机构知识转移能力三者协同演进的动态机制。研究发现:首先,吸收能力与协同创新绩效存在高度相关性。当企业吸收能力较高时,知识转移效率能够有效提高,协同创新绩效可以提升 5 倍。第二,高校知识转移能力呈现较稳定状态。第三,激励政策对产学研协同创新具有积极作用。当企业吸收能力不足,但是激励政策较强时,产学研协同创新绩效具有一定提升效果;当企业吸收能力较高同时激励政策较强时,协同创新绩效可得到 4.5 倍的提升。

(4)基于协同创新静态机制和动态机制的研究成果,针对企业吸收能力是制约协同创新绩效瓶颈因素的研究结论,从环境激励政策、企业吸收能力激励政策和高校与研究机构激励政策三个层面设计了政策解决方案。

本书的主要理论贡献和创新点为两个方面:(1)不同于以往的静态协同创新机制的研究方法,本书借鉴复杂系统理论中经典的"B-Z"三维分析模型,基于 Matlab 仿真分析协同创新绩效、企业吸收能力和高校知识转移能力三者协同演进的动态机制,是复杂系统理论在创新管理领域的探索性运用,研究方法具有一定创新性。(2)基于静态协同机制的实证研究和动态协同机制的仿真研究,发现了企业吸收能力在协同创新进程中的关键作用。这一研究发现,不仅有利于企业了解吸收能力在实施开放式创新过程中的战略性意义,而且也为激励政策的优化提供了针对性方向,研究结论或具有一定创新性。

关键词:国家创新系统　协同创新　复杂系统理论　"B-Z"反应模型

ABSTRACT

Collaboration level of national innovation system is of great importance, from micro level, it not only related to the efficiency of knowledge production, knowledge communication and knowledge transfer of the universities and research institutions, but also related to the knowledge absorption and innovation performance of enterprises. From macro level, it not only related to the cultivation of innovation ability, but also related to the achievement of innovation-driven development strategy and improvement of the international competitiveness. From the history of developed countries and regions, like America, Britain, the European Union, Japan, Israel et al., their advantage owes to the highly efficient collaboration of national innovation system. After the founding of new China, personnel training, scientific research and social economic development all obtained the considerable development, but the existence of segmentation, split and islanding phenomenon of national innovation system is particularly prominent, which become main obstacles that restrict our independent innovation capacity and cooperative innovation performance. In order to improve the efficiency of collaborative innovation, how to construct collaborative innovation system and innovation policy system with Chinese characteristics, cultivate innovation ecosystem including enterprise, universities, research institutions, agencies, government and financial institutions, has become an emerging and pressing matter of the moment. Based on such background, this study focuses on the goal of collaborative innovation ability of national innovation system, summarizes the influence factors of collaborative innovation, then researches on the static mechanism and dynamic mechanism of collaborative innovation from theoretical and empirical respective, aiming to explore the key bottlenecks which influence the development of China's innovation system and suggest policy solutions, thus to rich the theory of national innovation system and innovation policy.

Using the methods of literature analysis, case study, questionnaire research, statistical analysis, especially classic "B-Z" reaction model from the complex system, this paper deeply studied the collaborative innovation of national innovation system, mainly on the following four aspects: (1) key dimension and influencing factors in the process of collaborative innovation of national innovation system; (2) static collaborative innovation mechanism of national innovation system; (3) dynamic collaborative innovation mechanism of national innovation system; (4) innovation policy of improving the cooperative efficiency.

Through theoretical and empirical research, this paper draws the following important conclusion:

(1) Based on complex system theory, this paper reviews three key subsystem of national innovation system: knowledge, participants and policy system. Through multi-case study of the "knowledge is the core element of collaborative innovation, production, transfer, absorption and utilization of knowledge is the key process that influencing the cooperative innovation performance, knowledge transfer ability of university and absorptive capacity of enterprises directly restricted the synergetic innovation performance", such theoretical hypothesis are pointed out and supported by empirical test.

(2) Using data survey and empirical research, this paper explored the static mechanisms of collaborative innovation, draws the following conclusions: first, the absorptive capacity of enterprises is the key bottleneck factor of current innovation performance of national innovation system; second, knowledge transfer capacity of university is also one of the main factors that influencing collaborative innovation performance of national innovation system; third, incentive policy can effectively promote absorptive capacity of enterprises and knowledge transfer ability of universities.

(3) Based on the static mechanism of collaborative innovation, using classic "B-Z" three dimensional analysis model and Matlab simulation analysis software to explore the dynamic collaborative mechanism of the three ele-

ments: collaborative innovation performance, absorptive capacity of enterprise and knowledge transfer ability of university. The study found: firstly, absorptive capacity of enterprise has high correlation with cooperative innovation performance. When the absorptive capacity is high, the efficiency of knowledge transfer can effectively improve the performance, collaborative innovation can increase about 5 times. Second, knowledge transfer capacity of universities keeps stable. Third, the incentive policy has positive effects on collaborative innovation. When the absorptive capacity is insufficient, but the incentive policy is strong, certain performance can be promoted; when the absorption capability of enterprise is high and incentive policy is strong, collaborative innovation performance can be increased about 4.5 times.

(4) Based on static and dynamic mechanism of collaborative innovation, connecting with the conclusion that absorptive capacity of enterprises is the bottleneck factors that restrict the innovation performance, this paper designed policy solutions from three aspects: environment optimization, absorptive capacity promotion of enterprise and university motivation.

The contribution and innovation of this paper is shown in the following two aspects: (1) Different from the previous static methods in researching collaborative innovation mechanism, this paper uses classic "B-Z" three dimensional analysis model and Matlab simulation analysis, exploring the dynamic mechanism of collaborative innovation performance, absorptive capacity and knowledge transfer ability. Which is a new application of complex system theory in the field of innovation management, therefore, research methods are innovative. (2) Based on empirical research of static mechanism and simulation research of dynamic mechanism, we found that absorptive capacity of enterprises is the key role in the process of collaborative innovation. The findings of this study, not only benefits to the promotion of absorptive capacity, but also provides the direction for the optimization of incentive policy, the conclusions are innovative.

Keywords: National innovation system; collaborative innovation; theory of complex system; "B-Z" reaction model

C 目 录
ontents

表目录

图目录

01 绪　论

1.1　研究背景

Schumpeter(1912)在《经济发展理论》中首次诠释了创新的本质：执行新的生产要素组合，推进经济内涵式发展。熊彼特以康德拉季耶夫的经济长波理论为基础提出的创新理论，把繁荣、衰退、萧条、回升看成是一个经济发展周期，并把 18 世纪 80 年代至 20 世纪末这二百年的资本主义经济发展过程分为三个长波，研究发现经济发展周期性长波主要是由创新引起的，战争、革命、气候等只是次要的因素(柳卸林，1993)。吴晓波等(2011)认为，2008 年以来的金融危机，尽管从表面上看是金融系统的危机，但本质是因为 20 世纪 90 年代互联网带来的创新浪潮与下一轮创新浪潮之间出现了断裂，闲置资本找不到获利出路，而不得不投向金融市场，实体经济和虚拟经济的严重背离导致了其最后演化变成经济危机。这一轮经济危机的解决出路，还是在于创新。

为了适用环境持续且复杂的变化(Campbell，1960)，创新不仅是世间万物谋求生存和发展的必然选择，也成了国家全球竞争力的核心要素。世界经济论坛(World Economic Forum)认为，全球竞争力是决定一个经济体生产力水平的各种政策、制度和因素的集合，决定了经济体中长期发展的潜力。世界经济论坛引入全球竞争力指数(GCI)，将各国划分为要素驱动、效率驱动和创新驱动三个发展阶段。世界经济论坛的《全球竞争力报告(2014—2015)》发布，中国的技术准备度(83 位)和高等教育培训(65 位)两大弱点依旧是制约我国竞争力排位(29 位)的重要因素。技术准备度是表征技术能力的主要指标，影响技术准备度的主要因素是新技术获得(排位第 97 位)、企业技术吸收(排位 68 位)、FDI 本土技术转移度(排位 81 位)、个人互联网普及(排位 51 位)、国际带宽(120 位)；高等教育培训则反映了学习能力，影响较大的指标是高等教育入学率(排位 85 位)、教育质量(排位 52 位)、管理学院的教学质量(85 位)、高端研究培训的可获得性(排位 58 位)、普通公民的培训(排位 46 位)。总体分析,我国属于以效率驱动发展的第二等级国家,而非以创新驱动的第三等级国家。技术准备度不足影响着企业现实的吸收能力水平,高等教育培训的弱点又很大程度上限制着企业吸收能力的持续提高。

新技术获得、企业技术吸收、FDI 本土技术转移度等指标本质表征了我国创新系统的知识吸收能力;个人互联网普及、国际带宽侧面表征了我国信息化技术的应用基础;高等教育入学率、教育质量、管理学院的教学质量、高端研究培训的可获得性、普通公民的培训等指标则综合反映了我国科技人才和管理人才的质量。知识吸收能力、信息化水平、人力资源质量等,成为当前制约我国创新系统的竞争力水平的关键因素,从而影响国家创新驱动战略的全面实施。《OECD 中国创新政策研究报告》也指出,中国创新系统像一个拥有众多"创新岛屿"的群岛,因为内部的协调与整合并不完善,所以限制了"岛屿"之间的溢出(薛澜、柳卸林、穆荣平,2011)。尽管 2010 年我国国际科技论文总量居世界第 2 位,发明专利授权量居世界第 3 位,局部知识积累显著,但以拥有自主知识产权形成核心技术的企业仅为万分之三,99% 的企业没有申请专利,企业知识积累效果与发达国家化相形见绌;而且企业和高校研究机构的联系强度不增反降(柳卸林,2010),科技资源的分散、分割、协同性差等问题在新形势下尤其突出(方新,2011;穆荣平,2011;李廉水,2011)。

党的十八大将创新驱动作为下阶段发展的主要目标,十八大报告提出"要坚持走中国特色自主创新道路,以全球视野谋划和推动创新,提高原始创新、集成创新和引进消化吸收再创新能力,更加注重协同创新。着力构建产学研相结合的技术创新体系,完善知识创新体系,强化基础研究、前沿技术研究、社会公益技术研究,提高科学研究水平和成果转化能力,抢占科技发展战略制高点"。《国家中长期科学和技术发展规划纲要(2006—2020 年)》也明确提出"加快建设以企业为主体、市场为导向、产学研相结合的技术创新体系,引导和支持创新要素向企业聚集,促进科技成果向现实生产力转化"。

十八大以后,我国怀揣着中华民族复兴的"中国梦",踏上了打造经济发展升级版的征程。但是,随着全球地缘政治矛盾不断发生,欧美国家经济欲振乏力,量化宽松政策此起彼伏,贸易保护主义重新抬头,国际贸易形势空前严峻;国内社会结构两极分化,未富先老几成定局,内需拉动困难重重;国内传统产业库存积压,新兴产业举步维艰,产业结构性缺陷和创新能力缺乏的痼疾加速凸显。尤其是知识解析能力弱、知识吸收能力差、协同创新能力落后等问题,在当前经济发展方式转变、经济结构转型和产业结构升级的大背景下,成为了我国从效率驱动阶段迈向创新驱动阶段的"达尔文鸿沟"。

创新的本质是执行生产要素的新组合,获得创新租金(Schumpeter,1912)。创新驱动发展战略本质上是一种内涵式发展战略,是以提高发展质量而不是扩大生产数量实现经济发展的增长方式。新形势下如何落实创新驱动发展战略,如何实现经济发展方式转变、结构转型、产业升级? 解决这些现实问题是当前摆脱资源消耗型增长模式、破解经济发展迷局的关键,不仅仅直接攸关我国经济社会可持续发展战略的成败和民族复兴崇高理想的实现,而且也应该成为政府、产业、学者以及所有负责任公民的共同使命。

1.1.1 自主创新成为经济发展的决定性因素

熊彼特(1912)以康德拉季耶夫的经济长波理论为基础提出了"创新理论"。创新理论把经济的繁荣、衰退、萧条、回升的变化看成是一个长波周期,并对18世纪80年代至20世纪末这二百年的资本主义经济发展历史进行了深入分析,研究发现经济发展长波主要是由创新引起的,战争、革命、气候等只是次要的因素(柳卸林,1993)。第二次世界大战以后,世界经济的快速增长也主要归功于研发推动的技术进步(陈劲,2012)。2008年以来的金融危机,尽管从表面上看是金融系统的危机,但本质是因为20世纪90年代互联网带来的增长热潮与下一轮增长点之间的断裂,闲置资本找不到获利出路,而不得不投向金融市场,实体经济和虚拟经济的严重背离最终导致其演化变成经济危机(吴晓波等,2011)。今天,创新在经济发展中的主导作用已经得到广泛认同,创新能力是国家竞争力核心的理念也被普遍接受,但是在英美强权文化冲击下,创新所隐含的产业发展主导权竞争的残酷本质却一直被我国大多数人忽视。

目前世界上公认的创新型国家有20个左右,包括美国、英国、德国、法国、日本、芬兰等国家。这些国家的创新综合指数明显高于其他国家,科技进步贡献率一般在70%以上,研发投入占GDP的比例一般在2%以上,对外技术依存度指标一般在30%以下(陈劲,2012)。创新型国家的共同特征可以归纳为:国家和社会对创新活动的投入高,重要产业的国际竞争力强,投入产出绩效较高,科技创新在产业发展和国家经济增长中起重要作用。同时,创新型国家还在持续地实施各项行动计划,旨在提升高校创新能力,从而推动产学研合作和国家创新能力提升。例如,德国在研究型大学建立"科学基金会研究中心",实施产学研"协同计划"(Coordinated Programs);日本通过加强高校重点学科建设启动的"COE计划",来推动产学研协同创新的发展;欧盟较为系统性地提出加强高校创新能力建设计划——知识三角战略,其目的是充分发挥高校在知识三角即教育、科学研究和产业技术创新之间的核心作用,为社会和产业部门创造和扩散知识价值,从而推动国家创新竞争力的提升(项杨雪,2013)。

纵观世界创新型国家的发展历史,自主创新占据国家创新能力竞争的要津。领先创新型国家经历了漫长的自主发展过程,最终形成了各领风骚数百年的繁荣局面。英国最早举起了工业革命的旗帜,瓦特的蒸汽机技术创新,直接催生了纺织业、交通运输业和钢铁工业的大发展。法国、德国等紧随其后走出了各具特色的自主创新道路,引导了欧洲的工业化全盛时期的来临。19世纪末到20世纪初,美国以爱迪生发明电灯为开端,以电力技术为代表的技术创新形成连锁反应,使美国只用短短30年时间,便超过德国成为新的科技经济中心,跃居为世界第一经济大国,并取得了政治、军事、金融等方面的发展主导权(叶伟巍,2010)。美国创新成果中78%为首创或技术突破型,这为美国的崛起和长盛不衰提供了不竭创新动力(Miller & Hobday,1995)。20世纪中叶,日本经济蒸蒸日上,大有超越美国的势头,但是由于日本走的是依附式创新发展道路而不是以自主创新主导的创新发展道路,最终无法形成新的产业和产业群,因此只能缩短与发达国家的科技经济差距,却不能完成超越。回顾创新型国家的演进历史可以发现,20世纪70年代之前,主要是科技创新推进了经济社会的全面繁荣(见表1.1)。

表1.1 五次科技革命

序次	大约时期	主要内容
第一次	1780—1840	产业革命:纺织品工厂化生产
第二次	1840—1890	产业革命:蒸汽机与铁路
第三次	1890—1940	产业革命:电气与钢铁
第四次	1940—1990	产业革命:汽车和合成材料大批量(福特主义)生产
第五次	1990—	产业革命:微电子和信息网络

资料来源:Freeman & Soete(1997)。

经过100多年的创新实践,如今创新的重要性已经得到全球普遍公认,并演化出三种主流模式。在工业化时代,五次科技革命浪潮推进了产品功能和制造工艺水平的极大进步,造就了科技推动型创新模式的鼎盛;随着大规模生产管理方式的成熟,社会产品日益丰富引发了激烈的市场竞争,关注并满足用户需求成为赢得产业创新主导权的另一个竞争焦点,市场研究的盛行成就了市场拉动型创新模式的成功；随着知识经济的到来，创新环境发生着更为深刻的变化，用户需求日趋人性化、差异化、多元化，产品日益系统化、复杂化、知识密集综合化，生产过程日益职能化、柔性化，产品设计凸显为创新过程竞争的第三个焦点，催生了设计驱动型创新模式（Werganti，2003）的萌芽，自主创新的内涵和外延得到了极大拓展。设计驱动型创新模式不仅关注科技成果在产品功能优化过程中的重要作用，同时重视产品定位与用户需求的无缝对接，重视社会文化对于用户选择偏好的潜在影响作用，通过产品语意创新强化用户购买产品的理由。苹果公司系列产品的空前成功佐证了设计驱动型创新的巨大威力。

我国探索自主创新的道路可谓一波三折。建国初期，我国希望依靠苏联实现国防安全和经济赶超，但是民族自尊和技术依靠之间的矛盾必然激化，最终我国还是依靠自主攻关顺利完成了"两弹一星"计划，保证了国家的安全；改革开放初期，希望依靠"市场换技术"实现技术学习，但是也没有达到预期效果，反而是自主创新的一大批民族企业，如联想、方正、华为、中兴、三一重工、青岛海尔、烟台万华、阿里巴巴等，成为了支撑中国经济的脊梁。因此，我国在新形势下提出了"2020年成为创新型国家，2050年成为世界科技强国"的目标，创新驱动和自主创新成为创新型国家建设的关键。

2006年全国科技大会提出，要在2020年建成创新型国家，使自主创新成为经济社会发展的有力支撑，相应的科技创新基本指标是：经济增长的科技进步贡献率要从39％提高到60％以上，全社会的R&D/GDP的比值要从1.35％提高到2.5％。2012年全国科技创新大会进一步提出：2020年，我国要基本建成适应社会主义市场经济体制、符合科技发展规律的特色国家创新体系，原始创新能力明显提高，集成创新、引进消化吸收再创新能力大幅提高，关键领域科学研究实现原创性重大突破，战略性高技术领域技术研发实现跨越式发展，若干领域创新成果进入世界前列；创新环境更加优化，创新效益大幅提高，创新人才竞相涌现，全民科学素质普遍提高，科技支撑引领经济社会发展能力大幅提升，进入创新型国家行列。国家对深化科技体制改革、加快创新型国家建设提出6点意见：第一，进一步推动发展更多依靠创新驱动，坚持把科技摆在优先发展的战略位置，把科技创新作为经济发展的内生动力，激发全社会的创造活力，推动科技实力、经济实力、综合国力实现新的重大跨越。第二，进一步提高自主创新能力，大力培育和发展战略性新兴产业，运用高新技术加快改造提升传统产业，加快农业科技创新，发展关系民生和社会管理创新的科学技术，推进基础前沿研究。第三，进一步深化科技体制改革，着力强化企业技术创新主体地位，提高科研院所和高等学校服务经济社会发展能力,推动创新体系协调发展,强化科技资源开放共享,深化科技管理体制改革。第四,进一步完善人才发展机制,坚持尊重劳动、尊重知识、尊重人才、尊重创造的重大方针,统筹各类人才发展,建设一支规模宏大、结构合理、素质优良的创新人才队伍。第五,进一步优化创新环境,完善和落实促进科技成果转化应用的政策措施,促进科技和金融结合,加强知识产权创造、运用、保护、管理,在全社会进一步形成讲科学、爱科学、学科学、用科学的浓厚氛围和良好风尚。第六,进一步扩大科技开放合作,提高我国科技发展国际化水平,在更高起点上推进自主创新。

目前距实现建设创新型国家的目标仅有不到 5 年的时间,形势十分紧迫,任务非常艰巨。政府作为国家创新系统的运营主体,应该如何深化科技体制改革和科技激励政策改革,应该如何营造有利于创新的文化氛围和信用氛围,破除束缚创新的思想观念桎梏与体制机制障碍,提高公共创新资源的供给效率,提升国家创新系统各个子系统的协同效率?高校和研究机构作为国家创新系统的知识创造主体,不仅是培养和集聚高层次人才的战略阵地,而且是知识生产和传播的重要基地,应该如何提高研究的针对性、时效性、前沿性,应该如何提高知识的解析能力和转移能力,生生不息地为国家创新系统内部的协同提供源头活水?企业作为国家创新系统的创新主体,应该如何加强内部研究实力、提升知识需求的反馈能力、提高外部知识的学习能力和综合吸收能力?文化机构、设计机构及其他中介服务机构作为国家创新系统的重要组成部分,应该如何在知识转移和知识利用过程中发挥应有的催化作用?金融机构、风险投资机构、民间资本作为国家创新体统的主要金融支撑力量,应该如何创新金融服务,推进知识的定价和资本化运作?解决这些现实问题的关键是提升各类创新子系统之间的协同效率,这不仅是深化落实创新驱动发展战略的关键行动要素,而且直接攸关我国经济社会可持续发展战略的成败和民族复兴崇高理想的实现。

1.1.2 协同创新是实现自主创新的关键途径

协同创新概念由美国麻省理工学院斯隆中心研究员彼得·葛洛(Peter Gloor)给出:协同创新就是"由自我激励的人员所组成的网络小组形成集体愿景,借助网络交流思路、信息及工作状况,合作实现共同的目标"(陈劲,2012),但是其主要的着眼点是组织体系内部的协同创新,是创新系统组织子系统内部的一种协同形态。复杂系统是相互间以一种复杂的方式作用的许多单元所组成的系统。国家创新系统也是一种复杂系统,由政府、企业、用户、大学、研究机构、金融机构、中介机构等创新主体组成,要使国家创新系统实现自主创新目标,关键是各创新主体之间需要形成高度有序的开放式交互结构,实现数据、信息和知识的畅通流动。美国硅谷之所以能诞生苹果、惠普、英特尔等一大批世界著名的高科技企业,很大程度上得益于硅谷所在地政府、企业、大学、科研机构、文化机构、设计机构以及其他中介机构的协同创新,即实现了科技力量、市场研究力量、文化挖掘力量的高效率、深层次整合,实现了创新人才、创新知识和金融资本的交互协同。其中,创新系统协同的关键要素就是数据、信息和知识。

Haken(2006)指出,对于非平衡社会系统,用信息或知识代替熵展开研究更具有适合性。创新知识不仅包括科技知识以实现产品功能的优化,还包括市场知识以满足用户差异化的需求,更包括社会文化知识以满足不同层次用户的价值取向和品味差异。开放式合作和协同创新成为应对创新环境复杂变化的唯一抉择。然而,我国创新资源的分散、分割、协同性差等问题在新形势下非常突出(方新,2011;穆荣平,2011;李廉水,2011),主要表现在如下三个方面:

首先,国家创新系统各个子系统之间的开放协同度不够。目前的国家创新系统的知识创造任务主要集中在高校和研究机构内部的国家重点实验室、部门重点实验室、地方重点实验室、国家大科学工程(科学中心)、国家工程(技术)研究中心、国家工程实验室,以及大学科技园、技术转移(资本化)中心等上。截至2008年,仅依托高校建设的国家重点实验室占总数的63%,国家工程研究中心占总数的39%,国家工程技术研究中心占总数的27%,国家工程实验室占总数的33.3%,国家技术转移(资本化)中心占总数的70%;高校作为第一承担单位并任首席科学家的973项目占立项总数的58%,目前有150余所高校不同程度参与国家科技重大专项研究。但是企业和高校研究机构的联系强度出现了不增反降的趋势(柳卸林,2010),据统计:2004年至2008年,高校技术转让收益在2005年达到峰值后连续三年出现下降;合同金额和实际收入更是出现了连续四年的递减,到2008年才出现正增长(具体见表1.2)。科研资金被大量投入到了高校,而高校一般从事的是基础和纯技术研究,关注的结果大多为论文和专利,而非产业化,高校的技术转化率仅达20%～30%,说明作为知识创造主体的高校释放知识的解析能力不足。

表1.2 2004—2008年中国高校技术转让收益

年份		2004	2005	2006	2007	2008
技术转让	合同数(项)	7809	9188	7321	6878	6920
	环比增长(%)	37.41	17.66	−20.32	−6.05	0.61
	合同金额(亿元)	23.74	22.92	22.15	19.64	21.04
	环比增长(%)	−37.47	−3.43	−3.37	−11.34	7.12
	实际收入(亿元)	15.79	13.55	12.59	12.56	13.17
	环比增长(%)	43.84	−14.20	−7.08	−0.25	4.80

资料来源:项杨雪(2013)。

此外,机构改革以后,我国大多数工程设计院、钢铁研究院等研究机构都以独立的形式存在,并以短期盈利为目的,不断丧失提供公共创新服务的动力和能力,最终造成科研机构和产业之间各自为战的封闭状态,使得我国科研机构向企业转移技术非常困难,新技术成果转化成功率不足10%,远远低于美国、日本等创新国家的70%新技术成果转化成功率水平。由此可见,现阶段的科研体系并没有真正起到支撑企业自主创新和直接促进国家创新系统整体提高的作用,导致科技竞争能力并没有按投入产出比提高,有限的科技资源存在巨大浪费。

第二,国家创新系统知识分布极不均衡。近年来我国高校、研究机构知识积累成绩显著。2005—2009年间,我国作者在《科学》和《自然》上发表的文献类型为Article的论文数一共为444篇,主要集中在高校和中科院系统;1998—2009年,高校发表的SCIE论文占全国发表的SCIE论文总数的比例为78.4%;截至2013年,国家杰出青年科学基金已累积资助3006人,资助经费超过44.3亿元,而高校获得杰青项目的人数1954人,占总人数的65%;从国家自然科学奖的分布上来看,图1.1数据显示,2012年高校参与的自然科学奖占全国自然科学奖总数的75.6%。但是与高校、研究机构知识大幅度积累相比较,企业知识积累相形见绌。目前我国拥有自主知识产权形成核心技术的企业仅为万分之三,99%的企业没有申请专利,而且所申请的高技术专利90%以上来自三资企业,目的是形成国内的技术垄断。

第三,国家创新系统知识要素组合不尽合理。首先,世界科技发展正孕育着新的革命性突破,信息、生物、新能源、纳米等前沿技术领域呈群体突破的态势,以智能、绿色和普惠为特征的新产业变革蓄势待发,科技创新将从根本上改变全球竞争格局和国民财富的获取方式(陈劲,2012)。科技知识必然是国家创

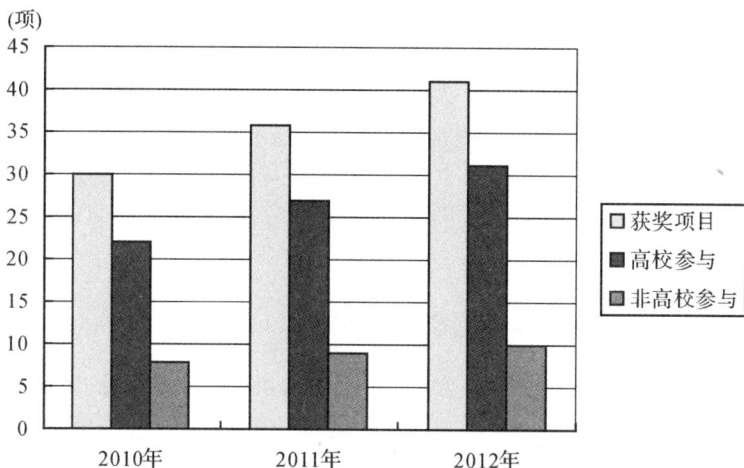

图 1.1　2010—2012 年国家自然科学奖分布情况

资料来源：http://www.most.gov.cn/cxfw/kjjlcx/kjjl2012/201303/t20130315_100206.htm。

新系统的第一知识要素。其次，创新和经济发展的目的是为人类创造福祉，所以最大限度地满足人类日益发展的需求，需要对用户需求等问题的系统研究，市场知识是国家创新系统的第二知识要素。同时，随着苹果公司 iPhone 手机、任天堂公司 Wii 游戏机、Swatch 手表、星巴克（Starbucks）咖啡等大批新型创新产品的出现，创新所需要的知识要素从科学、技术、工程知识，延伸到市场知识和社会文化知识的领域，很多创新产品大大颠覆了消费者对传统产品的惯性预期，实现产品意义的突破性创造，甚至引领了社会文化发展的未来趋势。这使得社会文化知识成为国家创新系统的第三知识要素。

　　如何创造性实现科技知识、市场知识和社会文化知识的新组合，实现产品语意创新和产品功能设计创新，成为影响创新绩效的重要因素。例如吉利集团推出的中国第一款"美人豹"跑车，其都市休闲跑车的产品设计定位，彰显了现代时尚、个性化、成本节约的产品寓意，获得中国工业设计特别奖；万事利集团开发的青花旗袍，蕴含了简约大气的中华服饰文明，成为 2008 年奥运礼仪服饰；三维通信开发的通信基站生态大线，符合人与自然和谐相处的文化主题，获得了通信运营商的大力追捧。但是总体来看，我国的高科技产品设计过程中简单模仿、偏重功能，缺乏社会文化层面对产品意义的再次挖掘。产品创新的成功，产品语意创新能力也是关键能力，产品语意创新能力不仅源于对用户显性需求的响应，更重要的是对用户深层次心理文化和心理需求的挖掘。上海世博会上电子《清明上河图》产生的轰动效应,源于社会文化和科技的高度融合。中华民族具有六千年璀璨的文明,曾经创造园林、书法、陶瓷、字画、美食等丰富的产品语意手段,积累了人与社会、人与环境和谐相处的诸多智慧,如何在产品创新中融入独特的民族文化和价值观,摆脱技术唯上的思维惯例,探索多模式的创新途径,对构建创新驱动型国家意义深远。但是当期企业创新重视市场知识、技术知识,忽视社会文化知识的现象比较明显,很大程度上制约了自主创新能力的提升。

1.1.3 企业吸收能力是协同创新的基石

企业是创新的执行主体,企业知识吸收能力必然成为制约协同创新绩效的关键要素。Cohen & Levinthal(1990)首先提出知识吸收能力概念,Zahra & George(2002)把吸收能力分解为潜在吸收能力和实在吸收能力。不管是科技知识、市场知识和社会文化知识,外部知识只有通过吸收才能转化为内部知识,因此可以从增加知识存量和改变知识结构两个方面提升企业集成创新和原始创新的能力。

Jensen 和 Lundvall(2004)提炼了创新的两种主要模式:一是基于经验的创新模式(DUI-mode:Learning by Doing, Using and Interaction),指在企业现有技术能力的支持下,员工把遇到的技术问题,通过自主研发或通过大学和科研机构共同研发,寻求问题的解决方案,实现技术创新。二是基于科学研究的创新模式(STI-mode:Science-Technology-Innovation-mode)也即以研发为基础的创新,其创新过程就是从基础研究、应用研究、试验发展、试制、生产制造直至商业化。两种创新模式的共同点,都是基于企业对外部知识的吸收和利用。

在科技飞速发展的大背景下,科技知识数量和技术复杂性日益增加,产品生命周期日益缩短,学习模仿变得越来越困难。随着对技术进步理解的加深,经济学家们发现技术转移是非常困难的,甚至连模仿都非常昂贵(Teece,1977;Rosenberg,1976,1982;Levin et al.,1987)。技术的复杂性使得学习成本上升,模仿者需要更强的吸收能力才能消化吸收他人的创新成果。后发者的学习周期大大延长,甚至赶上了先发者的创新周期。当先发者完成新一代创新的时候,后发者才刚刚学会前一代创新成果。因此后发者陷入了依附的陷阱,模仿创新的"后期进入"无机可乘,跟进策略难以奏效。在以技术变化迅速和产品周期不断缩短为特征的竞争环境中,企业的吸收能力和知识吸收效果成为创新是否成功的关键因素。但是目前我国企业技术引进的费用在90%以上,而消化创新的费用不足10%。国有大中型工业企业用于消化吸收的经费支出仅为当年技术引进经费支出的 16.7%,比港澳台资企业低 13 个百分点。发达国家企业引进技术与消化吸收经费投入比一般为 1∶3,韩国和日本为 1∶5 至 1∶8。而在较长时间里,我国工业企业仅为 1∶0.06,大中型企业为 1∶0.15(白津夫,2007),而且这种局面至今仍未明显改观。

由于知识存在路径依赖,技术知识吸收能力需要内部研发能力的支撑;同样,市场知识吸收能力、社会文化吸收能力的提高也需要内部学习能力的提高作为前提条件。博斯公司的年度"全球创新 1000 强"研究发现:北美公司排名位列前 80 强,其研发资金总额为 1460 亿美元,其中有 801 亿美元用于海外研发。欧洲公司则入选 50 强,其研发资金总额为 1170 亿美元,其中有 514 亿美元用于欧洲大陆以外地区的研发。日本公司则名列前 43 强,其研发经费总额为 716 亿美元,其中有 404 亿美元用于其他国家的研发。相比之下,我国有 10 家大陆企业入选,研发总资金为 24 亿美元,在创新全球化战略方面几乎可以忽略不计。[①] 在当前"走出去"战略背景下,如此低水平的研发投入现象,可以窥见我国企业当前持续提高的问题症结所在。

科技资源协同性差,社会文化资源缺乏挖掘,本质上是创新性知识无法实现有序流动和共享,关键症结在于企业吸收能力不足。当前信息技术的发展,为企业外部知识获取提高了广覆盖、强交互、低成本的诸多解决方案,但是如何使企业加大内部研发,推进外部知识吸收能力提高,实现知识有序转移、消化和利用,依旧是一个困扰创新能力提高的迷局。

1.2 研究问题

继胡锦涛同志在清华百年校庆的重要讲话后,我国提出了国家创新系统内部推进协同创新的各项战略,但是协同创新的效果不如预期。那么,影响协同创新的关键要素是什么? 协同创新的静态机制和作用路径是什么? 协同创新机制的动态机理又是什么? 吸收能力在协同创新中的重要作用是否可以得到验证? 如何通过公共政策的优化,实现国家创新系统的协同创新效应,从而提升我国自主创新能力? 以上科学问题的探索,不仅对实现我国建设创新型国家目标具有积极的现实意义,而且对国家创新系统理论在发展中国家环境下的发展,也具有重要的理论意义。本书将对以下科学问题展开研究:

(1)国家创新系统协同创新的影响因素;

---

① 资料来源:博斯公司. 创新:我国离世界有多远. 创业家,2009(6).

(2)国家创新系统协同创新的静态机制；

(3)国家创新系统协同创新的动态机制；

(4)推进国家创新系统协同创新的公共政策。

1.3 自主创新、协同创新和开放式创新的概念辨析

1.3.1 自主创新的概念

自主创新，是国家创新系统基于目标视角的一个宏观概念。国家创新系统理论是以系统论为视角的研究路线。Freeman(1987)首次提出的"国家创新系统"理论体系，集中了19世纪德国著名经济学家李斯特的"国家体系"思想和美籍奥地利经济学家熊彼特的"创新"思想，柳卸林(1999)称其为国家创新系统的两块基石。自主创新是相对于技术引进、模仿而言的一种创造活动，是指通过拥有自主知识产权的独特核心技术以及在此基础上实现新产品的价值的过程。自主创新包括原始创新、集成创新和引进消化吸收再创新。自主创新的成果一般体现为新的科学发展以及拥有自主知识产权的技术、产品、品牌等。

我国国家创新系统自主创新战略，出自国务院发布的《国家中长期科学和技术发展规划纲要(2006—2020年)》，源于对我国解放初期单纯依靠苏联、改革开放以后"市场换技术"等技术创新模式的总结和反思。自主创新战略，明确了我国国家创新系统建设的指导思想：创新必须首先依靠全体中华儿女的自主努力，提高创新能力建设创新型国家，从而增强全球竞争力。随后的《国家中长期人才发展规划纲要(2010—2020)》、《国家中长期教育改革和发展规划纲要(2010—2020)》和"海外高层次人才引进计划"(简称"千人计划")、"国家高层次人才特殊支持计划"(简称"万人计划")则是对其一脉相承的深化和细化。

1.3.2 协同创新的概念

协同创新概念是国家创新系统基于过程视角的一个宏观概念。"协同"在《汉语大词典》中是齐心协力、互相配合的意思，对应的英文短语是 synergy collaboration。协同概念出自复杂系统理论中的重要理论分支——协同学理论(Haken,1978)。协同学是由德国功勋科学家 Haken 提出的一种可以广泛应用的现代横断科学理论(曾建，张一方，2000)。协同学思想来源于物理学中对开放系统的研究，特别是激光的研究。通常原子发出的光是混乱和无序的，但是

在激光系统的控制参数达到某个阈值时,大量原子会形成高度有序的辐射状态,并关联起来成为激光。协同的作用就是使复杂系统成为有序的系统,并产生巨大的正能量。

协同创新概念指出了我国创新型国家的实现路径:要构建生机勃勃的国家创新生态系统,必须依靠官产学研中金等创新主体的通力协同,构建国家创新系统内部知识生产、知识转移和知识利用的畅通网络,实现自主创新的战略目标。

1.3.3 开放式创新的概念

开放式创新概念,是一个针对组织创新系统的微观概念,首次由美国学者Chesbrough(2003)提出,源于对知识经济时代技术创新环境复杂变化背景下企业为适应环境自发调整创新模式的现象总结。在知识大爆炸时代,即使是跨国公司也很难实现所有技术的自给,开放式创新成为新形势下个体组织创新的必然选择。企业是创新的主体(许庆瑞,2000),提高企业创新系统的开放度,增强企业搜索知识、获取知识、吸收知识、利用知识能力,并反馈推进企业内部研发能力的提升,是实现自主创新和协同创新的前提。同样,开放式创新也是国家创新系统内部所有主体实现协同的前提条件。

可见,自主创新是国家创新系统的建设目标概念,协同创新是国家创新系统建设的过程宏观概念,开放式创新则是组织层面的微观概念。自主创新是战略目标,协同创新是实现途径,开放式创新是前提条件。只有诸多创新主体共同强化开放式创新,才会激发知识的流动推进产学研的协同,才能提高自主创新能力,实现建设创新型国家的目标。

1.4 研究目标与可能的创新点

1.4.1 研究目标

国家创新系统协同创新强调各创新主体的开放性,强调各创新主体之间行为的互动交互性,强调各创新主体之间知识的流动性和利用率,强调各创新主体之间知识结构的系统性和科学性,它不同于传统产学研合作的强调纵向一体化内部严格控制的封闭式创新模式,也不同于企业层面开放式的知识学习模式。鉴于协同创新的整个体系内容非常丰富,在一本书里很难系统深入地加以全面系统阐述,本书将基于复杂系统理论视角,着重研究国家创新系统协同创新绩效的主要影响因素、协同创新的内在静态和动态机理、针对问题的激励政策,旨在丰富国家创新理论体系,为创新型国家建设实践提供理论参考,同时为创新型国家建设提供政策优化建议。本书主要的研究目标包括:

(1)国家创新系统协同创新绩效的主要影响因素研究

首先,通过文献梳理,总结国家创新系统协同创新的研究成果,为构建研究框架提供理论依据;其次,通过案例分析,总结国内外实施协同创新的成功经验,归纳协同创新的演变规律,验证文献研究成果;第三,运用回归分析的方法,定量分析当前阶段协同创新诸多影响因素中对创新绩效产生主要影响的关键因素。

(2)协同创新的机理与路径研究

首先,基于国家创新系统理论、协同学理论和严格的实证分析,研究国家创新系统中各创新要素促进协同创新绩效的内在作用机制和路径系数,进一步验证为什么协同创新有利于提高自主创新绩效;第二,借鉴复杂系统科学中经典的"B-Z"反应模型,通过纵向研究国家创新系统的动态协同创新机制,揭示协同创新过程中的制约瓶颈、主导因素和演进规律,为进一步探索创新激励政策的针对性优化方案提供理论依据。

(3)协同创新的公共政策研究

结合我国创新型国家建设过程中的实际背景,基于企业吸收能力视角和高校、科研机构知识转移能力视角,在梳理、评估现有激励政策的基础上,提出新形势下的政策目标、政策执行、政策工具的优化策略,并根据企业吸收能力序变量方程对政策效果进行仿真研究。

首先,政策梳理。借鉴 Freitas & Tunzelmann(2008)的政策目标、政策执行、政策工具三个维度模型,以美国、欧盟的创新政策系统为学习标杆进行案例比较研究,梳理现有产学研创新政策系统中涉及关键政策维度(企业吸收能力)的政策工具。

第二,政策评估。借鉴 Brecard et al.(2006)和柳卸林(1999)的宏观计量分析方法,借鉴 Rothwell & Zegveld(1981)从需求层面、供给层面和政策层面三个层面政策工具的分类方法,评估现有政策(涉及促进企业吸收能力提高)在三个层面的实施效果。

第三,政策优化和效果仿真。结合实证研究的成果,拟从政策目标、政策执行、政策工具三个维度提出促进产学研合作中企业吸收能力提高的政策系统,根据企业吸收能力序变量方程和采用 Matlab 数学软件模型,仿真探索改变控制变量(激励政策)时,企业吸收能力役使下国家创新系统协同创新的激励效果和演进趋势。

1.4.2 研究的逻辑

  本研究试图基于复杂系统理论研究视角,分析国家创新系统中协同创新的静态和动态机理,提高国家创新系统协同创新绩效。本研究将按照提出问题、分析问题、解决问题的思路进行,研究的逻辑框架见图1.2。

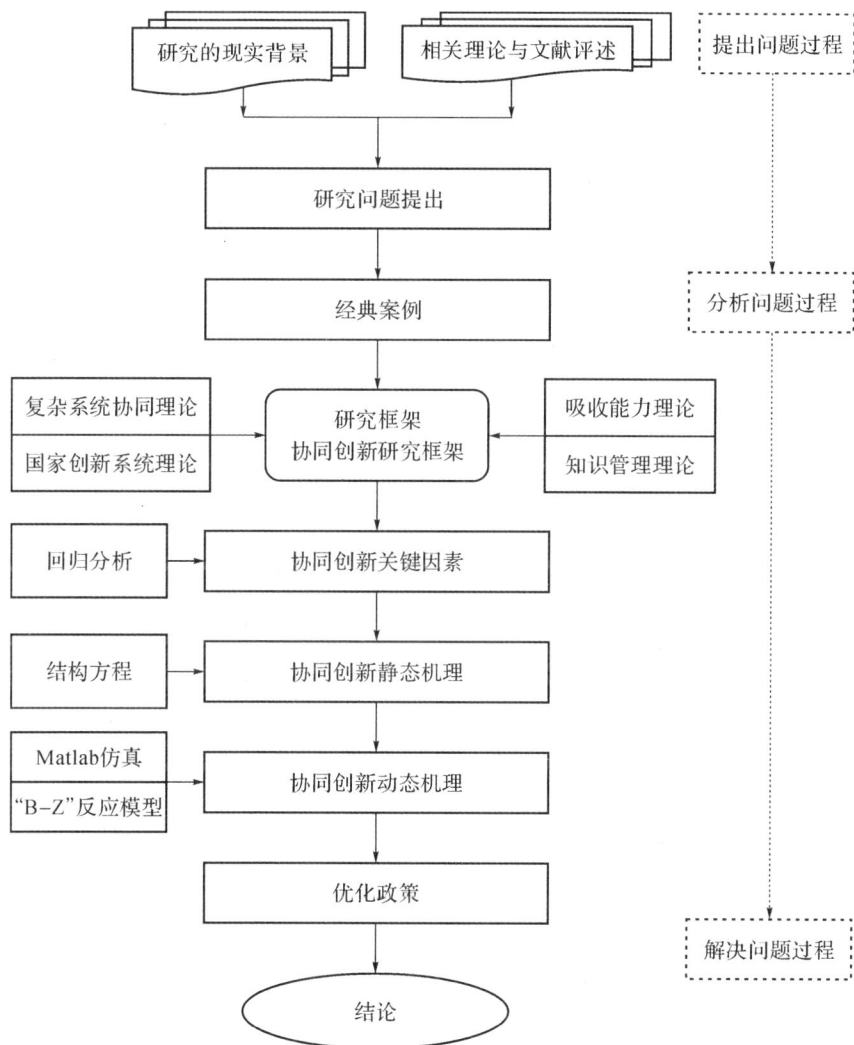

图 1.2　研究的逻辑框架

1.4.3　研究内容安排

本书共安排八章内容,研究思路与主要内容见图1.3所示。

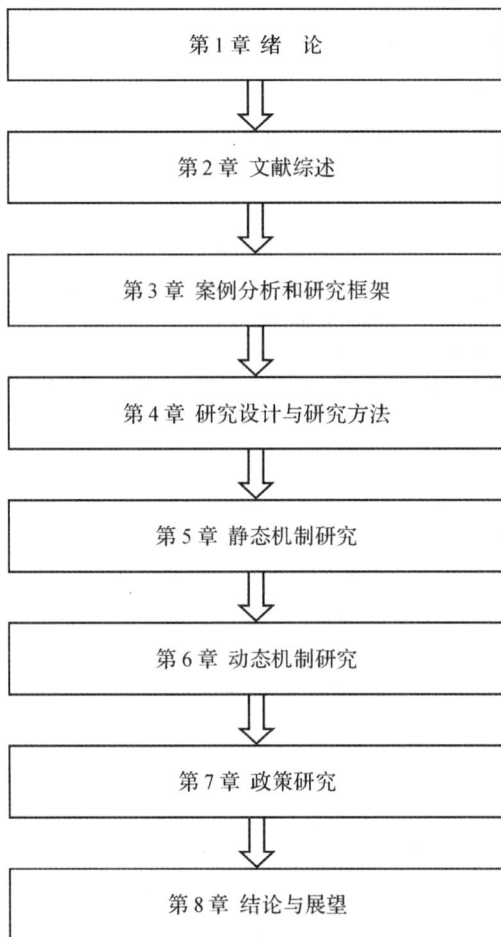

```
┌─────────────────────────────────┐
│         第1章 绪 论              │
└─────────────────────────────────┘
                 ↓
┌─────────────────────────────────┐
│        第2章 文献综述            │
└─────────────────────────────────┘
                 ↓
┌─────────────────────────────────┐
│      第3章 案例分析和研究框架      │
└─────────────────────────────────┘
                 ↓
┌─────────────────────────────────┐
│     第4章 研究设计与研究方法       │
└─────────────────────────────────┘
                 ↓
┌─────────────────────────────────┐
│       第5章 静态机制研究          │
└─────────────────────────────────┘
                 ↓
┌─────────────────────────────────┐
│       第6章 动态机制研究          │
└─────────────────────────────────┘
                 ↓
┌─────────────────────────────────┐
│         第7章 政策研究           │
└─────────────────────────────────┘
                 ↓
┌─────────────────────────────────┐
│       第8章 结论与展望           │
└─────────────────────────────────┘
```

图1.3　研究思路与内容安排

第1章　绪论

介绍本书的研究背景,从实施创新驱动发展战略过程中存在的自主能力薄弱、协同能力不足、吸收能力低下的现象出发,提炼了国家创新系统协同创新的影响因素研究、静态机制研究、动态机制研究和公共政策研究四个科学问题。在此基础上,辨析了本书所要涉及的关键概念、研究方法和技术路线,初步预测了可能存在的创新点。

第2章 文献综述

首先,对本书所涉及的复杂系统理论进行了梳理,提出了国家创新系统理论的研究新视角。其次,基于国家创新系统理论梳理了企业创新范式的演进、国家创新系统产生的背景和演进过程。然后,借鉴 Malerba(2004,2005)关于创新系统中知识、创新参与者及网络、制度三个子系统的分类方法,从知识管理理论的角度梳理了知识生产、知识转移、知识吸收、知识利用等理论,从国家创新系统参与者的角度梳理了参与主体和参与者网络的相关研究成果,并基于创新政策理论视角梳理了创新政策的概念、分类以及环境层面、供给层面、需求层面的政策工具等相关研究,为本研究从复杂系统观构建国家创新系统协同创新机制研究提供理论基础。

第3章 案例分析和研究框架

本章主要采用整体性多案例研究方法,针对美国"工业—大学合作研究中心(I/UCRC)"案例、欧洲创新工学院"知识和创新共同体"案例以及我国2011协同创新中心案例进行深入分析,结合文献综述研究成果,提出国家创新系统协同创新机制研究理论框架模型。

第4章 研究设计和研究方法

为取得本研究所需设计,本研究进行了问卷调查。本章节将阐述问卷设计思路、数据收集过程、数据统计方法以及研究设计方法。

第5章 国家创新系统静态协同机制

在案例研究的基础上,按照既定的研究设计思路和研究方法,本章对国家创新系统影响因素的自变量进行实证遴选,并在信度和效度检验前提下,运用因子分析对影响因素自变量进行聚类,形成影响要素模块;通过回归分析识别出协同创新的关键影响要素,构建了由创新绩效、影响要素模块和影响因素三个层面组成的研究模型。最后通过通径分析,对影响因素、关键要素和协同创新之举的影响路径进行了分析,验证协同创新理论框架的所有假设,为研究协同创新的动态机制提供实证依据。

第6章 国家创新系统动态协同机制

本章在第五章研究发现"创新政策、创新服务、合作网络、合作机制和知识属性是通过企业协同创新能力和大学协同创新能力两个中间变量,最终正向协同创新绩效"的基础上,借鉴复杂系统理论的经典"B-Z"动态机制分析模型,借助 Matlab 仿真软件,对企业协同创新能力、大学与研究机构协同创新能力和协同创新绩效三者的动态演进机制展开研究,并以创新政策作为控制变量,进行了国家创新系统协同创新的动态演进机制的效果仿真研究。

第7章 国家创新系统协同创新政策研究

本章在理论和实证研究结论的基础上,提出了协同创新政策的目标,包括促进协同创新能力的提高、营造有利实现协同创新的系统环境和提高协同创新绩效;结合协同创新政策目标,从优化创新环境、提升企业吸收能力、提升高校与科研机构知识转移能力三个方面提出了相应的政策建议。

第8章 结论与展望

对本研究的主要结论和创新点进行总结,阐述本书研究的理论贡献与实践意义。同时,分析研究中的不足及有待改进与深入探讨的方向,提出未来研究展望。

1.4.4 研究方法

本书从研究问题和研究目标出发,力求研究方法和手段科学合理,实现定性分析与定量分析相结合、理论研究和实证研究相结合。主要研究方法包括:

(1)文献分析法

综合分析国内外学者关于协同创新的相关研究资料,包括对期刊文章、学术著作、专题研究报告、会议论文、学位论文等资料进行系统的梳理与评述,在此基础上,分复杂系统理论、国家创新系统理论、知识管理、创新参与者与网络理论和创新政策理论五个部分系统梳理有关文献,分析已往研究的不足与启示,以深度挖掘协同创新的过程机制及关键要素,为系统研究构建协同创新静态和动态机制提供理论基础。

(2)案例研究法

在文献研究的基础上,采用多案例研究的方法对国内外协同创新的不同模式进行综合比较研究,总结协同创新的共性特征,分析协同创新过程中的一般规律,为协同创新模式及其运行机制的构建提供分析依据。

(3)问卷研究法

围绕论文研究主题,参考国内外相关研究,设计"协同创新机理研究调查问卷"。通过邮寄、访谈发放、电子邮件、委托他人等方式对问卷进行发放与回收。同时,通过田野调查、高校访谈等调研形式,获取问卷调查研究所需要的足够的、客观的样本数据,为理论研究提供实证分析基础。

(4)统计分析法

本书通过问卷调查收集研究数据,对于收集的问卷数据,首先进行描述性统计分析,在检验信度与效度的基础上,进行相关分析与多元回归分析,以此进一步明确影响协同创新绩效的高校内部主导能力因素以及能力因素之间的协同关系。主要使用的统计分析软件为 SPSS 20.0。

（5）数学建模与仿真分析

利用具有典型自组织现象的"B-Z"反应模型，以协同学理论为依据，通过对协同创新过程中，高校知识转移能力、企业知识吸收能力、政策激励与创新绩效之间数理关系的分析，构建国家创新系统协同创新动态演化数学模型。然后，运用数学仿真软件模拟不同的企业知识吸收能力和高校知识转移能力状态下以及当前实际状态下的动态协同机制和政策激励效果。

1.4.5 可能的创新点

协同创新是技术创新活动的自然组织形式，由于协同创新能够有效推动技术商业化、提升国家创新能力和综合竞争力，所以，协同创新模式的研究是我国学术界研究的新热点问题。本书可能的创新点主要如下：

（1）在研究视角方面。现有的国家创新系统协同创新问题研究，主要集中于从宏观的视角和中观的视角进行研究。基于国家创新系统宏观视角的研究，由于忽略了地区发展的差异性，结果会得出一般性或通用的政策建议，所以解决问题的针对性稍差。基于国家创新系统各个主体视角的分析，可以发现协同创新过程中各创新主体存在的主要问题，但是对为什么会存在问题缺乏深入系统的挖掘。所以本书尝试性地以吸收能力这一微观视角作为研究角度，以国家创新系统作为研究范围，以协同创新机制作为内容，研究国家创新系统协同创新的机理和公共政策，以小见大，可能会成为本研究的创新点。

（2）在研究内容方面。我国协同创新研究主要局限于战略和组织管理、动力机制、合作障碍等问题，而国外学者对协同创新的研究主要集中在创业型大学理论、创新系统理论和知识管理理论等几个研究视角。由于国外学者的研究主要是基于发达国家比较系统、完整的知识产权、技术转移等的法律体系，高度自由的生产要素市场（包括知识）体系下非常成熟的外部环境，也是基于发达国家大学和研究机构的研究实力和企业相应的发展需求等具体情况，对各自环境下协同创新的规律进行研究，所以全面模仿并不符合我国当前的实际情况，而且对我国的协同创新指导意义非常有限。

本书通过协同创新机理和作用路径研究，揭示企业吸收能力和网络分布类型在协同创新中的关键作用及交互效应。通过系统动态演化阈值条件和序变量方程的研究，揭示企业吸收能力主导下创新绩效和协同水平演化的动态规律。通过梳理、评估现有企业吸收能力促进政策，从政策目标、政策执行、政策工具三个维度提出优化策略。研究内容是对协同创新理论在虚拟组织环境的拓展，或具有创新性。

（3）在研究方法方面。现有协同创新主要运用了对策论、博弈论和创新生态学理论等研究方法。本书在梳理相关研究成果基础上，针对协同创新的特征，以系统科学的自组织理论和网络科学的复杂网络理论作为主要研究方法，集成运用了 UCINET 网络分析软件、SPSS/SEM 计量统计软件开展定量研究，揭示国家创新系统内部的协同创新机制；借鉴耗散结构理论和协同理论中经典的"B-Z"反应模型和 Mathematica 数学软件，挖掘性研究企业吸收能力主导下的动态协同创新机制，揭示协同创新绩效的主导因素和激励政策的关键维度；并采用仿真分析激励政策效果，研究方法的针对性和集成性运用，或具有一定创新性。

02　文献综述

创新系统的演进可以分为企业创新系统、企业间跨组织合作系统和国家创新系统三个阶段(Dodgson & Rothwell,2000)。在企业创新系统中,企业家精神发挥着关键性作用(Schumpeter,2012),直接推动了企业内部创新资源的整合和协同;在企业间跨组织合作系统中,合作企业间的知识共享发挥关键作用(von Hippel,1994);在国家创新系统中,同质和异质组织的协同成为关键。叶伟巍(2009)总结了国家创新系统存在两个主要视角:一是基于国家创新系统整体的宏观视角,探索国家创新系统以及内部各创新主体之间的协同创新规律(Freeman,1987;Nelson,1993;Lundvall,1992;Patel & Pavitt,1994;Porter,1995;OECD,1996;柳卸林,2001),后来演化出区域创新系统研究(BraCzyk,1995;Cooke,et al.,1997;柳卸林,2011)和产业创新系统研究(Malerba,2004);二是基于高等院校服务社会的视角,研究现代大学教育、研究和服务社会三大职能的均衡协调(Etzkowitz,1983,1989,1995,2002;Clark,2005;Rhoades & Slaughter,2004;王沛民,2005)。

不管研究视角如何变化,创新过程中的知识生产、知识传播和知识转移应用的耦合机制是所有创新系统研究的关键。企业创新系统强调知识在企业边界内部的耦合,形成了封闭式创新模式;合作创新系统强调知识在合作联盟边界内的交互,形成了合作创新模式;国家创新系统强调知识的网络化协同创造、网络化协同转移和企业开放式自主利用,形成了开放式创新模式,实现企业层面的开放式创新和国家层面的自主创新的均衡。

国家创新系统是非均衡的社会复杂系统。因此,本书借鉴 Haken(1978)知识是非均衡社会复杂系统协同的核心要素的观点,基于复杂系统理论为研究视角,以国家创新系统中知识转移、知识利用过程为研究线索,探索国家创新系统内部各创新主体的协同创新机理,并为公共创新政策的制定提供理论参考依据。所以,本研究的文献综述主要包括复杂系统理论、国家创新系统理论、知识体系、参与者网络和政策体系五个部分。

2.1 复杂系统理论

21世纪初以来复杂网络科学和复杂系统科学的交叉发展,为揭示复杂系统的内在演进规律提供了全新的方法论(方锦清,2010),也成为分析国家创新系统在内的社会协同系统的全新方法论。其中,复杂系统科学发展分成两个阶段:第一阶段是在20世纪前半叶发展形成的"老三论"(系统论、信息论和控制论);第二阶段是20世纪后半叶发展形成的"新三论"(耗散结构论、协同学和突变论),六大理论支撑形成了复杂系统理论(方锦清,2010)。与本书相关的复杂系统理论主要有如下几个。

2.1.1 系统论

系统的概念源于人类认识世界、改造自然的长期实践。但是直到20世纪40年代,系统概念和内涵才逐步具体化,并开始得到广泛应用。Bertalanffy(1937)在芝加哥大学哲学讨论会上的一次演讲中,首次把系统定义为"相互作用的诸要素的综合体"。Bertalanffy(1945)又在《德国哲学周刊》上发表了《关于一般系统论》的论文。该论文不仅催生了系统概念的形成,指出了"系统"是最为广泛的、具有深刻本质和规律的、值得专门探讨的客观存在;同时也推动了系统科学理论的发展,系统科学理论开始研究系统的层次性、整体性、动态性、开闭性以及系统中体现的"关系"和"目标"等,系统科学从此也开始得到了越来越高度的重视。

尽管至今尚未对系统形成权威的定义,但其普遍被理解为:一个系统应具有一定的界限,并使其从所处的环境中分离出来,系统通过该界限与外界环境发生能量、信息和物质等的交流;系统本身是由相互作用和相互依赖的若干组成部分,其中的部件及其结构是系统的基本组成成分,并按一定规律结合而成的且具有特定功能的有机整体;系统应具有一定的功能,系统的部件及其结构的开发是为了实现该系统的目的,系统中不同部件及其结构的变化都可能影响和改变系统的特性。

2.1.2 信息论

信息论的起源早于系统理论,并经历了四个阶段性发展:第一,概念形成期,公认的"信息"概念产生于 1922 年的"卡松法则";第二,概念发展期,哈特莱(1928)认为信息是脱离载体的属性,"信息是符号、代码序列而不是内容本身"的概念发展成为激活信息技术的导火索;第三,信息论的突破阶段,Shannon(1948)在《贝尔系统技术杂志》上发表的《通信的数学理论》一文,首次提出了信息(非物质对象)的度量公式,标志着信息论的成熟;第四,信息论的扩散阶段,信息论的研究成果为控制论和计算机技术发展起到了很好的理论基础作用,拓展了信息论的应用价值。一般认为,Shannon(1948)论文《通讯的数学理论》标志着信息论的真正起源,并成为系统理论的理论基础和重要组成部分。

2.1.3　控制论

控制论的发展得益于信息论的发展和成熟。Wiener(1948)出版了专著《控制论或关于在动物或机器中控制和通话的科学》,奠定了控制论的理论基础,并确定了控制论在线性系统下的基本模型。控制论诞生以后,反馈控制、系统识别和鲁棒控制等理论与技术发展并驾齐驱,获得了快速发展,并很快被移植应用到经济、管理、社会等工程技术以外的诸多领域。

2.1.4　运筹论

运筹学是在二次世界大战中形成的一种系统优化理论,包括规划论、排队储运论、图论和系统分析(决策论)等。运筹学强调运用数学模型实现系统优化。20 世纪 40 到 50 年代,运筹学集成了信息论、控制论、博弈论等理论成果,开创了所谓的系统科学的运筹学时期。

2.1.5　动力系统论

动力系统论简称为动力系统,它是力学与数学结合的一大领域,研究对象是动态系统的演进规律。一切系统都可以归为静态系统与动态演化两个方面,因此动力系统研究举足轻重。动力系统理论既是现代数学中典型的前沿学科,又是理论力学和天体力学中一门前沿性理论分支,因而其学科领域十分宽泛,也是社会科学领域广泛运用的系统演进分析工具。

2.1.6　耗散结构论

Prigogine(1969)在对物理—化学系统的动力学实验基础上提出了耗散结构理论,该理论结合"熵"概念、开放系统与非线性系统等分析,提出了能量转换、远离均衡、涨落、自组织等新概念,终于给出一套具有普适性的一般系统的能量交换过程描述,揭示出系统演化的本质性特征,并因此获得过诺贝尔奖,对社会科学和经济学产生重大影响。

耗散结构理论研究对象是一个非平衡状态的开放系统。该开放系统通过与外界环境不断进行能量与物质的交换,当达到一个阈值时,系统就很有可能从以前的无序状态演变成有序态。耗散结构理论在自组织理论体系中的最大贡献就是提出系统实现自组织需要具备的条件,包括开放系统、远离平衡态、非线性作用、涨落、突变等,但其中最重要的三个条件是开放系统、远离平衡态、非线性作用。

第一,开放系统。这个条件最初是德国物理学家克劳修斯1865年首次在热力学中引入熵这个概念后发展的,并由玻耳兹曼于1877年建立了熵与系统微观性质的联系,由此提出了著名的玻耳兹曼关系式,并赋予了熵统计学的含义。1929年,西拉德又进一步阐述了熵与信息的关系,同时揭示了熵的新意义与研究价值。热力学用熵来衡量系统有序程度的高低,熵值越大,系统的无序程度就越高。因此,耗散结构理论运用熵的这个意义来分析一个开放系统在与外界环境进行物质和能量交换时,所发生的正熵与负熵的转化,即一个系统要想从无序状态或低级有序状态发展为到有序的状态或高级阶段的有序状态,这个系统就必须与外界进行物质和能量方面的交换。系统的开放性是能形成有序结构的前提,只有保持对外开放,系统才能不断从外界吸收负熵流来抵消自身的正熵产生,才能使系统的总熵减少,从而实现从无序到有序的演化。

第二,远离平衡态。这个条件的形成同样是运用了普利高津的最小熵产生原理。为了使系统最终结果达到最小熵或者充分接近平衡态的非平衡状态,系统在开始的状态必须是远离平衡态的,同样需要系统处于开放的状态,并通过与外界环境的交互作用,使系统逐渐远离平衡状态;而开放程度越强,系统与外界的交互作用也越强,系统越能被推向远离平衡的非线性区,从而促使系统演变为有序结构,否则即使系统是开放的,也无法演化成有序结构。这是对开放系统的进一步延伸理解。

第三,非线性作用。系统内部的运动是由一系列子系统的相互作用来构成的,而这种相互作用是不能简单叠加的,因为实现完整系统之前,会不断涌现出新的性质和状态。系统要素与子系统的非线性相互作用是自组织的主要实现方式。

2.1.7 协同论

协同论是由德国功勋科学家 Haken 提出的一种可以广泛应用的现代横断

科学理论(曾建,张一方,2000)。Haken(1969)通过激光系统的实验考察,独立于耗散结构论提出了一套系统学基础理论——协同论。通常原子发出的光完全是混乱和无序的,但是在激光系统的控制参数达到某个阈值时,大量原子会形成高度有序的辐射状态,并关联起来成为激光。协同的作用就是使复杂系统成为有序的系统,并产生巨大的正能量。协同论将系统变量分为快变量与慢变量,并发现了"慢变量主宰着系统演化发展进程和结果"的役使原理;在阈值条件下这个慢变量就成为序变量,其他变量则成为役使变量(Wolfgang T, Hermann H,2007)。

协同学的核心理论体系包括以下几个方面:(1)系统参量的定义:任何组织系统都由要素和子系统构成,并且系统的状态由一组状态变量来描述,其中,以控制变量和状态变量来描述系统特征,控制变量是系统达到稳定状态并实现协同的条件变量,是系统外部的可控要素;状态变量在宏观上描述系统行为,由诸多子系统共同作用形成。(2)支配原理:状态变量随时间变化的快慢程度是不相同的。当系统逐渐接近发生显著质变的临界点时,变化慢的状态变量的数目就会越来越少,甚至只有一个或少数几个。这些为数不多的慢变化变量就完全确定了系统的宏观行为并表征系统的有序化程度,故称序变量。那些为数众多的变化快的状态变量就由序变量支配,并可绝热消去。这一结论被称为支配原理。同时,序变量随时间变化所遵从的非线性方程称为序变量的演化方程,这是协同学的基本方程。(3)主要研究思路:运用演化方程来研究协同系统的各种非平衡状态和不稳定性(又称非平衡相变),即用数学解析方法求出序参量的精确或近似的解析表达式和出现不稳定性的解析判别式,以此预测整个系统的演变趋势。目前,协同学除在自然科学领域(如物理学、化学协同学、生物学和生态学等)、社会科学领域(如社会学、经济学、心理学和行为科学等)以及工程技术领域(如电气工程、机械工程和土木工程等)有广泛应用外,还在管理学中通过同时吸纳借鉴耗散结构理论的相关思想,并积极引入统计学与动力学方法,来深入研究远离平衡态的开放系统如何通过内部协同作用,自发地形成有序结构,从而描述各种系统和现象中从无序到有序转变的共同规律。

2.1.8　小结

20世纪80年代开始,系统理论出现了全面融合的发展局面,研究对象开始从物理系统向抽象系统和一般系统方向发展,逐步形成了复杂系统理论,成为研究所有复杂系统的理论基石。如今,复杂系统理论的日益丰富,为研究复杂系统的内在规律提供了普遍性的理论手段和方法论。系统论揭示了一般系统普遍存在的整体性、层次性、动态性、开放性等特征,也揭示了一般系统均具有各自目标,其要素之间也存在的关系;耗散结构理论揭示了一般系统从无序到有序耗散结构演化的四个基本条件,即开放系统、远离平衡态、非线性相互作用、涨落(Prigogine,1980);协同理论揭示了开放系统从无序到有序的内在规律、动态演进机制以及主导因素和临界条件;动力系统理论和突变论揭示了系统演进的动力源和突变临界条件;运筹学、博弈论和控制论为一般系统的控制和优化提供了方法论;特别是信息论,揭示了信息是脱离载体的属性。

国家创新系统是一个具有明确目标的复杂系统,它具有一般系统的整体性、层次性、动态性和内部关联性,同时,耗散结构理论明确提出要形成生机勃勃的新陈代谢系统,开放是必要条件,这为后续研究国家创新系统内部主体的开放性提供了明确指引;创新系统内部协同的关键是信息和知识的流动,信息论、控制论为深入研究创新系统各主体之间的信息和知识的交换机制提供了依据。这也为本研究把握协同创新系统知识本原的特征提供了方向性指引。

2.2 国家创新系统理论

企业是创新的执行主体,企业创新范式的演进对国家创新系统的产生和演进发挥着基础性作用。企业创新范式经历了封闭式创新模式、合作创新模式、开放式创新模式和虚拟协同创新模式四个阶段的发展,直接推动了创新系统经历了三个阶段的演进:从企业创新系统、跨组织合作创新系统,发展到国家创新系统。所以,本节将从梳理企业创新范式演进的相关研究成果入手,揭示创新系统的演进历史和国家创新系统产生的背景,最后深入分析国家创新系统的主要参与主体和知识流动规律。

2.2.1 国家创新系统理论的缘起

创新的概念是美籍奥地利经济学家、哈佛大学教授约瑟夫·熊彼特(Joseph Alois Schumpeter)在其巨著《经济发展理论》中首次提出的。熊彼特(1912)认为,创新就是企业家对生产要素进行创造性的组合,建立出一种新的生产函数;即把一种从未有过的生产要素和生产条件的新组合,引入生产体系。熊彼特创新理论的本质是"执行新的组合",也就是说,创新是对原有生产要素进行重新组合的一种经济行为。熊彼特(1912)概括了当时情况下的五种新组合情况:第一,开发新产品,或一种产品的新性能;第二,采用一种新的生产方法;第三,开辟一个尚未进入的新市场;第四,对于一种原材料市场的控制;第五,形成或打破一种垄断地位的新组织。

熊彼特认为,成功创新者可以获得对创新的暂时垄断控制租金(Schumpeter,1950)。创新的动力主要是创新租金(von Hippel,1988)。熊彼特的杰出贡献在于从机制上解释了经济发展和经济增长之间的本质区别。发展的本质是创新。发展不仅是指人口、资源等生产要素的增长,而且是指在生产资料投入不增长的前提下,执行生产要素的新组合,推进经济发展。不论这种创新是通过技术进步、市场拓展还是组织的重新建构,其实质不仅是经济总量的增长,还意味着质量的提高。

按照熊彼特提出的创新概念,企业实施创新过程可以划分为三种渐进的发展阶段:封闭式创新阶段、合作创新阶段和开放式创新阶段。第一阶段为封闭式创新阶段。封闭式创新模式以企业内部研发部门、生产部门和市场部门合作为核心,通过内部研发实现技术进步或技术突破,设计开发出新产品,通过内部生产部门完成试制和生产制造过程,通过内部途径将新产品推向市场;后来随着企业规模的持续扩大,跨国、跨区域集团公司逐步形成,分布于不同地域的各个子公司成功地实施创意、任务及其他创新,传统封闭式创新演化成企业内部的分布式创新模式。第二阶段为合作创新阶段。合作创新模式是以企业与用户合作、企业与供应商合作、企业间合作、产学研合作为主要内容的创新。在这种创新模式下,企业创新的边界实现了有效突破。第三阶段为开放式创新阶段。开放式创新模式不仅包含传统社会网络化合作模式,还包括现代信息化手段下全面的协同创新。其显著特征是企业边界的全面开放。以下分别对封闭式创新、合作创新和开放式创新进行文献综述,以总结不同创新模式下的创新机理。

(1)封闭式创新

封闭式创新模式是传统上企业实现创新的典型模式。20世纪70年代以前,企业重要的技术成就和商业成功,几乎都是采用封闭式创新模式得以实现的。典型的代表如施乐的 Palo Alto 研究中心(PARC)、IBM 的沃森(T. J. Watson)实验室和 AT&T 的贝尔实验室。在当时外部资源匮乏的技术环境条件下,一项技术如果不是在企业内部被发明创造出来,企业就难以保证该项技术的功能、质量和实用性,因此产生了"非此地发明"的说法(Chesbrough,2003a)。例如,美国 IBM 公司在20世纪60年代开始自己生产磁盘驱动器所需的磁头和介质,因为它无法及时地从外部供应商那里得到这些符合其要求的重要组件。

在工业经济时代,技术创新被看作企业的灵魂。为保证技术保密和技术独享,从而保持技术领先地位,技术创新只能由单个企业独立进行,内部研发被看作企业最有价值的战略资产,也是企业提升核心竞争力并维持竞争优势的关键,甚至是阻碍竞争对手进入市场的有力措施。杜邦、AT&T 和 IBM 等技术和资金实力雄厚的大公司,以优厚的待遇雇佣着大量全世界最具创造力的科技人才,他们以先进完备的研发设施,投入充足的研发经费,开展大量的基础研究和应用研究,产生了许多突破性的思想和研究成果。这些企业利用内部独立开发的研究成果,通过内部设计制造形成新产品,然后通过自己的营销渠道进入市场,从而获得巨额商业利润。接下来继续投资于更多的内部研发,又会带来进一步的技术突破,从而形成创新的良性循环(见图 2.1)。Chesbroug(2003)将这种长期以来一直发挥重要作用的创新模式,称之为封闭式创新。

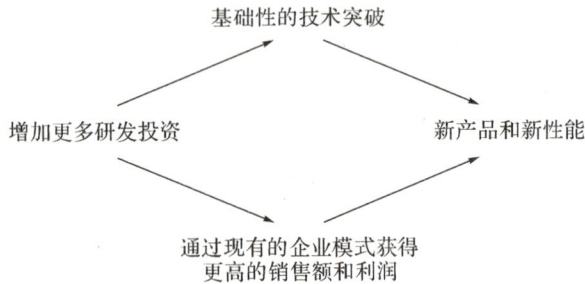

基础性的技术突破

增加更多研发投资   新产品和新性能

通过现有的企业模式获得
更高的销售额和利润

图 2.1 封闭式创新模式下企业研发活动的良性循环

资料来源:Chesbrough H. Open innovation,the new imperative for creating and profiting from technology,Harvard business school press,2003.

对企业内部跨区域的技术创新过程分布式特性的关注引发了"分布式创新"的研究;随着研究的深入,分布式创新概念的外延也得到了拓展。Kelly(2006)总结认为,分布式创新是分布于不同地域的各个子公司的企业员工成功地实施创意、任务及其他创新过程(适用于有不同地理位置分布的分公司的企业),或者分布于不同地理位置的企业间的创新合作。因此,分布式创新可以是企业内部的各创新组织在不同地域的分布,也可以是不同地域的企业间的合作和共享。因为创新过程中区域性黏着信息的存在,集团化企业可以利用组织机构的跨地域性分布优势,根据黏着信息的所在地选择求解创新问题的场所,从而提高创新效率,所以分布式创新强调创新活动发生的地理位置在不同区域分布的特点,早期主要是针对集团化企业的跨地域合作创新行为。

(2)合作创新

20 世纪 80 年代以来,随着技术革新的不断加速和竞争的日益激烈,为保持竞争优势,企业必须不断地投资于新的技术能力(Leonard-Barton,1994)。单靠企业内部研发投入和创新能力的发展已经很难应对技术创新的成本和复杂性日益增长的挑战,特别是对于生物技术和信息技术等高科技领域(Tyler & Steensma,1995;Hagedoorn,2002;Vanhaverbeke et al.,2002)。国际技术领域出现了一种新的趋势,许多企业开始认识到外部资源在创新中的重要性,并纷纷加强了与外部组织的联系,合作创新模式日益流行(Kor & Mahoney,2000)。企业与用户、供应商、大学与研究机构以及包括竞争者在内的其他企业之间开始进行各种形式的合作,通过共享资源和互补优势,共同实现技术创新。但是这种合作模式是有限的开放,即对于合作伙伴创新资源是开放的,对于非合作伙伴资源还是封闭的。

　　1)与用户的合作创新

　　用户创新(User Innovation)是企业创新理论中一个非常重要的研究领域。von Hippel 教授早在 20 世纪 70 年代就提出了"用户是创新者"的革命性观点(von Hippel,1976;von Hippel,1977)。许多经验研究表明,一些用户对创新项目有重要贡献,起着发明者或合作开发者的作用,这一现象在许多领域被证实(Lettl, Herstatt & Gemuenden, 2006),见表 2.1。Gales & Mansour-Cole (1995)验证了用户参与创新项目与创新项目的成功率有显著的正相关关系,并且强调用户参与的程度必须和项目的不确定性程度以及环境相匹配。Lüthje 对外科手术设备和户外运动消费品领域的创新活动进行了调查后发现用户在创新中起着发明者的作用(Lüthje,2003;Lüthje,2004)。

表 2.1　创新者的分布

研究者	创新类型	创新总数 (n)	创新开发者		
			用户 (%)	制造商 (%)	其他 (%)
Freeman (1968)	化工和化工设备	810	70	30	0
Lionetta (1977)	拉挤异型材处理设备	13	85	15	0
Shah (2000)	滑雪板、帆板运动设备	48	61	25	14
von Hippel (1976)	科学仪器	111	77	23	0
von Hippel (1977)	半导体和印刷电路板工艺	49	67	21	12

　　资料来源:von Hippel(2002)。

　　von Hippel (1988)根据创新者与创新之间的联系将创新分为用户创新、制造商创新和供应商创新,并认为用户创新过程是"用户支配的"创新。吴贵生和谢伟(1996)认为,用户创新是指用户对其所使用的产品或工艺的创新,包括为自己的使用目的而提出的新设想和实施首创的设备、工具、材料、工艺等,以及对制造商提供的产品或工艺的改进。von Hippel (1986)还将用户划分为领先用户和普通用户,领先用户可能为企业提供对创新十分重要的新产品概念和设计的信息。由于领先用户经常试图满足自己的需求,他们能为制造商提供很有价值的新产品设想和原型设计(von Hippel,1986;Urban & von Hippel,1988;Herstatt & von Hippel,1992)。

von Hippel(2005)在《创新的民主化》中进一步认为,随着知识经济时代的到来以及先进技术的大量涌现,用户创新将进一步得到发展(von Hippel,2005)。为开发成功的产品,制造商必须准确理解用户的需求信息。然而要全面地、深刻地理解用户的需求信息变得越来越难,因为用户需求信息和用户使用环境通常是非常复杂的、微妙的、快速多变的,用户需求信息充满黏性,转移成本特别高。即使用户准确地知道自己需要什么,他们往往也不能清楚地、完整地将这些需求信息传递给制造商。同时,随着市场和用户需求的快速变化,许多公司日益朝着为"个性化市场"(markets of one)服务的方向发展(von Hippel,2001b;von Hippel & Katz,2002;Thmoke & von Hippel,2002;Franke & von Hippel,2003)。因此,许多公司已经不再努力去确切理解用户需求,而是向他们提供工具,将与需求相关的关键创新任务外包给用户,让他们设计和开发自己所需要的产品,给予用户真正自由的创新空间,允许他们经过反复的试错而开发出自己所需要的产品(von Hippel,2001b,von Hippel,2005)。用户能创建一个初步的设计方案,进行计算机模拟和构建产品原型,并在用户自己的使用环境里评价产品的功能,然后反复改进,直到满意为止。这些用户界面友好的工具组成一个工具包,被称为"用户创新工具箱"。

用户创新工具箱能引导用户确保他们所完成的设计不需改变就可以在指定的生产系统中制造出来(von Hippel,2001a;von Hippel,2001b;von Hippel & Katz,2002;Thmoke & von Hippel,2002;Franke & von Hippel,2003)。von Hippel通过很多经验研究表明,基于"用户创新工具箱"的产品开发新方法比传统的产品开发方法更有效。传统的产品开发是一个持久的过程,制造商根据不完全的信息开发出产品原型,交由用户使用,用户找出缺陷,反馈给制造商。制造商根据用户反馈进行修改,持续循环,直到出现一个满意的解决方案为止。与传统产品开发方法相比,在这种新方法中,制造商和用户的界面发生了转移,而且产品开发所必需的试错过程全部由用户完成(Thmoke & von Hippel,

2002)。

综上所述,在用户参与创新的研究中,国外学者对创新源、黏着信息、领先用户和用户创新工具箱等进行了一系列研究,共同关注的焦点是用户创新。从创新源、黏着信息、领先用户和用户创新工具箱等角度研究,有助于深入理解创新的本质和规律。利用用户创新,能降低创新成本、减少风险、缩短新产品开发周期。一些前景看好的技术创新项目失败的原因往往是制造商忽视了用户创新的作用(Douthwaite, Keatinge, 2001; von Hippel, Thomke & Sonnack, 2000)。在整个创新过程中,制造商要允分利用用户创新,利用领先用户方法,通过多种途径,获取用户的需求信息、新产品设想和原型设计,尽早开发出满足市场需要的新产品。

我国学者也表明了用户创新的重要性,但研究相对还比较少。我国理论界和企业界对创新源理论与应用及其相关领域的研究还不够重视。相当一部分企业不重视用户创新。利用领先用户方法进行新产品开发的企业更是微乎其微,更不用说用户创新工具箱的开发和应用了。

国际上以 von Hippel 为主要代表的诸多创新管理专家坚持不懈地通过深入细致的调查、考察、理论研究和实证研究,取得了丰富的成果,有力地推动了创新理论的发展。但是针对中国企业的技术创新实际,仍不免存在一些局限性。用户参与创新将给企业的创新过程带来巨大的震荡,需要新的管理技能。用户创新和创新工具箱适合哪些产业?在技术创新不同阶段主流用户和领先用户将分别起什么作用?企业如何把握向用户提供创新工具箱的时机?用户参与创新,将引起企业核心能力概念的变化,企业应如何改变组织结构和经营管理以更好地利用领先用户的知识和信息?这些问题值得进一步探讨和挖掘。

2)与供应商合作创新

供应商参与创新在国外文献中有专门的术语,有的学者称之为"供应商早期参与(Early Supplier Involvement, ESI)"或"供应商参与新产品开发(Supplier Involvement In New Product Development, SINP)"。"供应商早期参与"与"同供应商参与新产品开发",即在产品开发的概念阶段或者设计阶段就让供应商参与进去,从制造商产品开发过程的始端一直持续到新产品的商业化。它主要包括产品开发和改进、工艺开发和改进以及服务创新。

供应商参与创新策略,起源于20世纪40年代的日本汽车制造业。1949年,Nippondenson 公司从丰田汽车公司分离出去而成为第一级(first-tier)电子组件供应商。Nippondenson 公司的电子工程师直接加入丰田汽车公司,帮助设计汽车的零部件,开发了供应商早期参与的先河。在随后的20年中,丰田发展了"精细生产"的方式,其中就包括大量的供应商早期参与的做法。这些做法逐渐被其他汽车厂商,如本田等效仿。将供应商纳入到制造商的创新活动中,充分利用供应商的专业知识和技术,即供应商早期参与,这种模式被认为是日本公司竞争优势的主要源泉之一,因而受到西方国家的普遍关注和研究。日本企业的供应商管理经验被其他国家用来作为"标杆学习"的对象。自 20 世纪 80 年代末期以来,欧洲国家和北美的一些企业也效仿日本企业开始采用供应商参与创新这一方法(Liker et al.,1996)。

最初研究供应商早期参与的是 Imai,Nonaka 和 Takeuchi,他们着重研究供应商在日本制造商新产品开发中的作用(Imai,Nonaka & Takeuchi,1985)。随后,Clark(1989)对日本、美国和欧洲的制造商进行跨文化的比较研究,他指出日本供应商参与制造商的新产品开发是西方同行业的四倍,深度的"供应商参与"极大地缩短了开发周期、提高了产品质量及成本—效率。Lamming(1993)在对日本和西方汽车产业进行比较研究后也得出类似的结论,他把日本汽车制造商突出的产品开发绩效归功于他们独特的供应商参与产品开发的实践。后来,在大量实证和比较研究基础上,日本"供应商参与"创新实践成功的理论解释得到广泛认可。大量的研究得出:日本汽车制造商在新产品开发方面比西方竞争者更胜一筹,因为在开发新产品时,日本制造商相对西方同行来说更广泛地使用供应商的专业技术(Clark & Fujimoto,1991;Nishiguchi,1994;Martin et al.,1995;Liker et al.,1996;Song & Parry,1997)。

通过汽车产业产品开发的系列研究,供应商在创新中的作用得到了广泛的关注(Baidault et al.,1998)。许多产业供应商早期参与能提高创新绩效,被视为企业维持可持续竞争优势的来源(Hagedoorn,1993,2002;Dyer & Singh,1998;Johnson,1999)。Clark & Fujimoto(1991)清楚地表明供应商在日本汽车制造商的产品交付周期和质量中的作用。供应商与制造商互补的技术知识和能力相结合以及在开发的早期阶段对多种思想的评估,能大大地减少开发时间,缩短产品交付周期(Clark,1989;Clark & Fujimoto,1991;Nishiguchi,1994);可以减少在新产品开发的后期阶段如试制阶段由于发现失误而需重新设计的风险,避免不必要的重新设计和错误,减少开发成本(Clark,1989;Martin et al.,1995)。通过技术和信息的共享,筛选各种方案以提高产品质量(Clark,1989;Nishiguchi,1994)。通过与拥有先进技术诀窍的供应商共享市场和技术信息,提高市场适应力以降低市场风险(Nishiguchi & Ikeda,1996)。让供应商承担一定的责任,迫使供应商更好地掌握相应的专业知识和技术,从而提高产品质量。

　　然而也有研究表明,供应商参与创新对创新绩效没有显著的影响,甚至存在负面的影响。过度的供应商参与新产品开发将导致产品开发成本的增加,产品性能下降,延长产品开发时间(Eisenhardt & Tabrizi,1995;von Corswant & Tunalv,2002)。因为供应商的参与会增加管理的复杂性(Littler,Leverick & Wilson,1998)。另外一个危险是通过供应商可能将技术知识泄漏给竞争者(Wagner & Hoegl,2006)。所以供应商参与创新策略的成功与否和企业的一些因素以及对供应商参与创新实践的管理有关。在技术方面,制造商与供应商之间的互动关系必须与产品的构架和设计类型相匹配(Wanger & Hoegl,2006)。供应商的研发能力也是一个重要的影响因素,必须选择合适的供应商(Wanger & Hoegl,2006)。

　　综上所述,国际上供应商参与创新的问题已经得到广泛的关注,但现有的研究大多集中在日本和西方汽车制造商之间供应商参与创新的差异比较,一般把日本供应商参与创新的模式作为"高标定位"(benchmarked)的对象,学习日本的先进经验。对于供应商参与创新与制造商创新绩效的关系还存在争议,关于供应商参与是如何影响公司创新绩效的实证研究不多,更多的是对成功公司的案例研究。而且除大规模装配工业(汽车产业和电子产业)外,对其他产业中,供应商参与创新的研究相对较少,在近几年才有少量文献。Van der Valk & Wynstra(2005)对荷兰食品行业的供应商参与新产品开发进行了案例研究,发现供应商参与新产品开发也适用于其他产业,如食品行业。Wagner & Hoegl(2006)通过对汽车制造业和其他高技术产业外的5家企业深入访谈和案例研究,认为在其他产业中,供应商参与将越来越盛行。供应商参与创新将成为企业维持竞争优势的来源之一。但这些结论还需要进一步的研究得以验证和深化。

　　3)企业间合作创新

　　合作创新是指企业间或企业、研究机构、高等院校之间的联合创新行为(傅家骥,1998)。合作创新通常以合作伙伴的共同利益为基础,以资源共享或优势互补为前提,有明确的合作目标、合作期限和合作规则,合作各方在技术创新的全过程或某些环节共同投入,共同参与,共享成果,共担风险(罗炜、唐元虎,2000)。合作创新一般集中在新兴技术和高新技术产业,以合作进行研究开发(R&D)为主要形式(Miotti & Sachwald,2003;罗炜、唐元虎,2000)。国内外的相关研究中对于合作创新内涵的界定有所不同。国际上主要采用研发合作(R&D Cooperation,Cooperative R&D)这一概念,并认为其本质是基于分工的一系列创新活动,在创新过程中某一阶段存在着其他创新行为主体的参与,就可认为是合作创新(Fritsch & Lukas,2001)。

根据资源基础理论的观点,获取互补性资源,在异质性资源基础上合作产生新的核心能力是企业参与合作创新的主要动机。合作创新为企业互补知识的转移和利用提供了一条有效的途径(Kogut,1988;Mitchell & Singh,1992;Hagedoorn et al.,2000;Das & Teng,2000)。合作创新能够实现双赢的效果,合作双方通过互补资源和能力的组合,共享资源,共担创新风险和成本,能缩短创新周期,提高创新效率(Tyler & Steensma,1995;Das & Teng,2000;Pisano,1990)。合作还具有协同效应,不同知识领域的结合常常能够产生全新的技术,获得技术突破(Das & Teng,2000)。

现有的文献中主要考虑公司规模和研发强度对 R&D 合作决策的影响。实证研究表明,公司规模和研发强度对 R&D 合作存在正相关,即大公司更倾向于 R&D 合作,公司内部研发投入能显著地促进 R&D 合作(Veugelers,1997;Bayona et al.,2001;Fritsch & Lukas,2001;Kaiser,2002;Miotti & Sachwald,2003;Negassi,2004)。获取互补知识和技术是 R&D 合作最重要的目的(Sakakibara,1997;Narula,2002),没有较强的内部技术能力,企业不可能成为有魅力的合作伙伴,也无法从外部知识源充分获益(Miotti & Sachwald,2003;Negassi,2004)。仅仅获取外部知识是不够的,企业必须有充分的吸收能力以消化吸收和利用外部资源促进创新(Cohen & Levinthal,1990;Negassi,2004)。相对小公司而言,大公司往往具有较强的技术能力积累,并有相当的吸收能力。Cohen 和 Levinthal (1989) 指出 R&D 具有两面性,因此企业通过加强 R&D 投资能增强吸收能力,从而更有可能从 R&D 合作中获益。但也有学者考虑到,在与竞争者合作时,高的 R&D 投资产生丰富的技术诀窍,这样更催生合作者的搭便车现象(Belderbos et al.,2004)。因为横向合作伙伴之间面临着专有知识泄漏的危险,R&D 强度对竞争对手之间的合作仅有较弱的正的影响(Belderbos et al.,2004)。Miotti & Sachwald(2003)也发现纵向合作(与用户和供应商的合作)多于横向合作,但在高技术领域竞争者之间的合作经常发生,以充分利用互补资源和 R&D 的规模优势,共担 R&D 成本。所以 R&D 强度对竞争者之间合作的影响较为复杂。

产业组织理论侧重于从 R&D 外溢的角度考虑 R&D 合作的决定性因素(Belderbos et al.,2004)。一方面,用以反映外部信息流对企业创新过程的重要性,称之为流入溢出(incoming spillovers);另一方面,企业通过控制信息的流出力图独占创新成果,称之为流出溢出(outgoing spillovers)(Belderbos et al.,2004)。企业可以通过增加 R&D 投资提高吸收能力来促进 R&D 合作的流入溢出效应,而通过知识产权保护机制减少流出溢出。流入溢出能增加R&D合作的魅力,而流出溢出则不利于R&D合作协议。Belderbos等人证实流入溢出是R&D合作的重要的决定性因素,企业总是选择能带来最大潜在价值的知识流入方作为合作伙伴,但是对于与竞争者之间的合作,流入溢出的影响较小;流出溢出对于竞争对手之间的合作有消极影响(Belderbos et al.,2004)。除以上影响因素之外,创新活动的风险大小以及组织本身的一些约束条件对R&D合作有积极影响。创新的商业化风险会促使企业间的合作,在技术变革快速的产业,企业与竞争对手的合作可能更大(Belderbos et al.,2004)。

综上所述,国内外研究中对于合作创新概念的内涵界定有所不同。国际上主要侧重于创新前期阶段,即R&D合作。现有文献从产业组织理论和企业管理理论不同的角度,对合作创新的动机、合作对创新绩效的影响、合作模式选择和合作决策等方面作了大量的理论分析和实证研究,但现有研究侧重于对合作创新现象的解释,没有深入到技术创新的整个过程,没有考虑到技术创新不同阶段中不同合作对象的作用,因此尚未形成一套完整的理论体系,也就难以真正指导企业的技术创新实践活动。从现有研究可以看出,在不同合作类型中,企业的合作动机和合作的决定性因素是不同的,各种创新合作伙伴之间的关系也并非是独立的,与多种合作伙伴的多角度合作创新及其对创新绩效的影响等问题还需要进一步深入研究。

4)产学研合作创新

许多技术管理的文献通过案例研究和调查研究表明科学知识对创新的重要性,尤其是在技术快速变革的领域,如生物技术、信息技术和新材料等产业(Mowery,1998;Zucker et al.,1998)。其中,大学被认为是最重要的外部技术源。许多产业在创新过程中高度依赖大学的研究成果、试验设备、训练有素的人力资本和研究经验(Mansfield,1998;Cohen,Nelson & Walsh,2002)。

产学研合作创新是指企业与大学或科研机构利用各自的要素占有优势,分工协作共同完成一项技术创新的行为(郭晓川,1998)。大学和企业为了实现共同利益,以技术转移合约为纽带,在共同投入、资源共享、优势互补、风险共担的条件下,将高技术成果转化为现实生产力(余雅风,2002)。

企业与大学是完全不同的系统组织,他们的行为特性和目标亦不相同。所以与企业之间的合作相比,产学研合作创新过程存在诸多特殊性(余雅风,2002)。企业和大学拥有的创新资源具有很强的互补性或相互依赖性(鲁若愚,2002)。大学投入的创新资源主要是专业人才、科研仪器设备、知识及其产权、技术信息、研究方法和经验;企业的创新投入则以创新资金、生产试验设备和场所、需求信息以及市场营销经验等为主。大学知识扩散的需要与企业技术创新知识源的需要,构成了合作创新的供需市场。在各类合作创新中,产学研合作最能体现要素的互补优势、规模优势、重组优势(鲁若愚,2002)。

大学和科研机构注重科技知识的前沿性,与市场端有很大的距离,他们不会向企业提供现成的新产品技术(Motohashi,2005)。大学提供的前沿科技知识主要适用于开发全新产品的创新活动的早期阶段,具有高度的技术不确定性和市场不确定性(Jensen et al.,2003)。因此,产学研合作具有高不确定性、合作双方信息的高度不对称性、合作的高交易成本性等特征(鲁若愚,2002;Veugelers & Cassiman,2005)。

现有的文献中没有专门解释产学研合作的动机。因为产学研合作是 R&D 合作中的一种类型,多数观点基于 R&D 合作文献中产业组织理论和企业管理理论的视角,认为产学研合作的动机主要来源于企业大学之间的能力"异质性"、节省交易费用、独占知识技术等三方面(Veugelers & Cassiman,2005)。通过产学研合作,企业获得研究专家的技术支持,了解技术发展趋势。大学为企业提供接近共性技术和新兴技术的窗口。企业把公共的科学技术知识作为快速获取新知识、增强工程师对科学发展理解力的一种重要的外部源(Belderbos et al.,2004)。大学不是企业在产品市场的直接竞争者,企业与大学的合作就不存在对新技术产品的利益独占性的问题,所以产学研合作是企业获取前沿科技知识的有效途径(Veugelers & Cassiman,2005)。

与 R&D 合作的影响因素类似,现有的文献中主要考虑公司规模和研发强度对产学研合作决策的影响,这是从吸收能力的角度考虑,强调为了从合作中充分获益企业内部技术能力的必要性(Veugelers & Cassiman,2005)。许多研究表明,公司规模和研发强度对产学研合作存在正相关,即大公司更有可能与大学和研究机构合作,公司内部研发投入能显著地促进产学研合作(Adams,Chiang & Starkey,2001;Fritsch & Lukas,2001;Miotti & Sachwald,2003;Belderbos et al.,2004)。Rothwell 对 170 家企业的调查显示,大中型企业与大学合作的比重为 75%,明显高于与小型企业的合作(36.5%)(Rothwell & Dodgson,1991)。Veugelers & Cassiman(2005)证实大公司和化学以及制药产业等 R&D 密集的公司更倾向于与大学合作。但也有学者持不同的意见。López-Martínez 等人通过对 59 位大学和企业的研究人员的调查证明,中小企业比大型企业更容易与大学发生合作创新关系(López-Martínez,et al.,1994)。但其实产生矛盾的根源是企业的吸收能力,吸收能力才是根本性的影响因素,大公司往往有较强的技术能力积累,具有在创新活动中利用大学科技知识所需的吸收能力。Motohashi发现在与大学的合作中,具有卓越的创新管理能力的新技术型小企业比大企业有更高的效率(Motohashi,2005)。

大学不是企业在产品市场的直接竞争者,企业与大学的合作不存在对新技术产品的利益独占性的问题,因此创新的独占性状况对产学研合作没有影响(Veugelers & Cassiman,2005)。

对于以科学为基础的产业,科学知识是一种重要的创新源,企业通过开展产学研合作,获取前沿的科技知识,促进技术创新所需的各种要素有效组合,可以促使企业新产品开发取得突破性创新成果,获得市场上全新的产品(Faems et al.,2005;Klevorick et al.,1995;Belderbos,Carree & Lokshin,2004;Tether,2002;Monjon & Waelbroeck,2003)。合作创新的价值不仅仅在于创新成果,还在于企业通过技术资源和知识的获取,提高企业的技术能力积累,提升企业核心能力。合作有利于隐性知识的获取,突破组织个体局限发挥协同效应。从社会资本的视角来看,企业开展产学研合作的实质是将企业的社会资本内化为企业的智力资本(吴晓波等,2004)。

(3)开放式创新

自20世纪80年代以来,随着技术的迅猛变化,通讯技术的迅速发展和全球化竞争的加剧,制造商必须持续地开展创新活动以维持竞争优势(Alter & Hage,1993;Brown & Eisenhardt,1998)。高度复杂的创新常常跨越多个科技领域,特别是在汽车、电子、远程通讯和航空业这些产业,需要组合各种来源的知识进行快速和持续的新产品开发(Hagedoorn,1993;Chung & Kim,2003)。对于单一的企业,即使是跨国集团公司,要同时在所有的前沿技术领域保持积极的研究十分困难,因此很少有企业能在各个领域维持领先的技术地位(Marquis,1988)。任何技术力量雄厚的企业无法从其内部创造出技术创新需要的所有知识,不可能拥有创新所需的全部资源和技术(Teece,1986;Caloghirou,et al.,2004)。因此,在创新过程中通过与外部组织的互动获取新的科学和技术知识尤其重要(Mowery et al.,1996;Shenas & Derakhshan,1994)。

Chesbrough(2003a)通过描述组织如何从封闭的创新过程转变到更开放创新过程的做法,首次提出开放式创新模式。开放式创新模式意味着,有价值的创意可以从公司的外部和内部同时获得,其商业化路径可以从公司内部进行,也可以从公司外部进行(Chesbrough,2003a)。见图2.2所示,开放式创新模式把外部创意和外部市场化渠道的作用上升到和内部创意以及内部市场化渠道同样重要的地位(Chesbrough,2003a)。开放式创新模式的本质是通过整合组织内部和外部的观点发展新技术,因此创新的过程中企业内外创新者之间的协同和交互成为关键因素。根据企业内外部协同和交互强度的变化,本书将开放式创新划分为传统开放式创新和信息化协同创新两个阶段。

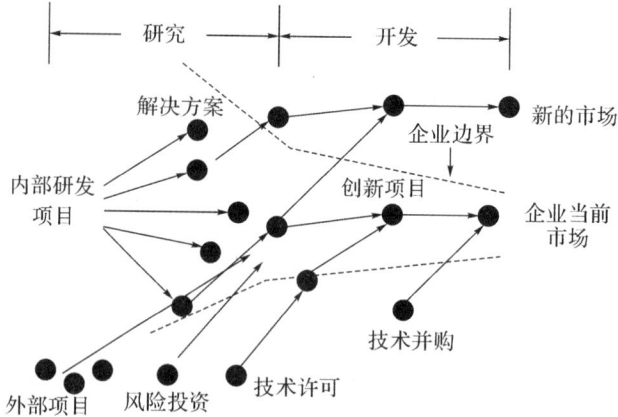

图 2.2　开放式创新模型

资料来源:Chesbrough H. Open innovation, the new imperative for creating and profiting from technology, Harvard business school press, 2003, P183.

(4)虚拟协同创新

在传统开放式创新模式下,企业边界的可渗透性还是属于方向性开放,合作网络主要通过传统的合作关系实现,合作范围、合作对象较封闭式创新和半开放式创新广度得到显著拓展,但是合作对象是确定的,主要还是用户、供应商、企业、高校和研究机构,合作深度和交互强度相对有限。

信息化协同创新模式是信息化条件下,利用虚拟网络实现的面向全球的完全开放的创新模式。Freeman(1991)在创新领域最早指出了虚拟组织概念,他认为虚拟创新网络是为了系统性创新的一种基本制度安排,网络架构的主要联结机制是创新合作的关系。池仁勇(2005)认为,企业创新网络是涉及多个层次、多个组织、多个阶段、多种创新要素的复杂创新活动的组织形式。王安宇和司春林(2007)认为,虚拟组织具备"组织形式无形化"和"组织要素联结契约化"等特征。菅利荣(2010)认为,认知成本和价值不确定性之间存在两难选择,且在形成回路的情况下,寻找虚拟网络型知识流动模式成为开放式创新的必然选择。信息化协同创新系统是基于信息技术,由专业化联合的资产、共享的过程控制和共同集体目的等要素构成,通过活性结点的网络联结,能够获得某种长期竞争优势的有机组织系统(赵民杰、刘松博,2004)。网络创新模式与传统的开放式创新模式相比有着本质上的区别。它是完全开放式的,没有一个明确的边界。这种创新模式的代表是软件领域的开放源代码软件或自由软件(open source software,OSS)的开发模式,如 Linux 和 Java 软件平台的开发(刘建兵、柳卸林,2005)。

1991 年,芬兰赫尔辛基大学毕业生莱纳斯·托瓦尔兹(Linus Torvalds)将自己编写的第一套 Linux 程序发布到了互联网上,由此揭开了开放源代码软件的发展序幕。Linux 开放其技术标准,使得全球对 Linux 技术感兴趣的研发人员都可以在前人研究成果的基础上参与软件的开发、修改和创新过程,形成了一个全球 Linux 技术开发网络,在互联网上汇集数百万人才的力量。这种方式有效地促进了 Linux 的发展,造就了足以与微软抗衡的软件巨人。

Raymond 最早运用了"集市"(bazaar)这一词汇来描述开放源代码软件的组织特征。他认为开放源代码软件组织是分散的、以民主方式发展的组织结构,更像是"一个巨大的、有各种不同议程和方法的乱哄哄的集市"(Raymond,1998)。网络组织边界是相当松散的,没有高度的严格性,缺乏稳定性和可靠性,但具有很强的生命力(洪进、汤书昆,2005)。借助于全球化的信息网络,企业组织可以利用不同地域的资源,整个企业组织在运作过程随时可能根据需要组成新的团队或解散某些团队,也会与外部企业组成联盟。

Web2.0 网络技术的高交互性双向沟通功能,通过视频、文件、照片、图表、即时信息、搜索、博客、WIKI 等手段,使跨区域、跨组织、跨文化、跨专业的协同研发成为了可能,也使个人通过非传统组织的形式参与创新变成了趋势,极大地拓展了传统创新网络的合作边界(Penin et al. ,2010),也空前地提高了创新的开放度。从开放式创新理论的角度分析,信息化协同创新就是通过引导网络用户参与到企业内部特定创新过程的开放式创新活动。陈劲(2010)认为,从开源(open-sourcing)到今天的以众包(crowdsourcing)为代表的协同创新模式,信息化无疑全面影响着开放式创新理论的演化。

综上所述,封闭式创新、合作创新、开放式创新三种创新模式的演进是企业不断提高搜索、吸收、利用外部资源的广度、深度、交互强度的发展史,这几种创新模式的主要特征和区别可以用表 2.2 和图 2.3 表示。

表 2.2　几种不同创新模式的主要特征

	封闭式创新	合作创新	开放式创新	虚拟协同创新
创新来源	内部研发	内部研发为主，合作伙伴间部分资源共享	内部研发和外部创新资源并重	共享全球创新资源
外部技术环境	知识贫乏	知识较丰富	知识丰富	知识丰富
与其他企业的关系	竞争	竞合	分工协作	合作
组织边界	完全封闭	合作伙伴间边界可渗透，对外部封闭	边界可渗透，动态开放	边界模糊，完全开放
创新组织方式	纵向一体化，内部严格控制	内部纵向一体化，强调合作	垂直非一体化，动态合作	松散的、非正式的

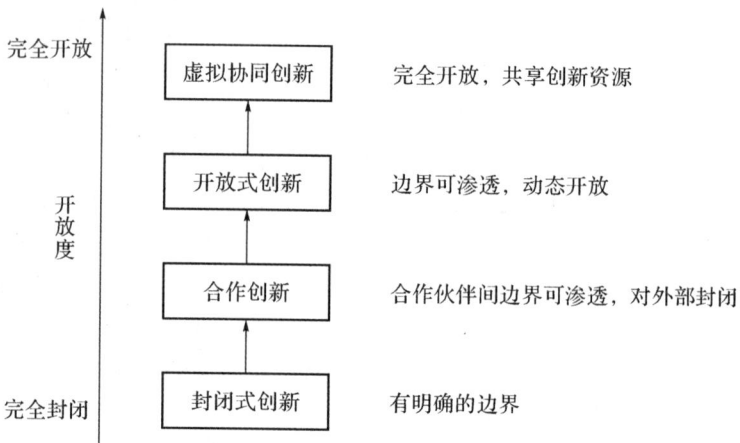

图 2.3　几种不同创新模式创新的开放程度和边界特征比较

2.2.2　国家创新系统理论的演进

　　企业作为创新的执行主体，企业创新范式的演进对国家创新系统的产生和演进发挥着基础性作用。企业创新范式经历了封闭式创新模式、合作创新模式、开放式创新模式和虚拟协同创新模式四个阶段的发展，直接推动了创新系统经历了三个阶段的演进：从企业创新系统、跨组织合作创新系统，发展到国家创新系统。所以本节将从梳理企业创新范式演进的相关研究成果入手，揭示创

新系统的演进历史和国家创新系统产生的背景,最后深入分析国家创新系统的
参与主体和知识流动规律。

2.2.2.1　企业创新系统

熊彼特(Joseph Alois Schumpeter)在 1934 年到 1944 年间提出强调企业家
作用的交互式创新理论,成为了第一代技术创新理论。具体见图 2.4。

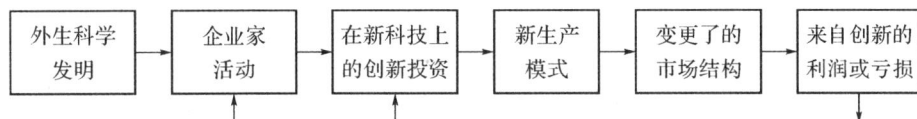

外生科学 发明	→	企业家 活动	→	在新科技上 的创新投资	→	新生产 模式	→	变更了的 市场结构	→	来自创新的 利润或亏损

图 2.4　熊彼特的企业家创新模型

资料来源:Mark Dodgson,Roy Rothwell 著.创新聚焦——产业创新手册.陈劲译.北京:清华大
学出版社,2000.

在第一代技术创新体系中,企业家精神是创新的核心动力。在工业经济时
代,技术创新是企业的灵魂,因此只能由企业自己单独进行,从而保证技术保
密、技术独享,进而在技术上保持领先地位。内部研发被认为是企业有价值的
战略资产,是企业提升核心竞争力和维持竞争优势的关键所在,甚至是竞争对
手进入众多市场的巨大阻碍。技术和资金实力雄厚的大公司如杜邦、IBM 和
AT&T 等,雇佣着大量世界上最具创造性的科技人才,给予优厚的待遇和完备
的研发设施,投入充分的研发经费,进行大量的基础和应用研究。

在第一代技术创新体系中,创新公司必须有自己的创意,然后进一步开发、
研制新产品,推向市场,自己分销、提供服务和技术支持(Chesbrough,2003a)。
由于技术垄断造成了很高的行业进入壁垒,从而能够形成垄断地位。如果想要
强手让座,竞争对手们就必须拿出足够的资源来建立他们自己的实验室
(Chesbrough,2004)。随着产品复杂性的增加,产品日益体现出多技术和跨学
科的特征;同时企业规模扩张下,企业分布空间不断向不同地域衍生。von
Hippel (1994)从"黏着信息"的角度,提出根据黏着信息的所在地选择求解创新
问题场所的创新设想,由于创新所需的信息具有黏性,因此需要将创新任务进
行分解,根据黏着信息不同的所在地分布各项创新活动,并提出了分布式创新
的概念。

2.2.2.2　跨组织合作创新系统

第二代技术创新理论以强调创新中企业与企业的合作为主要特征。随着
研究的深入,许多研究者开始注意到创新在较大程度上必须在企业与企业之间

或企业与用户之间交互作用的过程中进行,包括供应者与装配者、生产者与消费者之间的相互影响及竞争者之间的技术信息交流等(Fusfeld & Kahlisch,1985;von Hippel,1987)。其中以 von Hippel 的观点较为典型。von Hippel(1988)认为,由于存在各种"黏着信息"(Sticky information),所以要注重企业与企业或企业与用户之间的交互作用的创新(见图 2.5)。

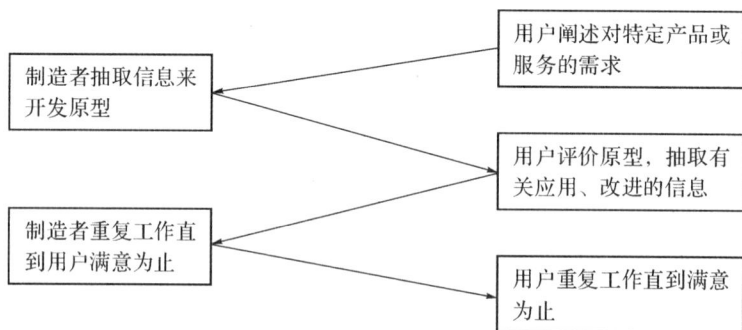

图 2.5　创新者与用户的交流和合作模式

资料来源:Mark Dodgson,Roy Rothwell 著.创新聚焦——产业创新手册.陈劲译.北京:清华大学出版社,2000.

20 世纪 80 年代以来,随着技术的快速发展和日益激烈的竞争环境,为维持可持续的竞争优势,企业必须不断地投资于新的技术能力(Leonard-Barton,1994)。单一企业内部研发投入和创新能力的发展已经很难满足技术创新日益增长的成本和复杂性要求,特别是对于生物技术和信息技术等高科技领域(Tyler & Steensma,1995;Hagedoorn,2002;Vanhaverbeke et al.,2002)。国际技术领域出现了一种新的趋势,许多企业开始注意到外部资源在创新过程中的重要性,纷纷加强了与外部组织的联系,合作创新模式日益流行(Kor & Mahoney,2000)。企业与用户、供应商、大学、研究机构以及包括竞争者在内的其他企业之间开始形成各种形式的合作关系,通过资源共享和优势互补,共同实现技术创新。但是这种合作模式是有限的开放,即对于合作伙伴创新资源是开放的,对于非合作伙伴资源还是封闭的。

2.2.2.3　国家创新系统

国家创新系统是第三代技术创新理论,技术创新理论见表 2.3,发源于经济、创新理论,服务于经济竞争,形成于产业分析。国家创新系统理论的形成,集中了 19 世纪德国著名经济学家弗里德里希·李斯特的"国家体系"的思想和美籍奥地利经济学家熊彼特的"创新"思想,柳卸林称其为国家创新系统的两块基石(柳卸林,1999)。李斯特在其 1841 年发表的《政治经济学的国家体系》一书中首先提出了国家体系这一概念,分析了"国家专有因素"如何影响一国的经济发展实绩以及后进国家的技术政策选择等问题,从而为国家创新系统理论奠定了第一块理论基石。熊彼特 1912 年出版了《经济发展理论》,提出了"创新"的概念,为国家创新系统理论奠定了第二块理论基石。

经济学家弗里曼(Christopher Freeman)于 1987 年首次提出了"国家创新系统"理论。目前,国家创新系统的研究主要包括纳尔逊(Richard Nelson)的国家创新系统理论、巴特尔(Patel)和巴维特(Pavitt)的国家创新系统研究、伦德瓦尔(Lundvall Bengt-Ake)的国家创新系统理论、波特(Michael Porter)等人的国家创新系统研究、OECD 的国家创新系统研究等(陈劲,2000)。

表 2.3　技术创新的理论:三个阶段的演化

	第一阶段	第二阶段	第三阶段
理论名称	企业与企业家的交互式创新	企业与企业的交互式创新	企业与国家的交互式创新
代表人物	Schumpeter	von Hippel	B. Lundvall
理论图式	企业 企业家	企业 企业	国家 企业

资料来源:Mark Dodgson,Roy Rothwell 著.创新聚焦——产业创新手册.陈劲译.北京:清华大学出版社,2000.

创新过程是非常复杂的商业过程和组织过程,是各种包含在通常的经济活动中的学习过程的结果。创新并不是知识的简单转移,而是各个因素之间互动的学习过程。随着创新的复杂性和不确定性的日益增加,以及更多的参与者和机构的参与,创新越来越成为各个参与者之间一系列复杂的、综合的、相互联系和相互作用的过程。由于创新过程是一个多机构参与的复杂过程,所以,用户、设备供应商、其他企业和个人、政府有关部门以及企业环境等都被列入创新过程的考虑范围之内。这就使得人们必须用一种新的方法来分析国家范围内的创新行为,必须从新的和更全面角度来考察创新行为的结果,从而为政策制定提供依据。国家创新系统方法正是在这种背景下产生的。

国家创新系统方法从系统入手,为创新政策分析开辟了更为广阔的前景,这种方法和新古典经济学以及新熊彼特学派相比,向前迈出了一大步。然而,需要指出的是,国家创新系统的思想虽然早已产生,但是,利用国家创新系统的思路指导相关政策制定的做法却是 20 世纪后半叶的事情。尤其是在 OECD 中,不仅出台了一系列从国家创新系统角度研究创新过程的报告,而且拟定了基于国家创新系统思路的政策体系。

在国家创新系统的基础上相继衍生出区域创新体系和产业区域创新体系等概念。用创新系统的思路来研究区域问题,是继国家创新系统研究之后兴起的,是创新系统研究中的一个组成部分。英国卡迪夫大学的库克(Cooke,1994)教授首次提出了区域创新系统的概念。他将区域创新系统定义为主要由在地理上相互分工与关联的生产企业、大学和研究机构等构成的区域性组织体系,这种体系支持并产生了创新(陈劲,2008)。区域创新系统研究,有创新系统研究的共性,即演化理论和交互性学习理论;也有其个性,即区域创新系统研究来源于业已建立起来的国家创新系统研究和区域科学理论。区域创新系统 1992 年正式出现在文献中,重要成果有:Hilpert(1991)的《区域创新与分散化》、Saxenian(1994)的《区域优势:硅谷和 128 公路的文化和竞争》、Cooke et al. (1997)的《区域创新系统:从制度和组织的角度上看》、Cooke et al. (1998)的《区域创新系统:从演化的观点看》、Admore 等(1998)人的《构造创新系统的模型:一个以企业为中心的观点》和《构造创新系统:一个分析区域产业聚集的框架"》、BraCzyk(1995)等著《区域创新系统:区域治理结构在全球化世界里的作用》等。国内区域创新系统研究专家柳卸林(2011)结合我国江苏创新实践,提出了均衡视角的区域创新系统发展思路。

国家创新体系和区域创新体系是以地理边界为系统的边界,认为这一地理边界内长期演化形成的有关知识生产、应用和扩散的专有性因素和制度安排是决定一个国家或区域创新绩效的决定因素(Freeman,1987;Nelson,1993;Lundvall,1993;OECD,1996;Cooke, et al. ,1997;柳卸林,2001)。产业创新体系则将产业作为系统的边界,关注一个产业的专有因素对创新的影响(Malerba,2005)。产业创新体系是 Malerba、Breschi 等人于 20 世纪 90 年代提出并发展的一个概念(Malerba,2005),也是国家创新系统的重要组成部分。Malerba(2005)对于产业创新体系的定义是:产业创新(和生产)系统由一群为了创造、采用和使用属于某一产业(新的或已有)的技术,以及创造、生产和使用(新的或已有)属于某一产业的产品,而进行市场和非市场交互作用的不同的(heterogeneous)个人、组织和机构组成的系统。Malerba(2004,2005)认为产业创新体系由知识和技术领域、各种参与者(actors)及它们之间的联系(创新网络)、制度三个部分组成(刘建兵,2007)。其核心命题是不同的产业面临不同的技术体系(Technology regime),因而不同的产业会有不同的创新模式和特点

（见图 2.6）。

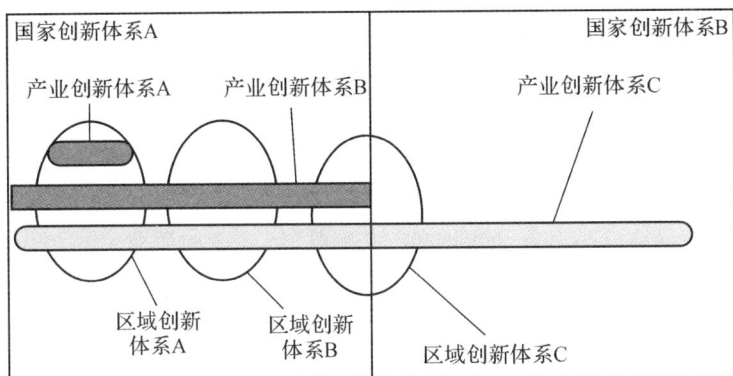

图 2.6　国家、区域和产业创新体系的系统边界

2.2.3　小结

创新系统的演进与创新环境的变化息息相关,随着工业经济时代的发展和知识经济时代的发展,外部知识的整合利用变得与内部研发同样重要,创新系统边界必然性地突破了传统企业的边界,并从同质组织间合作、异质组织间合作,不断地延伸到与用户、与网络参与者等个人合作,国家创新系统已经成为包罗所有创新资源和创新者的生态系统。Malerba(2004,2005)认为创新体系由知识、创新参与者及网络、制度三个部分组成。所以,本研究以复杂系统视角对国家创新系统的知识体系、创新参与者及网络、制度体系三个主要部分展开文献梳理工作。

2.3　国家创新系统的子系统——知识体系

借鉴 Malerba(2004,2005)关于创新系统中知识、创新参与者及网络、制度三个子系统的分类办法,结合国家创新系统理论,从知识概念、知识生产、知识传播、知识转移和知识利用的角度,梳理国家创新系统中知识子系统的相关研究成果。

2.3.1 知识的概念、属性与类型

2.3.1.1 知识的概念

《辞海》对于知识的定义是：知识是人们在改造世界的实践中所获得认识和经验的总和。"百度百科"对于知识的定义是：知识是指人们对某个事物的熟悉程度。它可能包括对事实、信息的描述或在教育和实践中获得的技能；它可能是关于理论的，也可能是关于实践的。"知识"从汉语词源意义可以归纳为：能够辨别不同，并一语中的。知识是构成人类智慧的最根本的因素。

牛津《韦氏大辞典》对于知识的定义是：知识是通过实践、研究、联系或调查获得的关于事物的事实或状态的认识，是对科学、艺术或技术的理解，是人类理解、发现或学习的总和，是从经验而来的加总。从外文的字源考证，知识一词来源于希腊语的"gnoo-"，它在希腊语中有三层含义：第一层是最原始的含义，即"私人性的"；第二层含义是"记忆性"、"专家意见"；第三层含义是"系统的"、"科学的"（项杨雪，2013）。为了全面掌握知识的定义，我们试图从不同学科角度来诠释知识的内涵，包括从哲学、经济学、管理学的视角来解释不同学科下知识的不同特性。

第一，哲学视角。对知识定义的最早思考来自哲学思考，著名哲学家罗素将世界上存在的知识分为科学的、哲学的、神学的三大类。知识的本质是一种认识的范畴，人类的知识从实践中形成，其中的内涵也必将随着人类实践活动包括科技进步和社会发展的深化而不断地丰富。总之，从哲学角度来理解知识的话，知识就可以归结为人类在社会实践中获得的物质和精神成果的总和，它是在人类智力劳动的基础上产生的，它反映的主要是人类改造客观世界的方法、原理、技巧、认识等信息和智慧的集合。

第二，经济学视角。由于知识经济的发展，许多学者开始从经济学的角度来认识知识的本质，并将其纳入生产函数进行研究，并把知识看成是一种非常重要的生产要素。经济学家哈耶克在其著作《自由宪章》中把知识分为了三大类：第一类，明确的知识体，是理性知识的集合，主要包括科学知识、有关事实的知识、专家所拥有的专业知识等；第二类，与理性无关的因素（non-rational factors），主要指个体拥有的经验，包括技术、态度、工具和制度；第三类，非理性因素（irrational factors），主要指关于人类的制度体系及其在制度设计过程中的应用（Hayek，1945）。

知识虽然也是一种生产要素，但与其他生产要素相比，其生产与应用存在

着极大的特殊性。一方面,从知识生产方面来说,知识的特殊性表现为同一单位知识的再生产几乎是无成本的,因此,知识生产出来之后就有可能无成本地被扩散和使用;另一方面,知识使用的特殊性在于,在特定场合知识使用所花费的成本有可能会高于它的再生产成本,同时,知识资源还具有超强再生能力和知识价值的乘数效应,正是这些特殊性,使知识经济增长由"外生变量"转化为内生变量(Romer,1990,1994),从而也使得经济增长方式发生了根本性的变化。托夫勒也曾认为"知识代替资本,知识除了可以代替物质、运输和能源之外,还可以省时间;知识在理论上取之不尽,是最终的代替品。它已成为产业的最终资源,知识是 21 世纪经济增长的关键因素"。

第三,管理学视角。最初的研究认为知识是企业最重要的战略性资源(Grant,1996a)。知识、数据(Data)、信息(Information)都是管理活动中的重要资源,但是他们有着本质的区别,更准确地理解,知识是一种经过系统化、结构化的直觉、经济与事实数据与信息(Davenport,Prusak,1998);同时,从知识的组成元素中我们也可以看出它们的本质区别,即知识包含了技术(technology)、信息(information)、内隐知识(know how)和技能(skill)。此外,知识对产业的管理活动有着极其重要的作用,主要体现在知识可以提升某一产业的价值,并使之获得持续的竞争优势。因此,我们也可以理解管理活动最核心的工作应该就是创造知识和使用知识。

2.3.1.2 知识的属性

知识属性应该属于公共物品还是私人物品,是经济学和管理学必须首先解决的重要问题。因为公共物品和私人物品的属性差异巨大,直接决定了知识在社会经济活动中的投入主体性质和产出收益的归属。

知识的公共物品属性。较早的文献研究一般认为知识具有无成本扩散的特性,所以应该归属于公共物品范畴,知识公共物品属性后来成为创新政策的主要理论依据。最早论述知识公共物品属性的是 Arrow 和 Nelson。Arrow(1962)提出知识作为经济物品具有非竞争性、非排他性的特征,特别是探索未知的科学知识,公共物品的特性更加明显;因为科学知识的创造活动具有不确定性、非排他性,因此技术创新往往存在市场失灵,需要政策激励。科学知识的公共物品属性特性在基础研究领域尤其显著,Nelson(1959)认为基础研究具有偶然性、生产外部性和结果的不确定性等特征,基础研究投入风险比较大,但是研究成果的社会收益也非常明显;因此,私人一般不愿意投资基础性研究工作,希望"搭便车",最后造成私人在基础研究领域的投资不足。知识,特别是基础性科学知识的公共物品属性,决定了其投入应该主要由政府财政资助研究,同时,基础研究的知识成果必须无偿向社会开放。

知识的私人物品属性。知识除了具有公共物品属性外,根据谁投入谁受益的原则,知识也应该具有私人物品属性。知识的私人物品属性成为知识产权保护的主要理论依据。Nelson(1982)研究企业的 R&D 活动中知识生产问题时,提出知识具有私人物品属性的观点。知识产权保护机制可以使得企业积极从事新技术的开发,以及相关新知识的创造与储备工作。这部分的知识就完全是私人物品,也只有通过知识产权机制加以保护才能激励企业不断地加大 R&D 投入。

可见,知识根据投入主体的差异,既具有公共物品属性也具有私人物品属性。许多学者明确认同政府资助的大学和研究机构生产的知识是公共物品,企业和个人生产的知识应该是私人物品(Nelson,2004;Antonelli,2008)。Foray(2004)认为,政府自上而下地资助大学和科研机构进行公共知识的生产和创造,而企业进行的是私人知识的生产。在这种明确的劳动分工下,大学和科研机构拥有更好的设备去完成科学研究,而所获得的科学发明将被转化为现实的技术创新通过知识溢出流入企业(Antonelli,2003)。Hayek(1937,1945,1952)同样指出由于知识具有不完备性,因而存在一个知识分工的问题,即大学擅长于科学知识的生产,企业擅长于技术知识的生产(Antonelli,2007)。这直接造成了我们需要对专利制度的广度和宽度进行合理的区分,专利制度可以增加技术知识的专有性,而科学知识一般不能通过专利制度进行私有化(Kingston,2001)。

2.3.1.3　知识的类型

知识的类型根据不同的研究视角有不同的分类方法,最为普遍的分类是隐性知识和显性知识分类法。隐性知识和显性知识的分类法,揭示了知识转移不同于一般自然物质和能量的转移,吸收能力成为基于知识流动的非均衡社会系统的关键能力。

Polanyi 在 1958 年出版的《个人知识》中对隐性知识(Tacit Knowledge)和显性知识(Explicit Knowledge)进行了划分。他认为,人类的知识主要分为两种:一是通常使用书面文字、图表和数学公式加以表述的知识,主要是显性知识;二是人们在做某种事情时行动中的知识,即隐藏在行动中的知识,这种知识往往容易被忽视,可以称为隐性知识。Nonaka(1994)对 Polanyi 的观点进行了发展,他认为:显性知识是"能用文字和数字表达出来,容易以硬数据的形式交流和共享,并且经编辑整理的程序或者普遍原则";而隐性知识被认定为是一种高度个性化而且难于格式化的知识,主观的理解、直觉和预感都属于这一类(Nonaka,1995)。显性知识和隐性知识之间的相互转化是一个动态的循环过程(Nonaka,2000)。

此外,Lundvall(1994)和国际经济合作与发展组织 OECD(2000)则根据知识的不同特性把知识分为四种类型:(1)是什么的知识(know-what),即关于事实的知识;(2)为什么的知识(know-why),如有关自然法则与原理方面的科学知识;(3)知道怎样做的知识(know-how),指做某些事情、完成某种活动的技艺与能力;(4)知道是谁的知识(know-who),指人际关系方面的信息和知识。如果把以上四类知识进行显性、隐性化归类,前两类知识属于显性知识(Codified/Explicit Knowledge),就是可以编码化的、通过一定的形式能够记录下来的知识,可以方便扩散的知识,这种形式的知识通常使用文件、图表等符号表示。而后两者被称为隐性知识(Tacit Knowledge),是指不可以编码化的,或不能系统描述的知识,通常包括技能、技巧和人际关系知识等。

显性知识由于被编码化了,其转移和扩散的成本非常低,具有公共物品的自然属性,所以这部分中由私人投资形成的显性知识需要通过知识产权保护,体现私人物品属性。相反,隐性知识由于内隐于个人、组织内部,不可编码化,所具有的高黏着性,使此类知识转移成本非常高(von Hiplle,1994;Foray,2004)。隐性知识即使没有知识产权制度保护,也已经具有私人物品的属性。

2.3.1.4 小结

知识是人类社会实践活动和科学探索的产物。知识具有公共物品和私人物品双重特性,这为我们研究科技创新政策和知识产权保护制度提供了理论基础;也为知识生产理论的发展提供了研究基础。同时,显性知识和隐形知识的分类,为知识的转移和流通提供了分类研究的基础。显性知识和隐形知识在知识流通过程中的不同特性,也决定了国家创新系统中知识吸收机制和利用机制等协同创新机制的特殊性。

2.3.2 知识生产理论综述

国家创新系统是知识生产、知识流通、知识利用的循环体系,知识的利用产生税收和利润,公共部门和私人部门重新投入知识再生产,形成知识再生产、知识再流通、知识再利用的再循环体系,从而推动国家创新系统的演进和发展。从知识生产的主体分析,知识生产主要由公共部门和私人部门之间的分工博弈来完成,也决定了所生产知识的类型。

2.3.2.1 知识生产类型研究

知识生产目的的不同,决定了知识生产的模式和所生产知识的类型也存在差异。很多学者从知识生产的类型入手,借此研究不同知识生产模式所具有的目标和特点。例如,Tassey(1992)较早提出了知识生产的三种类型:基础研究、应用研究和试验开发。他认为:基础研究是通过实验性和理论性工作获得关于自然界或社会的基础法则,而不以任何专门或特定的应用或使用为目的;应用研究是通过创造性的研究以获得新知识,并实现知识的特定应用为目标;试验开发是将基础研究、应用研究中获得的知识转化为新产品、材料和装置,并建立新的工艺、系统和服务,或者对上述已有的工作进行实质性的改进。

司托克斯(1999)根据科学研究是否"追求基本认识"和是否有"应用考虑",把科学研究划分为四个象限:第一类纯基础研究,是在认知需求的引导下且无实际应用考虑的研究,可称之为"纯基础研究"。玻尔对原子结构的探索,是这种研究的典型代表,即纯粹好奇心驱动的基础研究。第二类应用激发的基础研究,基础研究既有扩展知识的目标,又有应用目的,称之为"应用激发的基础研究"。法国巴斯德对发酵的基础研究是这类研究的典型,所以被称为巴斯德象限。第三类纯应用导向研究,只求应用目标,而不管"所以然"的研究,这是纯应用研究,爱迪生的工业研究实验室主要从事商业技术的开发,一生做出了许多重大的技术发明,但是对科学知识的贡献甚微,因此,是这类研究的典型。第四类兴趣导向研究,既不以追求基本认知为目标,又不以追求应用价值为目的,但对某种特殊现象进行了系统性研究,如研究昆虫的标记。见图2.7所示。

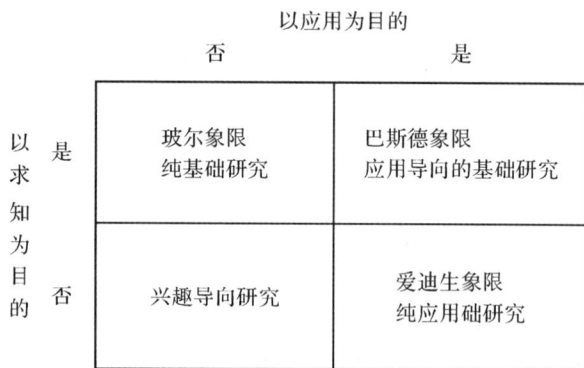

图 2.7 科学研究的象限模型

资料来源:司托克斯.基础科学与技术创新——巴斯德象限.周春彦,谷春立译.北京,科学出版社,1999,63.

Ruttan(2001)在司托克斯对科学研究"四分类"的基础上,按照知识生产类型(技术知识生产活动和科学知识生产活动)和知识属性(公共知识属性和私人知识属性)两个维度,提出了新的四分类法:第一类是应用激发的基础研究,即巴斯德象限;第二类是应用研究和产业发起的技术开发,称之为爱迪生象限,这类研究的支持主要应该来自产业部门;第三类是政府发起的应用研究和技术开发,称之为 Rickover 象限;第四类是好奇心驱动的基础研究,称之为玻尔象限(见图 2.8 所示)。

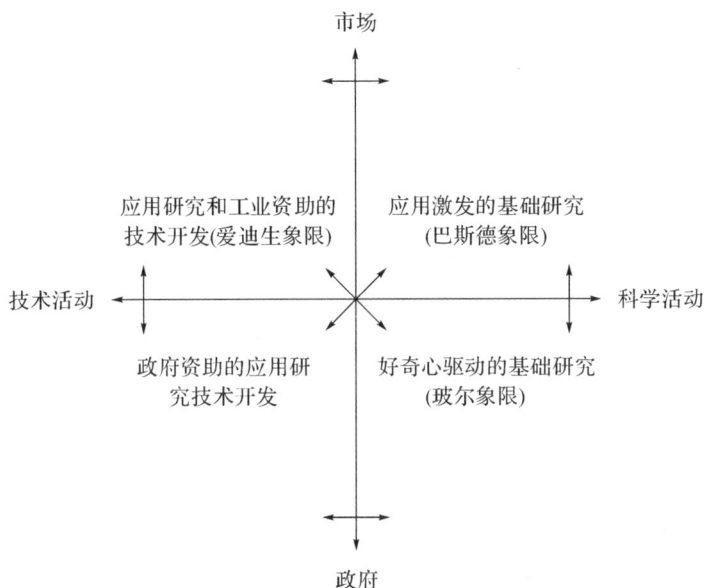

图 2.8 Ruttan 的科学研究四分类

资料来源:Ruttan V W. Technology, growth, and development: an induced innovation perspective. New York:Oxford University Press,2001,P537.

对知识生产类型的分类,有利于进一步分类研究不同知识类型的知识生产模式,评价不同知识生产主体的知识生产绩效。

2.3.2.2 知识生产模式研究

组织学习理论按这种分类角度把知识生产分为三类:探索新知识型知识生产、编撰整理知识型知识生产、联合旧知识型知识生产(Martin,2001)。探索性学习新知识是组织学习的一个重要途径,当组织或组织的子部门面临一个复杂的环境或一项难题时,需要通过变革和创新来解决问题。在那些创新、变革过程中产生的经验,激励和产生了探索式学习,探索式学习会给组织带来很多新的知识元素(Luo & Peng,1999)。编撰整理和联合旧知识可以归纳为挖掘性学习,则是组织学习理论中另一个基本内容。挖掘性组织学习被看作从历史经验中编撰推论并用以指导组织今后的行为(March,1988)。所以编撰整理知识型知识创造被认为是其中一种类型。这种分类方式实际上是将 Nonaka 的扩展型知识创造细分为编撰整理知识型知识创造和联合旧知识型知识创造。

Nonaka(1994)剖析了组织知识生产过程中所包含的具体活动后,编撰整理知识型知识创造和联合旧知识型知识创造整合为一类,并把知识生产(创造)分为两大类:基于旧知识的扩展型知识创造和开拓型知识创造。扩展型知识创造是在现有知识领域内,通过对现有知识的提炼,增加其深度和广度以及发现其他相关知识。这种创造体现为:在现有的显性知识基础上综合成为新知识以及基于隐性知识开发新产品、服务概念。扩展型知识创造还可被细分为编撰整理型知识创造和旧知识联结型知识创造。编撰整理型知识创造指组织运转过程中把由经验得来的组织知识编制成可记载的理论或推理,用以指导以后的组织行为的活动(March,1988)。旧知识联结型知识创造通过联合组织内不同领域或不同部门的已有知识,在重新联合、归纳已有的知识基础上整合出不同以往的新知识(March,1991)。开拓型知识创造则是指创造出新的知识领域,包括发展新的相关数据、创造新信息和新的隐性、显性知识。也可被细分为探索式和挖掘式知识创造活动。探索式知识创造的具体活动涉及搜索、变化、风险承担、灵活性、发现和创新等;开发式知识创造则涉及提炼、选择、研究、制作等活动(March,1991)。

在国家创新系统的演进历史中,在很长一段时期企业知识生产和大学知识生产是分离的,随着创新环境的复杂变化,产学研合作创新慢慢成为主流。所以知识生产的模式主要是四种:企业的知识生产模式、大学的知识生产模式、产学研合作知识生产模式和个人知识生产模式。

模式一:企业知识生产模式。

企业知识生产模式形成于企业封闭式创新阶段,在当时外部技术贫乏的环境条件下,如果一项技术或知识不是在企业内部被创造出来,那么企业就无法保证这项技术的质量、功能和实用性,所以产生了"非此地发明"的说法(Chesbrough,2003a)。例如,IBM 在 20 世纪 60 年代开始自己生产磁盘驱动器所需要的磁头和介质,因为它无法及时地从外部供应商处得到这些符合其要求的重要组件。

在 20 世纪 70 年代以前,企业封闭式知识创造模式曾经为企业带来重要的创新成就和商业成功,几乎所有的欧美企业,特别是大企业都采用这种模式。典型代表如施乐的 Palo Alto 研究中心(PARC)、AT&T 的贝尔实验室和 IBM 的沃森(T. J. Watson)实验室。企业为保持行业领导地位,在内部设立规模庞大的研发实验室,使用最先进的设备,雇佣最具创造性的科学家和工程师,进行大量的基础研究和应用研究,通过内部研发实现技术突破,设计开发新产品、试制、生产制造,通过内部途径将新产品推向市场,并自己提供服务和技术支持,依赖技术获得市场垄断地位,从而获得超额垄断利润。企业完全依靠自己的力量实现知识生产和技术创新,同时对所有关键性要素施以严格的专利权控制,内部研发的优势地位形成其他竞争对手进入的技术壁垒。

模式二:大学知识生产模式。

19 世纪洪堡在柏林大学倡导的大学改革,提出了"教研统一"、"教学自由"等改革思想,并首次提出了大学的第二个职能——科学研究,大学从此成为科学知识生产的中心。在大学发展科学研究职能的初始阶段,主要从事的是纯粹科学理论的研究,科学研究的目的就是获得对自然界的深刻理解,以扩大人类认识世界的广度和深度,这不是知识的实际用途。齐曼认为 19 世纪柏林大学为代表的科学研究具有五大共性特征:公有主义(communal)、普遍主义(universal)、无私利性(disinterested)、原创性(original)和怀疑主义(skeptical)。尽管当时大学知识生产方式是一种基于个人的、小规模的、非组织化的科学知识生产方式,但是对许多国家包括美国大学后期发展提供了方向。

20 世纪中期之后,经济危机的出现和科学技术的发展不再仅仅依赖科学家个体兴趣而分散进行的"小科学"研究,而是需要大规模、高投入、复杂化、组织化的大科学研究,并被称为"有组织的研究",即科学家以研究项目(program 或 project)的形式组织起来,进行联合协同攻关(项杨雪,2012)。这种知识生产组织方式以斯坦福大学为代表的创业型大学的发展带来了科学知识生产方式的革命。

1994 年,以吉本斯为首的六位科学家在其合著的《知识的新生产》(the new Production of Knowledge)一书里再度区分了两种截然不同的知识生产模式。第一种知识生产模式(模式 1)通常被称为"洪堡模式",主要的特点是脱离现实问题进行高度抽象化的学术探讨,是一种学科范围的、线性的、阶梯性的、僵化的知识生产模式,以追求单个学科的认知为目的。因此,在这种知识生产模式中,基础与应用之间的界限非常清晰。第二种知识生产模式(模式 2),国内也称之为"后洪堡模式",是现代知识生产的主要模式,其特点主要是面向应用的可解决现实社会问题的研究与开发,是技术范畴的、跨学科的、非线性的、网络式的、平等对话的、流动鲜活的。在这种模式中,基础与应用之间、理论和实践之间是来回往复不间断地运动的,因此,它们之间的界限是模糊的;因为科学发现的需求产生于为应用目标而寻求知识,反过来进一步推动理论的进步;同时,模式2还促使形成了一种新的知识生产环境,这种环境的特征表现为知识更易于在学科边界之间流动,研究人员更加具有流动性,研究组织更具有开放性和灵活性。知识生产已经突破大学的范围,可以同时在大学、公共机构、研究中心和工业实验室进行,这种知识生产的突出特征是网络化、应用化、公开化、非组织化等。同时,科学正在逐渐从知识生产的模式1向模式2转变。围绕这两种知识生产模式,出现了系列的理论和实践,其中以模式2的研究实践最为丰富。许多学者致力于在模式2指导下探索建立起新的知识生产组织形式,如基于大学的研究中心或学会、创业型大学、大学科技园等,为促进知识在大学和产业之间转移提供了一定的制度支撑。

在齐曼看来,后学院科学是学院科学向产业领域的延伸,是与实践网络紧密缠结在一起的"一种全新的生活方式",并呈现出一系列全新特征:(1)大学与产业界之间建立了一种技术合作伙伴关系,大学关注的知识,开始逐渐从基础科学的进展延伸到应用科学的进展,科学家开始广泛地参与到企业委托的项目之中,并以多大程度上推动了企业的发展或者为企业创造经济价值的多少来衡量他们的科研贡献。(2)后学院科学是学院科学在"应用语境"下运转的一种新的"知识生产模式",是与产业界紧密地融合在一起的。一方面,科学通过签订合同从产业界获得资助;另一方面,产业界通过科学研究获得了新的技术发展。所以,后学院科学又被称作"产业科学"。

模式三:产学合作知识生产模式。

20世纪80年代以来,企业和大学都发现原有封闭式知识生产模式的不足。首先,在企业方面,随着技术的快速发展和日益激烈的竞争环境,为维持可持续的竞争优势,企业必须不断地投资于新的技术能力(Leonard Barton,1994)。单一企业内部研发投入和创新能力的发展已经很难满足技术创新日益增长的成本和复杂性要求,特别是对于生物技术和信息技术等高科技领域(Tyler & Steensma,1995;Hagedoorn,2002;Vanhaverbeke et al.,2002)。国际技术领域出现了一种新的趋势,许多企业开始注意到外部资源在创新过程中的重要性,纷纷加强了与外部组织的联系,合作创新模式日益流行(Kor & Mahoney,2000)。在大学方面,20世纪80年代以来,由于经济危机的到来,以及社会福利主义、新公共管理和经济理性主义等思潮的影响,一股强大的高等教育改革力量席卷西方大多数国家,主要的核心内容是根据"后福特主义"的经济法则,强调中央权力下放、学校自主竞争与家长自由选择,采取了缩减高等教育经费的做法,以控制财政支出,平衡预算,高等教育越来越趋向于依赖于"看不见"的市场机制来进行自主发展,自收自支的创业型大学发展模式开始盛行,服务社会演变成为大学的第三大使命。

正是由于企业和大学共同生产知识的需求,形成了产学研合作创新的新模式。哥伦比亚大学计算机科学家亨利·埃兹科维茨(Herry Etzkowitz)提出"三重螺旋理论"(Triple Helix),主要核心思想是指大学、企业和政府三种实体在知识生产、传递与应用过程中以连动键和螺旋模式组合协调在一起来进行知识的生产,并且三者之间的边界已经慢慢模糊,原先分割的各个领域正在逐渐会聚。

产学研合作创新是指企业与大学或科研机构利用各自的要素占有优势,分工协作共同完成一项技术创新的行为(郭晓川,1998)。大学和企业为了实现共同利益,以技术转移合约为纽带,在共同投入、资源共享、优势互补、风险共担的条件下,将高技术成果转化为现实生产力(余雅风,2002)。许多技术管理的文献通过案例研究和调查研究表明大学所生产的科学知识对创新的重要性,尤其是在技术快速变革的领域,如生物技术、信息技术和新材料等产业(Mowery,1998;Zucker et al.,1998)。于是,大学被认为是最重要的外部技术源。许多产业在创新过程中高度依赖大学的研究成果、试验设备、训练有素的人力资本和研究经验(Mansfield,1998;Cohen,Nelson & Walsh,2002)。

企业与大学是完全不同的系统组织,他们的行为特性和目标亦不相同,这决定了产学研合作过程存在诸多特殊性(余雅风,2002)。企业和大学拥有的创新资源具有很强的互补性或相互依赖性(鲁若愚,2002)。大学投入的创新资源主要是专业人才、科研仪器设备、知识及其产权、技术信息、研究方法和经验;企业的创新投入则以创新资金、生产试验设备和场所、需求信息以及市场营销经验等为主。大学知识扩散的需要与企业技术创新知识源的需要,构成了合作创新的供需市场。在各类合作创新中,产学研合作最能体现要素的互补优势、规模优势、重组优势(鲁若愚,2002)。

模式四:个人知识生产模式。

知识经济时代,随着全球人口数量的快速膨胀,大量接受过良好教育的用户游离于组织之外,通过兴趣导向的研究和实用导向的创新演变成为知识生产的新型生产者。

首先,作为用户的知识生产者。在工业社会的背景下,习惯性二元化地把社会分成两类:生产者和消费者。随着产业环境的变化,以及用户作用的不断发现,领先用户(von Hippel,1988)开始在商业企业的管理控制下逐渐参与到生产和研发过程的某些特定的环节中,成为知识生产者。Voß and Rieder (2008)

在解释了这种新用户类型的基础上,提出了"working consumer"的概念,并认为用户既是职场的有偿工作者,也是义务工作者的消费者。用户知识是企业创新最重要的知识,稳定的用户信息流对促进创新成功十分重要,与用户密切接触有利于准确把握市场需求,产生关键的创新思想,以便开发出更易被市场接受的新产品。很多研究人员都发现,许多重要的创新开始由领先用户提出新产品概念,详细说明自己需要的产品,甚至领先用户已经开发出产品原型(von Hippel,1986;Urban & von Hippel,1988;von Hippel,Churchill & Sonnack,1998;Herstatt & von Hippel,1992)。领先用户领先于市场潮流,并且他们的创新通常具有较强的商业吸引力。领先用户掌握着特殊的经验,能为企业提供对创新十分重要的新产品概念和设计信息。让用户成为创新的主体,由领先用户直接参与整个新产品的设计和开发过程,开发小组能从领先用户掌握的开发方案数据和需求信息中受益,从而加快新产品开发的速度,减小技术创新在市场上的不确定性。Kleinschmidt 和 Cooper 对 123 家企业的 252 个新产品进行了研究,得出结论:大多数新产品来源于顾客提出的创意,而不是来源于公司内部的头脑风暴会议或者成熟的研发活动(Tucker,2002)。因此,挖掘用户知识,理解用户需求,确认市场趋势对企业的技术创新是不可或缺的。成功的创新者对市场给予了更多的关注,对用户需求有更好的理解。

其次,作为网络用户的知识生产者。von Hippel(2005)在分析开源技术的基础上,提出了创新民主化理念。创新是创意的产生、采用、执行、扩散和商业化的过程(Spence,1994),而创意主要产生于个体层面的认知和情感过程(Sousa,Monteiro,& Pellissier,2008;Sousa,Pellissier & Monteiro,2009a and Sousa,Monteiro & Pellissier,2009b),所以富有活力的个体参与者对于创新的作用尤其重要,民主化创新的资源多样性更会激发出新创意。很多研究从外部动机和内在动机两个方面对网络参与者的动机进行了研究。在外部动机方面,Kleemann,Voß & Rieder(2008)指出,个体采取某项行为的外部动机主要是为了获得外部报酬、个人事业具有益处、工作完成的成就感,以及参与公共目标后的满意度。在内在动机方面,Ryan & Deci(2000)研究指出,个体参与的动机主要源于个人的原因和个人的喜好;同时他们还发现,在很多时候内在和外部动机相互交织,很难清晰区分。

2.3.2.3 知识生产绩效研究

知识生产绩效问题的研究是知识生产理论的重要组成部分,主流研究者均从投入与产出的过程和结果两个方面研究知识生产的绩效。高校和企业不同

02 文献综述 / 057

的投入特征,决定了知识生产绩效评价指标也存在差异。企业知识生产绩效主要通过知识存量的增加、学习能力的提升和创新绩效提高加以体现,而高校的知识生产绩效一般通过知识溢出、知识转移的角度进行评价。随着高校服务社会职能的强化和企业开放式创新模式的盛行,产学研合作生产知识的绩效问题成为新的研究热点。

(1)企业知识生产绩效

较早以投入产出模型研究企业知识生产函数关系的学者主要是 Rommer (1990)和 Grilichesr(1998)。Romer(1990)在对经济增长的内生性要素进行研究时,以企业 R&D 活动为基础提出了知识生产函数一般分析模型;其中,知识生产的投入要素主要包括人力资本、非技能型劳动力、知识资本存量等,而知识产出主要以专利的经济价值作为衡量指标。Grilichesr(1998)则将知识生产和产出效益紧密联系起来,探讨了知识对经济发展的影响作用,并提出了知识生产力的概念。Grilichesr(1998)进一步认为,知识生产力是所有的知识生产的产出要素与所需的投入要素之间的比值。在具体提出的生产函数关系里,他提出的投入要素包括劳动力、资本和对现有技术知识的存量的测量,并且通常由现有和过去的研发费用所决定。

内部研发是促进企业创新和生产率增长的最重要因素(Griliches,1979;Scherer,1982)。研发是一个组织创造知识的主要形式,企业内部研发活动是个体获得隐性知识的一条重要途径(Cohen & Levinthal,1989;Figueiredo,2002),研发是一个重要的学习机制。对于发展中国家和后来企业而言,引进的技术多是"离散"的知识和信息集合,只有通过内部研究和开发才能掌握技术和知识的本质,因此,研发中学是发展中国家的企业自主技术创新过程中的主导技术学习模式。内部 R&D 是企业开发新技术和新知识的关键,是保持自身的创新能力、促进技术创新的最根本要素。

但一些研究者认为,随着 R&D 投入水平的增加,可能存在 R&D 边际回报下降的趋势(Chesbrough,2003;Hagedoorn & Wang,2012),一些实证研究也验证(Guo & Trivedi,2002)了内部 R&D 与知识生产绩效之间存在曲线相关的关系(Hagedoorn & Wang,2012)。但是对中国企业来说,还不存在 R&D 边际回报下降的现象,因为中国企业的 R&D 投入水平较低,2010 年中国大中型工业企业的 R&D 强度(R&D 经费支出占销售收入的比重)仅为 0.93%[①]。

---

① 数据来源:《中国统计年鉴 2011》,国家统计局编。

（2）大学知识生产绩效

在大学知识生产绩效领域，Jaffe（1989）和 Grilichesr（1998）成为较早的研究学者。Jaffe（1989）认为新经济知识（new economic knowledge）是最重要的产出，知识作为一种公共产品所具有的公共属性决定了高校学术研究更容易产出技术溢出效应。关于知识溢出，Grilichesr（1998）指出不同产业之间，高校与产业之间存在着不同的技术距离（technological distance），可以运用投入产出表去测量不同技术需求者之间的技术紧密度（closeness），还可以进一步研究如何测量高校等公共研发机构的直接知识溢出效应。国内学者（廖述梅，2011）同样提出高校研发活动对企业技术创新溢出的生产函数模型，其中，也特别强调了资本投入和劳动力。最后运用构建的知识生产模型分析了我国 30 个省市从 1997 年到 2007 年全国和分地区高校研发对企业专利和新产品创新的溢出效应。结果表明我国高校研发对企业专利和新产品创新均产生了显著的地理溢出效应；廖述梅指出，为了克服专利在知识产出绩效评价的局限性，高校知识生产的技术溢出效应用更应该关注校企合作之后所产生的新产品销售收入和专利数作为评价指标，并且认为这是创新成果最直接的表现形式。

许多技术管理的文献通过案例研究和调查研究表明科学知识对创新的重要性，尤其是在技术快速变革的领域，如生物技术、信息技术和新材料等产业（Mowery，1998；Zucker et al.，1998），其中大学被认为是最重要的外部知识源。许多产业在创新过程中高度依赖大学的研究成果、试验设备、训练有素的人力资本和研究经验（Mansfield，1998；Cohen，Nelson & Walsh，2002）。企业与大学是完全不同的系统组织，他们的行为特性和目标亦不相同。大学投入的创新资源主要是专业人才、科研仪器设备、知识及其产权、技术信息、研究方法和经验；企业的创新投入则以创新资金、生产试验设备和场所、需求信息以及市场营销经验等为主。大学知识扩散的需要与企业技术创新知识的需要，构成了知识溢出的供需市场。

Todtlin（2009）运用修正的知识生产函数分析高校知识生产的溢出效应，并且发现高校知识生产的溢出效应明显提升了企业创新能力，而这种溢出效应明显受研发规模、研发人员和研发经验等要素的影响，因此定义高校的知识生产绩效就要进一步控制规模变量以及非主观的因素。Fischer & Varga（2003）同样以专利作为知识生产的主要绩效产出来分析澳大利亚高校研发活动对区域内高技术行业的知识溢出效应，并发现高校知识溢出会超越行政区域的空间范围，但受知识溢出的空间集聚影响，知识生产的溢出效应会随着地理位置的增加而逐渐衰减。Monjon & Waelbroeck（2003）分析法国高校知识生产溢出对创新企业的贡献,通过测量校企正式合作和高校纯知识溢出的相对贡献度,发现高校知识溢出更有利于企业模仿现有技术或参与增量创新活动。Anselin L 等(2000)通过对美国 43 个州与 125 个大城市的区域统计资料进行研究,发现高校知识生产的溢出对区域创新发挥着很重要的作用,但这种溢出效应存在明显的产业差异,其中在医药化工和机械行业没有高校知识溢出,而在电子与器械工业则存在显著的高校研究溢出效应。国内学者(刘立平,2005)分析了我国高校研发知识生产对高技术产业的溢出效应,结果表明来自高校地理集聚的知识溢出是普遍存在的;由于高技术创新具有空间依存性,高校知识生产的技术溢出对高技术产业的集聚也产生一定程度的影响。吴玉鸣(2007)通过对 1999—2004 年我国 28 个省级面板数据分析发现,高校知识生产对我国高技术产业创新特别是专利和新产品创新绩效具有比较显著的知识溢出效应。

从众多学者的研究中,我们可以发现,影响高校知识生产的投入要素主要包括研发投入、人力资本和知识资本,而对高校知识生产绩效的评价特别是技术溢出效应主要还是通过对专利和新产品产出评价为主。但是,大学和科研机构注重科技知识的前沿性,与市场端有很大的距离,他们不会向企业提供现成的新产品技术(Motohashi,2005)。大学提供的前沿科技知识主要适用于开发全新产品的创新活动的早期阶段,具有高度的技术不确定性和市场不确定性(Jensen et al.,2003),需要以企业的知识探索性学习和挖掘性学习能力作为基础。

(3)产学研知识生产绩效

产学研合作创新是指企业与大学或科研机构利用各自的要素占有优势,分工协作共同完成一项技术创新的行为(郭晓川,1998)。大学和企业为了实现共同利益,以技术转移合约为纽带,在共同投入、资源共享、优势互补、风险共担的条件下,将高技术成果转化为现实生产力(余雅风,2002)。

在以科学为基础的产业,科学知识是一种重要的创新源,企业通过开展产学研合作,获取前沿的科技知识,促进技术创新所需的各种要素有效组合,可以促使企业新产品开发取得突破性创新成果,获得市场上全新的产品(Faems et al.,2005;Klevorick et al.,1995;Belderbos,Carree & Lokshin,2004;Tether,2002;Monjon & Waelbroeck,2003)。

现有的文献中主要考虑公司规模和研发强度对产学研合作决策的影响,这是从吸收能力的角度考虑,强调为了从合作中充分获益企业内部技术能力的必要性(Veugelers & Cassiman,2005)。许多研究表明,公司规模和研发强度对产学研合作存在正相关,即大公司更有可能与大学和研究机构合作,公司内部研发投入能显著地促进产学研合作(Adams,Chiang & Starkey,2001;Fritsch &

Lukas,2001；Miotti & Sachwald,2003；Belderbos et al.,2004）。Rothwell 对170 家企业的调查显示,大中型企业与大学合作的比重为 75%,明显高于与小型企业的合作（36.5%）（Rothwell & Dodgson,1991）。Veugelers & Cassiman（2005）证实大公司和化学以及制药产业等 R&D 密集的公司更倾向于与大学合作。但也有学者持不同的意见。López-Martínez 等人通过对 59 位大学和企业的研究人员的调查证明,中小企业比大型企业更容易与大学发生合作创新关系（López-Martínez,et al.,1994）。但其实产生矛盾的根源是企业的吸收能力,吸收能力才是根本性的影响因素,大公司往往有较强的技术能力积累,具有在创新活动中利用大学科技知识所需的吸收能力。Motohashi 发现在与大学的合作中,具有卓越的创新管理能力的新技术型小企业比大企业获得更高的效率（Motohashi,2005）。大学不是企业在产品市场的直接竞争者,企业与大学的合作不存在对新技术产品的利益独占性的问题,因此创新的独占性状况对产学研合作没有影响（Veugelers & Cassiman,2005）。

产学研合作的价值不仅仅在于创新成果,还在于企业通过技术资源和知识的获取,将知识和资源内化为企业的技术能力积累,提升企业核心能力。合作有利于隐性知识的获取,突破组织个体局限发挥协同效应。从社会资本的视角来看,企业开展产学研合作的实质是将企业的社会资本内化为企业的智力资本（吴晓波等,2004）。

2.3.2.4 小结

国家创新系统中的知识生产子系统为国家创新系统新知识的源泉,具有不可替代的重要作用。国家创新系统中大学、企业、产学研合作组织甚至个人,都在成为知识生产的主体；但是,知识生产主体的不同性质,也决定了他们所生产知识的差异性,如何把相关不同源头的新知识进行有效的流通和共享、应用,成为国家创新系统协同的关键。因此,下面将对知识转移理论和知识应用理论进行系统梳理,为实证研究奠定基础。

2.3.3 知识转移理论综述

知识转移过程是知识生产与知识应用之间的桥梁,也是国家创新系统协同的关键环节之一。自 1977 年,美国技术和创新管理学家 Teece 首次提出知识转移概念以来,国内外的学者从未间断过对知识转移相关问题的研究,包括知识转移的科学定义与分类、知识转移的机制模型、知识转移的影响因素等,并积累了丰富的理论基础。知识转移过程特指一部分社会成员在特定的社会环境中,借助特定的知识传播媒体,向另一部分社会成员传播特定的知识信息内容,并期待取得预期的传播效果的社会活动过程(倪延年,2001)。许多学者都将知识转移视为一种"知识拥有者"与"知识接收者"之间动态互动的过程(Gilbert,Cordey,Hayes,1996)。首先,知识转移与知识生产主体的类型有密切的关系。知识生产主体差异决定了知识生产的模式也不同;不同知识生产模式决定了其所生产知识也存在差异性。其次,知识转移与知识学习者也具有密切关系。知识接受者学习能力、知识吸收能力越强,知识转移效率也越高。第三,知识转移与知识类型也具有重要关系。由于隐性知识所具有的专属性和私有性、非结构化,对过程的高度依赖性、价值潜化、共存性、主观性(程艳霞,吴应良,2005),决定了隐性知识的传播机制相比显性知识要更加困难(Hamel,1991;Badaracco,1991)。提高知识转移效率,不仅对于提高知识生产绩效具有直接意义,对于国家创新系统的协同更具有重要意义。

2.3.3.1　知识转移的定义

关于知识转移定义,许多学者都试图从不同视角来进行解读。通俗地来理解就是知识在个体之间、组织内部或不同组织之间的转移(Bloodgood J M,Salisbury W D,2008),但从本质上许多学者都将知识转移视为一种"知识拥有者"与"知识接收者"之间动态互动的过程(Gilbert,Cordey,Hayes,1996),即知识转移之前经过知识的采用与接受的过程,达到知识同化,从而实现组织行为的改变。Davenport(1998)概括性认为:知识转移=知识传达+知识接收。概括起来,知识转移的定义具有两个研究视角:系统视角和过程视角。

首先,系统视角。一般认为,知识转移由转移主体(包括知识拥有者和接受者)、转移内容、转移媒介和转移情景等4个要素构成。万君康(2000)认为知识转移是由发送者在自己的知识库中选择整理知识,然后经过中介媒体到达接收者,再经过接收者的接受和理解过程,到达接收者知识库的过程。在此过程中,双方的知识、经验、感受,尤其是共同的知识、经验、感受将影响知识转移的效率和效果,且知识通过中介媒体时还会吸收环境中的各种噪声。Dixon(2000)则认为,知识转移是组织成员运用各种工具来进行知识分享。知识转移的工具可以是知识资料库、最佳实务研讨会、科技、跨功能团队等。

其次,过程视角。很多学者普遍认同,知识转移是知识源一方与知识接收者一方(unit)之间知识的双方交换过程。例如,Verkasalo & Lappalainen(1998)定义的知识转移动态过程是一个教与学的过程,由知识提供者教导知识接收者,通过联结新的信息与现存的知识基础,让知识接收者了解到信息与知识基础的关系,最终实现知识的成功转移。(Dong-Gil & Kits,2005)将知识转移定义为:知识在知识接收方(recipient)与知识源(source)之间的沟通,使其能够为接收方所学习和应用。Wiig(1997)认为知识转移包括知识的获得、组织、重建结构、储存或记忆、重新包装等行为,需要组织提供支持知识转移的基础建设能力以及创造一些奖励去激励组织成员一起为同一个目标而合作。转移过程始于知识落差,产生知识需求,终于转移知识被知识接受者吸收并整合到自身知识库中(孟凡静,李克荣,2008)。

2.3.3.2 知识转移的类型

知识转移既是一个过程,也是一个系统。知识转移的主体、知识转移的内容等关键维度,成为知识转移类型研究的主要分类基础。

(1)从知识转移的主体视角进行分类

从知识转移的主体视角进行分类,一般认为主要包括个体、团队和组织之间的知识转移。例如,Hedlund(1994)提出了一个综合性的知识转换流程模式,它由显性知识和隐性知识在个人、团队、组织以及组织间四个不同层次互动所构成。魏江等(2006)认为知识转移过程在个体、群体和组织三类主体间进行,即个体与群体间的知识转移过程(I-G)、个体与组织间的知识转移过程(I-O)、群体与组织间的知识转移过程(G-O)。张永宁、陈磊(2007)根据知识存在的个体、团队和组织三个层次,认为知识转移就发生在个体与团队之间、个体与组织之间、团队与组织之间、组织与组织之间。本书认为,组织内部和跨组织团队本质上只是组织形式的差异,所以可以把这两种类似的知识转移主体概括成一类,以知识转移主体视角把知识转移按照个体和组织两个维度,划分为三小类:个体之间的知识转移、组织之间的知识转移、个体和组织之间的知识转移(见表2.4)。

表2.4 以知识转移主体视角把知识转移分类

	个体	组织
个体	个体之间的知识转移	个体和组织之间的知识转移
组织	个体和组织之间的知识转移	组织之间的知识转移

类型一:个体之间的知识转移

个体和个体之间的知识转移是最原始、最基础的知识转移类型。从个体层面来理解知识传播的研究主要集中复杂网络关系中知识转移模型(Cowan,2004)。复杂网络理论认为,任何一个群体都可以看成由不同个体所组成的节点与个体之间的关系所组成的边进行交错联结构成一个复杂的网络,知识转移正是在这样的复杂网络关系中不断地进行交互运动。随着复杂网络理论领域学者 Watts & Stogatz(1998)在 Nature 上发表了小世界网络论文,Barabosi & Albert(1999)在 Science 上发表了无标度网络论文,网络科学和系统科学开始了交叉发展,为个体之间的知识转移研究提供了普适性理论指导。Cowan(2004)基于复杂网络理论研究了个体之间的知识转移模型;李金华和孙东川(2006)根据知识在社会合作网络中的传播特征,提出了一种不同于 Cowan 模型的知识传播模型来考察不同网络结构下知识传播速度的快慢、平均知识水平的高低和知识分布的均匀程度。该模型得出的主要结论是:在其他条件相同的情况下,网络的随机化程度越大,网络中知识的扩散速度越快,知识分布越均匀;但是如果刻意地突出近邻环境的压力作用,对扩散机制作一些变化,小世界特性立刻就能发挥出来。

此外,个体层面的知识主要类型是隐性知识,隐性知识的转移首先必须对知识进行编码,所以个体之间知识转移的研究还主要集中在知识编码及其相关问题的研究上。知识编码是知识转移的重要前提,分析知识编码的过程,其实质也是知识转移的过程之一。Moenaert(2000)认为,知识编码是将隐性知识结构化和明晰化的个体性和集体性过程。Cohendet(2001)认为,编码知识旨在将隐性知识简化和转化为讯息(Messages),进而再处理或重新组合。因此,所生成的编码知识和与之相应的隐性知识之间存在对称性破坏(Symmetry Dreaking)。知识编码按其编码目的可分为垂直编码和水平编码(Cohendet,2001):垂直编码是指一个共同体(Community)将另一共同体持有的知识进行编码,从而控制知识;水平编码是指知识原创共同体为了让所有人都能接触到知识,使知识不至局限于任何单一共同体之中,从而扩散知识。

类型二:组织之间的知识转移

个体之间的知识转移具有社会性和随机性,但是组织之间转移具有很强的目的性和交易性。较为系统性提出组织层面的知识转移理论的是日本知识管理教授 Nonaka。Nonaka(1995)提出知识创造 SECI 模型,并认为人类知识是通过隐性知识和显性知识之间的社会化相互作用而创造和传播的。这个过程被称为知识转换(knowledge conversion)。知识转换共有四个模式,即社会化(Socialization)、外显化(Externalization)、联结化(Combination)、内在化(Internalization)。社会化是从隐性知识到隐性知识的过程,即共享体验并由此创造诸如共有心智模式和技能之类隐性知识的过程。外显化是从隐性知识到显性知识的过程,即隐性知识表述为概念的过程,它采用比喻、类比、概念、假设或模型等形式将隐性知识明示化。联结化是从显性知识到显性知识的过程,就是将各种概念综合为知识体系的过程,比如以教育和培训的形式实现知识传播。内在化是从显性知识到隐性知识的过程,即是使显性知识体现到隐性知识之上的过程。见图 2.9 所示:

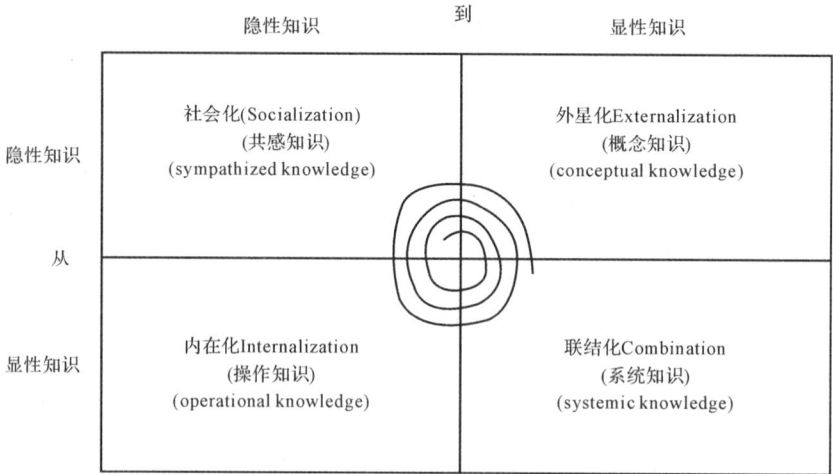

图 2.9　知识转换的四种模式

同时,Nonaka(1995)认为每个知识转化模式所传播的知识都是不同的。共同化传播的知识是"共感知识",例如共享心智模式和技能;外显化过程扩散的是"概念知识";联结化传播的是"系统知识";内在化传播指的是政策实施方面的"操作知识"。见图 2.10 所示:

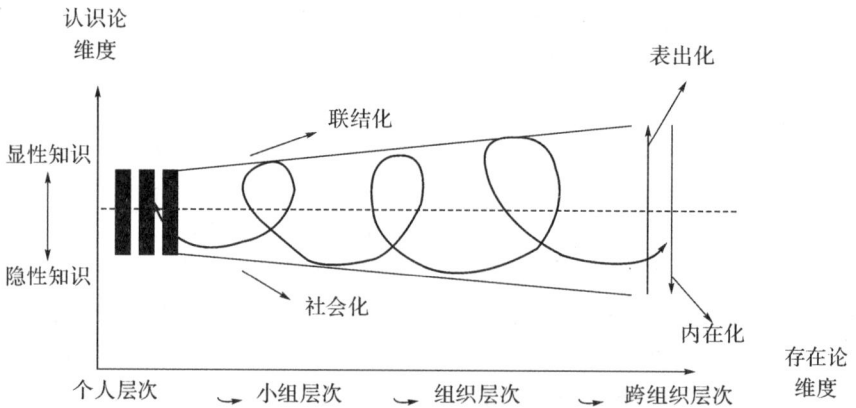

图 2.10　组织的知识创造螺旋

　　国内学者在研究组织层面的知识转移机制方面也积累了一定的成果。朱少英和徐渝(2003)在研究基于组织学习的知识动态传播模型时指出,知识转移是指科技知识、技能、信息、新思想等通过跨越时空的扩散,使不同个体之间实现知识信息等共享的过程。知识传播承担着知识从其拥有者传送到接收者,使接收者了解和分享到同样的知识信息任务。

　　当然,任何不同形式的组织都可分为正式组织和非正式组织,非正式组织的自发性、跨功能性、背景相似性、良好的沟通性等特征,决定了其良好的知识转移功能。一些知识、技能、信息、新思想等首先在非正式团体中得到扩散,并且在传播过程中产生新知识。通过非正式组织的传播,新知识逐渐清晰和明朗,即原来属于"私人信息"的隐性知识转变为显性知识。经过一定时间被组织所识别,在组织推动下传播到正式团体中并成为组织知识(杨忠,2001)。知识在非正式组织传播过程中带有很大的自发性和随机性,学习效率的提高和知识的转化还有赖于组织管理者的推动作用,特别是在正确识别学习的倾向性、风格、程序和结构的基础上,为组织学习提供必要的支持,即营造良好的学习氛围、革新组织结构,并提供必要的经费、时间、场所和设施等支持。通过对这些理论的分析,我们可以进一步理解高校和产业之间的人员交流即在非正式组织内部的知识传播机制,即如何有效地控制知识在组织传播过程中的影响因素,特别是在各类培训和实习等人员交流项目中进行有效的资源配置,从而促进知识传播,使企业和高校在协同创新过程中实现人才的有效培养。

　　类型三:个体与组织之间的知识转移

　　知识经济时代,随着全球人口数量的快速膨胀,大量接受过良好教育的人员游离于组织之外,创新资源在组织外部持续累积,又为探索新的知识转移途径提供了动力。知识和信息只有实现合理应用才有价值,否则一文不值。正是为了破解这种新矛盾,"更开放、更简单、更低成本"地利用内外部智力资源的虚拟知识转移模式应运而生。

　　尽管很多研究人员都发现,许多重要的创新开始由领先用户提出新产品概念,详细说明自己需要的产品,甚至领先用户已经开发出产品原型(von Hippel,1986;Urban & von Hippel,1988;von Hippel,Churchill & Sonnack,1998;Herstatt & von Hippel,1992),但是在传统的知识转移机制中,让用户成为创新的主体,由领先用户直接参与整个新产品的设计和开发过程的努力,操作非常难。但是随着云计算、Web2.0技术的日趋成熟,通过虚拟网络让用户参与创新成为了一项成本低、收效快的知识转移机制。随着产业环境的变化,以及用户作用的不断发现,领先用户(von Hippel,1988)开始在商业企业的管理控制下逐渐参与到生产和研发过程的某些特定的环节中,成为合作者。Voß and Rieder(2008)在解释了这种新用户类型的基础上,提出了"working consumer"的概念,并认为用户既是职场的有偿工作者,也是义务工作着的消费者。

其中,网络众包模式成为比较典型的个人与组织知识转移机制创新。网络众包是按照传统本来分派给指定对象(常常是雇员)的工作任务现在通过网络外包给众多的、不确定参与者的做法(Howe,2006)。Web2.0网络技术的高交互性双向沟通功能,通过视频、文件、照片、图表、即时信息、搜索、博客、WIKI等手段,使跨区域、跨组织、跨文化、跨专业的协同研发成为了可能,也使个人通过非传统组织的形式参与组织创新变成了趋势,极大地拓展了传统创新网络的合作边界(Helmchen & Penin,2010)。由于直接连接到大众能力库、资源库和点子库,网络众包的价值和效率远远超过企业内部所整合的效果(Guittard & Schenk,2009)。

von Hippel(2005)在分析开源技术的技术上,提出了创新民主化理念。创新是创意的产生、采用、执行、扩散和商业化的过程(Spence,1994),而创意主要产生于个体层面的认知和情感过程(Sousa,Monteiro, & Pellissier,2008;Sousa,Pellissier & Monteiro,2009a and Sousa,Monteiro & Pellissier,2009b),所以富有活力的个体参与者对于创新的作用尤其重要,民主化创新的资源多样性更会激发出新创意。众包模式凭借Web2.0的交互沟通应用,使大众参与创新的成本和门槛大幅度降低,网络众包对管理创新的巨大推动,又成为企业推进众包模式的反馈性动力。

很多研究从外部动机和内在动机两个方面对网络参与者的动机进行了研究。在外部动机方面,Kleemann,Voß & Rieder(2008)指出,个体采取某项行为的外部动机主要是为了获得外部报酬、个人事业具有益处、工作完成的成就感,以及参与公共目标后的满意度。在内在动机方面,Ryan & Deci(2000)研究指出,个体参与的动机主要源于个人的原因和个人的喜好;同时他们还发现,在很多时候内在和外部动机相互交织,很难清晰区分。

(2)从知识转移的内容视角进行分类

根据知识转移的内容,Hayam&i Ruttan(1971)把知识转移分为3类:实体转移,即无需修改的产品或材料的转移;设计转移,即产品的生产制造能力的转移;能力转移,即研究开发能力的转移。左美云(2003)将知识转移划分成6种类型:合同型转移、指导型转移、参照型转移、约束型转移、竞争型转移和适应型转移。朱赤红(2004)对产业需求的知识转移内容进行了4种划分:理论的转移、方法的转移、技术的转移和工具的转移。

　　Polanyi 最早在 1958 年出版的《个人知识》中对隐性知识（Tacit Knowledge）和显性知识（Explicit Knowledge）进行了划分。他认为，人类的知识主要分为两种：一是通常使用书面文字、图表和数学公式加以表述的知识，主要是显性知识；二是人们在做某种事情时行动中的知识，即隐藏在行动中的知识，这种知识往往容易被忽视，可以称为隐性知识。所以，本书从知识转移内容视角分析，知识转移内容本质上是隐性知识和显性知识在不同个体之间、同质或异质组织之间或个人和组织之间的转移。

2.3.3.3　知识转移的机制

　　知识转移机制形成的动力源于知识的势能落差，由于知识存在隐性和显性二重性特征，决定了知识转移不同于热能或其他能量的转移机制。知识转移机制是对整个知识转移进行分阶段系统性理解的一种过程，许多学者试图从不同角度来剖析不同组织群体或者个体之间知识转移的本质。而在众多研究成果中，Hedlund(1994)提出的知识转移流程模型和 Gilbert 等(1996)提出的知识转移五阶段模式，被众多学者普遍认可。

　　(1)Hedlund 的知识转换流程模式

　　Hedlund(1994)提出了一个综合性的知识转换流程模式，它由显性知识和隐性知识在个人、团队、组织以及组织间四个不同层次互动所构成（见图 2.11）。

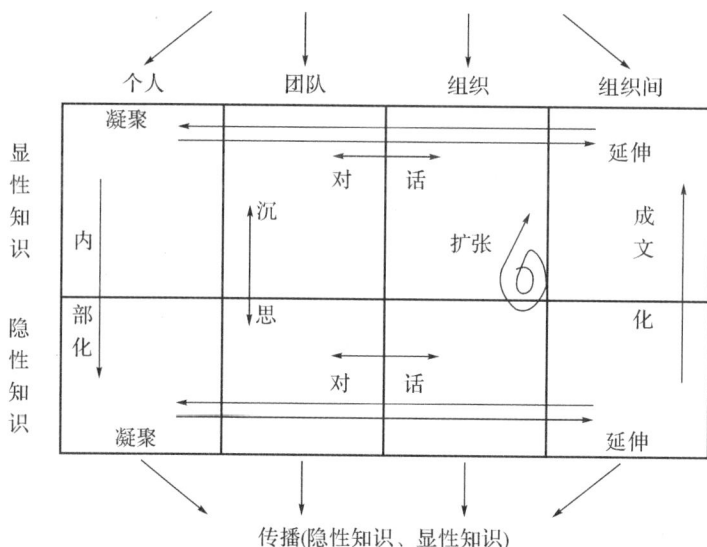

图 2.11　Hedlund 的知识转换流程模式

Hedlund(1994)将整个流程划分为三个步骤:第一,成文化(articulation)与内部化(internalization)。成文化是使隐性知识可以清楚表达的过程,以增强知识的可转移性。成文化的知识容易转移,而且也可以储存在组织内部。内部化是将成文化知识转变为个人隐性知识的过程。隐性与显性知识的互动称为沉思(reflection),真实知识经由沉思方式产生出来;而隐性知识与显性知识在不同本体论层次的互动则是知识的扩张过程。第二,延伸(extension)与凝聚(appropriation)。延伸指的是从较低层移向较高层的知识转移,分为个人、团队、组织、组织间四个层次;凝聚是延伸的反向程序。两者的互动称为对话(dialog),对话可能是用隐性方式来传递知识,而且发生在某一特定层次内。第三,同化(assimilation)与扩散(dissemination),指的是从环境中输入知识,经过一系列的知识转换流程之后,又输出到外部环境中。

(2)Gilbert 等的知识转移五阶段模式

Gilbert 和 Cordey Hayes 认为,当组织认识到自身缺乏某种知识时,便会产生"知识落差"(knowledge gap),因此就产生对知识引进和知识转移行为的需求。他们早期提出了一个包含知识获取、知识沟通、知识应用和知识接受四阶段的知识转移模式,后期又增加了知识转移过程中的"同化"(assimilation)阶段。知识同化在 Gilbert 和 Cordey Hayes 的知识转移五阶段模式里有深层的意义,它是一个创造性的过程(creative process),因为组织成员必须将获取的新知识与过去所累积的知识加以整合与重构,这就包含了对组织成员过去的认知、态度和行为进行修正。知识转移五阶段模型见图 2.12 所示。

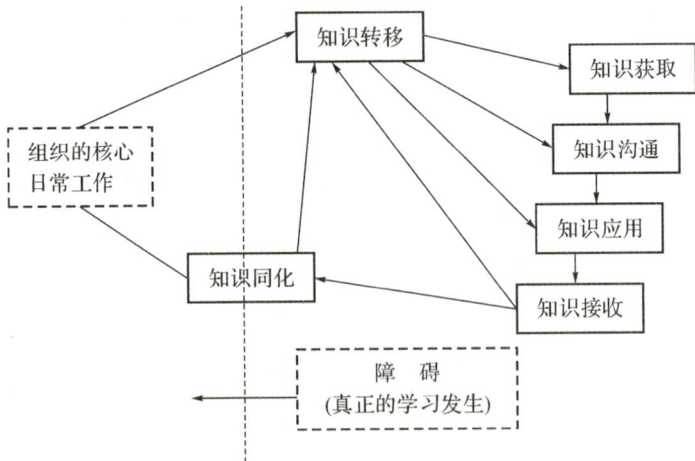

图 2.12 Gilbert 和 Cordey Hayes 的知识转移五阶段模式

　　国内学者也对知识转移的机制展开了研究,例如,蒋翠清、杨善林、梁昌勇(2005)分析了知识的转移特性和转移过程;从系统的角度,构建了一个开放的组织知识转移—创造—应用系统框架;提出了知识凝练化和沉积化概念,并在知识螺旋模型基础上,建立了开放组织知识转移—创造—应用模型。林晶晶和周国华(2005)通过探讨高校与产业合作中知识转移的影响因素,并在此基础上,提出高校与产业合作中知识转移机制的理论模型,他们认为影响高校与产业合作中知识转移的主要影响因素应该包括所转移知识的特性、组织特性、组织文化和人的因素等。

　　从国内外知识转移机制的研究成果梳理可以发现,知识转移机制主要集中在流程和过程的研究领域。但是本书认为,国家创新系统的知识转移不仅与知识转移过程有关,而且与知识生产者、知识服务者和知识利用者组成的复杂网络具有密切关系,网络中各个知识主体的分布、链接渠道、知识交互流量、知识密度等因素对知识转移效果具有影响(该部分的文献梳理将在2.4章节展开)。其次,国家创新系统的知识转移遵从复杂系统的一般规律,同时具有特殊性。

　　自组织耗散结构理论认为系统形成有活力的耗散结构需要具备四个基本条件:开放系统、远离平衡态、非线性相互作用、涨落(Prigogine,1980)。国家创新系统是非均衡社会复杂系统,由于知识不仅具有知识内隐、外显特质的特征,而且还具有可成文性(codifiability)、可教导性(teachability)、复杂性(complexity)、系统依赖性(system dependence)和产品可观察性(product observability)五个其他特征(Kogut & Zander,1993)。隐性知识的黏滞特征(王毅,吴贵生,2001)造成隐性知识的转移网络、传导机制和吸收机制不同于一般能量或物质(包括显性知识),需要更多外力的作用(Chesbrough et al.,1996;谢伟,White,2011)。因此,本书认为国家创新系统的知识转移概括起来具有两大动力,即知识生产者的推动力和知识需求者的拉动力,从而形成了知识转移机制的两种模式:知识生产者推动模式和知识需求者拉动模式(见表2.5)。

表2.5　以知识转移动力视角的知识转移动力源

主要模式	知识生产者推动模式	知识需求者拉动模式
系统动力	知识生产者推动力	知识需求者的拉动力
主要形式	专利、论文、书籍、创业型大学、培训讲座、专题论坛、学术研讨会、领先用户等	技术授权、技术购买、研发外包、研发众包、并购式学习、合作研发等

续表

主要模式	知识生产者推动模式	知识需求者拉动模式
知识特征	显性知识	显性和隐形知识
转移特征	知识传播	知识吸收

在知识生产者推动模式中,知识生产者为了达到知识传播的目的,一般已经对知识进行了显性化处理。由于知识生产者主体的不同,知识传播的机制也存在不同。私人部门的知识传播知识传播与知识生产者的价值取向有很大关系,如 WIKI 百科式的知识传播,主要是公益性的,但是专利等知识传播方式则更多是交易性的。公共部门的知识传播,理论上应该以公益性为主。大学作为国家创新创新体系的知识生产主体,更多的是要肩负起知识传播的重任。由于高校是一个由不同个体组成的正式组织,在知识传播过程中也必然会涉及个人层面和组织层面的知识传播问题。

在知识需求者拉动模式中,知识需求者的知识搜索能力和学习能力成为关键。March(1991)提出的探新性学习和挖潜性学习思想,明确了吸收能力的内涵。Cohen & Levinthal(1990)和 Zahra & George(2002)进一步揭示了吸收能力在知识转移中的关键作用。正是因为隐性知识在知识转移过程中存在黏性特征,吸收能力成为了国内外学者研究产学研合作创新问题的关键视角。

2.3.3.4 小结

国家创新系统协同是因为知识链条的存在,不同创新主体之间的知识转移构建了知识链,所以知识转移是协同创新知识链中最关键环节之一。通过知识转移相关理论的研究,我们认为知识转移机制本身也是一个系统,知识转移主体(包括知识拥有者和接受者)、转移内容、转移媒介和转移情景 4 个要素组成了知识转移体系。

首先,知识转移主体之间形成了一个复杂网络,影响着知识转移的过程和结果。知识转移复杂网络主体有什么特征? 主体之间呈现什么样的联系? 其联系又如何影响国家创新系统的协同效率? 这些问题需要进一步梳理研究。

其次,国家创新系统不仅具有一般复杂系统的特征,因为知识的隐性特征使其产生了知识黏性,所以知识转移不会自然发生,需要外力的推动。本书基于知识转移的动力源视角,把知识转移分成生产者推动知识转移模式和需求者拉动知识转移模式,为国家创新系统的知识转移机制研究提供了分类研究的依据,或成为本书的创新点之一。

第三,知识转移的两大动力源的知识转移动机也存在差异,需要市场机制和公共政策机制的双重激励,以催发它们的动力。知识只有被应用才有价值,否则将一文不值,所以需求方的知识吸收动机和能力成为国家创新系统知识转移的主要动力,这一发现为本书的后续研究提供了方向指引。

2.3.4　知识利用理论综述

企业是创新的主体(许庆瑞,2000)。知识应用最终实现产品创新、工艺创新和管理创新,企业是最终的实践者和实现者。企业处于知识链顶端,企业的知识利用能力和利用效率,直接决定了国家创新系统的协同动力和协同水平。

自 20 世纪 80 年代以来,随着科学技术的迅猛变化、通讯信息技术的迅速发展和全球化竞争的加剧,创新产品出现了复杂化趋势。高度复杂的产品创新常常横跨多个科技领域,特别是在汽车、电子、远程通讯和航空业等产业,需要组合各种来源的知识进行快速和持续的新产品开发(Hagedoorn,1993;Chung & Kim,2003)。这种发展趋势不仅推进了企业开放式创新模式的发展,同时使内外部知识的整合利用成为了必然的选择。在封闭式创新模式下,企业的内部知识生产能力成为知识利用的主要知识源头,从研究、开发、设计、小试、大试、大批量生产,再到商业化运营、商业化成功,企业形成了一整套知识利用体系。但是随着创新环境的日趋复杂,企业为了适应环境不得不开始培养与外部环境协调发展的动态能力、形成知识搜索和知识学习的吸收能力,同时通过提高知识管理水平,实现内外部知识的耦合,激发创新能力、提高创新绩效。

根据知识管理领域的研究,知识主要包括 Know-how 和信息两个部分(Helfat et al.,2007;Kogut and Zander,1992)。Know-how 是技巧和专长长期积累的产物,而信息的特点在于可编码性(Kogut and Zander,1992;Szulanski,1996)。很多学者从知识探索(exploration)、知识保持(retention)和知识开发(exploitation)三个方面对企业创新活动中知识管理的过程进行了研究(Argote et al.,2003;Bogner and Basal,2007;Nonaka,1994),并深入研究了企业在边界外部管理知识的可能性(Casiman and Veugelers,2006;Grant and Baden-Fuller,2004;Gulati,1999),证实了整合企业内外部知识对于开放式创新具有重要作用(Anderson and Drejer,2008;Hargadon and Sutton,1997,Von Hippel,1988)。

根据古典演化理论"变化—选择—保持"演化过程模型分析,知识探索针对的是演化模型的变化(variation)和选择(selection)两个阶段,内外部的变化唤起了直觉(Zollo and Winter,2002),通过评估挑选最合适的观点就是选择(March,1991)。根据能力观视角的分析,知识探索阶段包含两种能力:一是企业探索内部知识的能力。该能力通过感知特殊的机会(Shane,2000),建立起知识探索的流程(Smith et al.,2005),发挥内部新知识创造作用,并通过知识链接(Helfat et al.,2007;Nonaka,1994),把新知识集成到企业知识库(Garud and Nayyar,1994;Kogut and Zander,1992)。新知识的产生是对感知到的知识需求的反应(Shane,2000)。二是探索外部知识的吸收能力。Cohen and Levinthal(1990)首次把"识别、吸收和应用外部知识"定义为吸收能力。

知识开发则包含新方法、新知识在各种各样情景下的复制以及在企业内外部不同环境下的应用(Zollo and Winter,2002)。知识开发能力包含两种能力:一是用知识满足终端市场需要的创新能力(Cohen and Levinthal,1990;Khilji et al.,2006);二是知识的外部商业化能力(Zytner,1992;Lichtenthaler,2007)。

知识的保持保证了知识的跨时间段的转移,为启动新一轮"知识探索—知识保持—知识开发"过程做准备(Garud and Nayyar,1994;Zollo and Winter,2002)。知识保持能力包含两种能力:一是内部知识的保持能力(Garud and nayyar,1994);二是外部知识的通过联盟或其他合作实现保持的链接能力(Grant and Beden-Fuller,2004;Gulati,1999)。

众包创新作为网络时代开放式创新的新模式,凭借 Web2.0 网络技术的双向并行交互功能使知识探索、知识保持和知识开发的形式发生了变化,但是知识能力的本质没有变化,所以借鉴知识能力理论视角深入剖析众包创新能力具有理论上的实际可行性。

2.3.4.1 知识管理动态能力

动态能力是组织有意识创造、拓展、修正自身资源库以适应环境变化的能力(Helfat et al.,2007)。在古典演化理论系统中,Campbell 提出了"变化(variation)—选择(selection)—保持(retention)"三阶段过程模型,用来解释事物适应环境变化的进化原理(Campbell,1960)。信息经济时代越来越复杂的政治、人口、经济、技术、生态等因素的影响,使创新环境的不确定性增大,对动态能力提出了新挑战。

首先,创新民主化趋势出现(von Hippel,2005)。创新是创意的产生、采用、执行、扩散和商业化的过程(Spence,1994),而创意主要产生于个体层面的认知和情感过程(Sousa,Monteiro,& Pellissier,2008;Sousa,Pellissier & Monteiro,2009a and Sousa,Monteiro & Pellissier,2009b),所以富有活力的个体参与者对于创新的作用尤其重要。

其次,人口环境的变化。随着人口数量的持续增加,大量接受过各类专业教育的知识分子数量也明显增加,游离于组织的研究机构之外的知识持续积累,使得很多创新性点子不是在组织内部而是在企业外部产生(Voß and Rieder,2010)。

第三,产业环境变化,使用户的作用越来越举足轻重。在工业社会的背景下,习惯性二元化地把社会分成两类:生产者和消费者。随着产业环境的变化,以及用户作用的不断发现,领先用户(von Hippel,1988)开始在商业企业的管理控制下逐渐参与到生产和研发过程的某些特定的环节中,接着大规模的用户已经参与到研发和制造等领域,甚至使个性化定制产品成为了常态。Voß and Rieder(2005)在解释了这种新用户类型的基础上,提出了"working consumer"的概念,并认为用户既是职场的有偿工作者,也是义务工作着的消费者。

第四,技术环境的变化。Web2.0网络技术的高交互性双向沟通功能,通过视频、文件、照片、图表、即时信息、搜索、博客、WIKI等手段,使跨区域、跨组织、跨文化、跨专业的协同研发成为了可能,也使个人通过非传统组织的形式参与创新变成了趋势,极大地拓展了传统创新网络的合作边界(Helmchen & Penin,2010),从开源(open-sourcing)到今天的众包模式,信息化无疑全面影响着开放式创新理论的演化(陈劲,2010)。

最后,随着科学技术的迅猛变化和全球化竞争的加剧,高度复杂的创新常常横跨多个科技领域,需要组合各种来源的知识进行快速和持续的新产品开发(Hagedoorn,1993;Chung & Kim,2003)。

环境方面诸多变化趋势的出现,对组织的动态能力带来了巨大的压力。即使那些拥有非常多的技术资源的大企业,也只能发展一些有限范围的核心竞争力(Tether,2002)。因此,密切监视和跟踪外部技术的发展动态,及时、经济地购买技术,充分利用企业外部的知识产权,以填补企业某些方面的技术空缺,是提高技术创新成功率的又一种有效途径。对于技术能力强的企业,如果已经成功地研发出不适合于本企业当前经营业务的技术,则可以通过出售知识产权获取专利许可费,从他人使用本企业的技术资产中获益(Chesbrough,2003a)。还可以扩大企业自身技术的影响力,提升公司的知名度(Rigby & Zook,2002)。通过知识产权出售,可以促进知识和技术的创造并有效转移,驱动行业科学技术水平的发展。

对企业而言,知识管理在过程上体现为对知识资源进行以企业核心能力提升为导向的动态管理过程,知识管理实质上就是知识获取、知识整合、知识吸收以及知识应用创新的动态循环,这个动态过程的循环往复构成了企业知识管理的动态能力(杨俊祥,和金生,2013)。企业首先作为国家创新系统的知识生产者,必须保持持续的内部研发投入,提高知识的内部供给能力和外部学习能力;其次,作为国家创新系统的创新主体,还必须深刻理解科学知识、市场知识、社会文化习俗等外部知识的演进趋势,通过外部知识的不断搜索和学习,保持创新能力。所以从知识利用的视角分析,企业动态能力就是要平衡内部研发和外部学习的战略资源配比,实现内外部知识的有效协同和利用。

2.3.4.2　内部研发能力

内部研发是促进创新和生产率增长的最重要因素(Griliches,1979;Scherer,1982)。研发是一个组织创造知识的主要形式,企业内部研发活动是个体获得隐性知识的一条重要途径(Cohen & Levinthal,1989;Figueiredo,2002),研发是一个重要的学习机制。对于发展中国家和后来企业而言,引进的技术多是"离散"的知识和信息集合,只有通过内部研究和开发才能掌握技术和知识的本质,因此,研发中学是发展中国家的企业自主技术创新过程中的主导技术学习模式。内部研发是企业开发新技术和新知识的关键,是保持自身的创新能力、促进技术创新的最根本要素。

但一些研究者认为,随着研发投入水平的增加,可能存在研发边际回报下降的趋势(Chesbrough,2003;Hagedoorn & Wang,2012),一些实证研究也验证了(Guo & Trivedi,2002)内部研发与创新绩效之间存在曲线相关的关系(Hagedoorn & Wang,2012)。但是对中国企业来说,还不存在研发边际回报下降的现象,因为中国企业的研发投入水平较低。2010 年中国大中型工业企业的R&D 强度(R&D 经费支出占销售收入的比重)仅为 0.93%。2010 中国 500强企业(434 家企业数据)平均研发费用为 7.75 亿元,平均研发投入强度为1.40%。中国制造业企业 500 强(475 家企业数据)平均研发费用为 5.51 亿元,平均研发投入强度为 2%。即使是中国最大的企业群体,其研发投入水平多数也只能达到维持企业生存的水平。与发达国家的企业相比,我国企业的研发投入水平是很不充足的,离研发边际回报下降的拐点仍有较长的距离。

2.3.4.3　知识吸收能力

(1)概念的发展

吸收能力的概念首先由 Cohen 和 Levinthal(1990)在研究企业研发的作用时提出,认为吸收能力是企业对外部知识搜索、获取、消化并最终应用于商业目的的能力。他们指出,吸收能力是一个综合的概念,包括四方面的内容:企业识别和获取外部知识的能力,分析、处理和理解的能力,将知识进行提炼并转化成企业能够运用的形式的能力,合理运用知识的能力。Mowery 和 Oxley(1995)

从国家层面将吸收能力定义为一系列将隐性知识转化为显性知识,将外部技术转化为内部所用的能力的集合。Kim(1997、1998)发展了 Cohen 和 Levinthal 的定义,将知识吸收能力看作学习知识的能力和解决问题的能力。Van Den Bosch、Volberda 和 Boer(1999)将吸收能力划分为效率(Efficiency)、涵盖范围(Scope)与弹性(Flexibility)三个维度。其中,知识吸收的效率是指企业如何从成本和规模经济的层面来确定、同化和开发新知识;知识吸收涵盖范围是指企业吸收知识的宽度;知识吸收弹性则是指一个企业接近新知识和重组新知识的能力。Zahra 和 George(2002)认为,吸收能力就是组织通过对知识的获取、消化、整合和利用,从而发展组织动态能力的一系列组织惯例与过程。他们根据对竞争优势作用的不同,把吸收能力分成潜在吸收能力和实际吸收能力两种。潜在吸收能力包括知识获取能力和知识消化能力。获取能力是指企业接近外部知识源,并通过某种方式搜索、评估和获取新知识的能力。消化能力是指企业理解和解释所获得的外部新知识的能力,消化没有商业化成果,只是拓展有关人员的知识领域和提高企业知识基础积累。实际吸收能力包括知识转化整合能力和知识利用能力。转化整合能力是指外部知识在企业内流动和扩散,与现有知识有效融合的能力。利用能力是指企业利用整合后的知识,创造新知识并产生商业化成果的能力。Lane 等(2006)将吸收能力视为学习能力的重要组成部分,指出吸收能力是企业利用一系列过程,利用外部知识的能力,它包括识别理解新的外部知识、内化有价值的新外部知识、应用内化的新知识三个连续的过程。

(2)企业知识吸收能力的影响因素

国内一些学者先后对企业知识吸收能力的影响因素作过相关研究。根据刘常勇、谢洪明(2003)的研究,企业的吸收能力主要受到先验知识的存量与内涵、研发投入的程度、学习强度与学习方法、组织学习的机制等四项因素的影响。陈劲等(2011)对企业知识吸收能力的影响因素进行归纳和实证研究后发现,企业在社会网络中的位置、企业获取外部知识的渠道、企业与外界联系的频繁和密切程度,是企业潜在吸收能力的关键因素;企业社会资本的关系维度、企业外部知识属性对实际吸收能力有重要影响。另外,企业知识基础、企业研发活动强度、员工的学习强度和方法、开放的组织文化、企业学习机制对提升潜在吸收能力和实际吸收能力也起着重要的作用。

2.3.4.4 知识管理能力

知识能力只能保证企业短期内的创新绩效,持续保持良好的创新绩效则有赖于知识管理能力。企业需要持续地变革知识能力,沿着演化路径实现动态发展,以适应环境的变化(Campbell,1960;Teece et al.,1997),知识管理能力就是随着时间和环境变化,通过管理手段重构或重组知识探索、知识保持和知识开发过程的动态能力(Campbell,1960;Floyd and Wooldrige,1990)。知识重构能力是一个过程而不是一个状态,知识能力必须通过积极的管理被不断重构以应对环境的动态变化(Floyd and Lane,2000;Miles and Snow,1994)。知识重构能力来源于市场和技术的变化感知了新机会,而需要相应调整企业知识库的需求(Eisenhardt and Martin,2000)。知识重组能力是从时间跨度角度保证不同知识能力接口之间的合作(Grant,1996),以帮助企业实现内部和外部知识的集成(Hagedoorn and Duyster,2002;Rothaermel and Deeds,2004)。在开放式创新过程中,知识能力接口之间的失败率非常高(Griffin and Hauser,1992),所以企业必须通过知识能力的彻底重组以减少内耗最大化协同效能(Cassiman and Veugelers,2006;Chesbrough,2006)。在知识重组方面,企业已经不局限于简单的是非抉择(Cassiman and Veugelers,2006;Lichtenhaler,2007),而是更注重知识管理过程的补充性(Cassiman and Veugelers,2006;Grant and Baden-Fuller,2004)。在知识探索阶段往往兼顾"内部创造和外部购买",在知识保持阶段保持"内部集成和外部链接"平衡,在知识开发阶段同时考虑"内部保留和外部商业化"(Lichtenhaler,2009),同知识重组能力支持知识探索、知识保持和知识开发过程,实现内外部知识协同,可以很大程度提高创新绩效(Chesbrough,2006;March,1991)。

随着信息化技术的发展,信息化知识管理平台为企业开放式知识利用提供了创新性模式。在知识重构方面,全网络的覆盖面以及普罗大众特别是用户的参与,使企业对市场和技术的变化有了全新的了解,有力推动了知识重构能力的提升;在知识重组方面,信息化知识管理平台将全面拓展知识探索、知识保持和知识开发的方式。知识探索从"内部创造和外部购买"拓展到"网络获取"这第三途径;知识保持通过知识管理平台和企业内部知识库的连接使内部集成和外部链接一体化;知识开发由于用户和大众的参与更具创新性,所以信息化条件下的不同创新阶段内外部知识的管理能力成为了非常值得深入探讨的研究问题。

2.3.3.4 小结

在以经济全球化、技术复杂化和信息化为特征的经济环境下,企业的技术创新活动越来越需要广泛的技术资源和专业能力,技术创新所需的资源日趋多元化,如资金、人才、信息、知识和技术等,不仅仅局限于企业内部,任何公司都无法完全从内部获得他们所需要的所有资源,甚至那些大型企业也无法单独从事技术创新活动。如生产个人电脑的公司需要具备半导体技术、显示器技术、磁盘驱动技术、网络技术、键盘技术等方面的专有知识(Teece,1986;Tether,2002)。因此,当创新活动中所需的技术快速变革、具有相当的复杂性或开发成本高昂时,合作就非常普遍了(Tether,2002)。

加强企业间的技术合作成为企业突破自身资源约束的一个重要方式,有效地利用和整合企业外部知识的能力成为提高企业技术创新能力的关键。合作为企业互补知识的转移和利用提供了一条有效的途径(Kogut,1988;Mitchell & Singh,1992;Hagedoorn et al.,2000;Das & Teng,2000)。通过技术合作,企业获得互补性的科学知识和技术,形成技术组合优势和协同效应,不同知识领域的结合常常能够产生全新的技术,实现技术突破(Das & Teng,2000)。企业间将各自拥有的互补资源结合在一起,加速信息的沟通和共享,促进知识和技术的创造和有效转移,提高应付复杂情况的能力,共担技术创新的风险和成本,能缩短创新周期,提高创新效率(Pisano,1990;Tyler & Steensma,1995;Das & Teng,2000)。

产学研合作是企业获取前沿科技知识的有效途径。企业通过与大学、科研机构的合作,获取前沿的科技知识,促进技术创新所需的各种要素有效组合,可以取得突破性创新成果(Klevorick et al.,1995;Belderbos,Carree & Lokshin,2004)。技术合作的价值不仅仅在于创新成果,还在于企业通过技术资源和知识的获取,将知识和资源内化为企业的技术能力积累,提升企业核心能力。

基于Web2.0网络技术的企业无边界开放式学习模式,例如基于众包的知识学习模式,不仅拓展了创新企业创新知识的整合的范围和方式,而且也对企业技术创新系统的知识能力和管理知识动态能力均产生了重要影响,也预示了本研究的必要性和面临的挑战性。

2.4 国家创新系统子系统之二——参与者网络

借鉴 Malerba(2004,2005)关于创新系统中知识、创新参与者及网络、制度三个子系统的分类办法,结合国家创新系统理论,从创新主体和创新网络两个层面,梳理国家创新系统中参与者网络子系统的相关研究成果。

2.4.1 国家创新系统的参与主体

国家创新系统的参与主体非常多,按照功能可以分为知识生产主体、知识转移服务主体和知识利用主体。按照参与者的属性分类,又可以划分为创新主导企业、创新配套企业、大学研究机构、领先用户和网络用户、知识产权工作者以及金融服务者等诸多参与主体。因为国家创新系统的终极目标是提升创新能力,形成国际竞争力,所以企业作为创新的主体,是国家创新系统的重中之重;而且,企业实施开放式创新模式是国家创新系统实现协同的必要条件。本书以国家创新系统参与者属性为线索,梳理国家创新系统参与者的特征和作用。

2.4.1.1 创新主导企业

Utterback & Abernathy(1975)提出技术创新的动态过程模型——UA 模型,论证了创新的派系性和垄断性,诠释了创新主导企业的形成过程,并强调了创新主导产业在创新派系中的支配地位和创新配套企业的从属地位。UA 模型认为一个产业或一类产品的技术创新过程总体可划分为三个阶段:变动阶段、过渡阶段和特定阶段(Utterback & Abernathy,1975)。产品创新和工艺创新的频率在一个产品生命周期内将体现出随时间而变化的动态特征,并且产品和工艺创新存在重要的相互关系。

变动阶段是产品生命周期的初期阶段,产品必须在其性能、质量、外观、使用方便、安全、可靠等各方面很好地满足顾客和市场的需要,技术与产品的变化极其迅速。产品创新在这一阶段同时面临技术和市场的不确定性,新产品使用的技术处于发散状态,不成熟、昂贵而又不可靠,产品的性能不稳定;市场不稳定,企业还无法明确定位目标市场。由于技术和目标不确定,尚未形成主导设计,竞争的焦点是产品的性能,产品创新频率最高。由于生产设施相对较少以及产品设计频繁改变,阻碍了相应的工艺创新,在这一阶段,工艺创新的频率较低,并且以一种松散的组织结构来保持灵活性。由于许多技术单元都尚未定型,它们随着研究开发过程的"试错活动"不断得到改进并逐渐被采纳和运用,整个产品技术尚没有形成相对稳定的技术平台框架(郭斌,1999)。主导设计的出现标志着变动阶段的结束。

过渡阶段以主导设计的形成为起点。主导设计出现,形成产品标准,创新进入"过渡阶段"。用户对创新产品已有清晰的理解,市场接受创新产品,行业销售额大增,竞争的焦点是产品的质量与价格。随着需求的不断增加,企业对该创新产品大量生产,工艺创新不断涌现,生产系统逐渐刚性化。企业已经根据标准设计采用专用的生产设备和专用的原材料,产品结构已经不允许做大的变动,因为产品创新会给生产系统带来额外的变化和增加成本,产品创新频率下降,以工艺创新为主,追求高效率—低成本的制造过程(陈钰芬,2008)。

在特定阶段,产品完全定型,已经被其他企业模仿,产业的发展极为重视质量、成本和产量。高度自动化的生产将完全定型的特定产品及其高效率—低成本的生产制造过程高度整合,产品与工艺中的任何一个细小的变化都将引起其他相应部分的变化,因而十分困难而且昂贵。产品创新和工艺创新仅以小的渐进方式进行,重大的产品或工艺创新较少出现。在这个阶段,产品已经完全被市场接受,用户需求基本得以满足,竞争的基础是产品的多样化和适用性以满足用户个性化需求。用户需求的多样化,以及在此特定阶段下为提高效率采用刚性的高自动化设备,导致了同技术创新互不相容的矛盾。企业利用平台战略,从标准化的产品平台开发出满足不同需要的独特产品,基于一个产品平台开发多款衍生产品以满足顾客的不同需要。此阶段以平台创新为主,平台创新为已走到创新尽头的特定阶段的产品找到了新的出路(陈钰芬,2008)。

叶伟巍(2009)通过对主导设计形成过程的分析发现,表面上看主导设计的出现代表了"赢者通吃"时代的到来,它是产品创新成功者和失败者的分水岭,"抖落(shock-out)"现象的出现将使很多企业被市场淘汰出局。但是实际上,对于许多创新参与者而言,在变动阶段的研发竞争、技术测试、市场创造、决定性战役四个子阶段中,成功创新的"机会窗口"在市场竞争决定性阶段已经关闭了(见图2.13)。

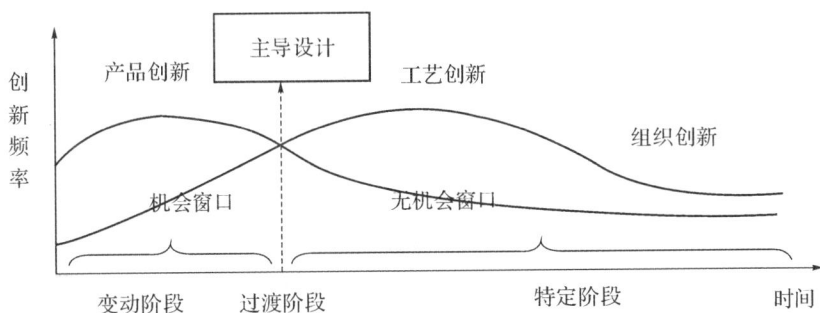

图2.13 增加了主导设计和机会窗口概念后技术创新动态 UA 模型

资料来源:James M Utterback. Mastering the dynamics of innovation. Boston:Harvard Business School Press,1994,P91.

可见,创新主导者在国家创新系统中起着产业支柱性和领导性作用。创新主导企业,不仅主导着产业的技术派系和产业结构,通过技术壁垒和知识产权保护对其他企业造成挤出效应和并吞效应,而且还是产业链条中的顶层主宰者,直接影响着其他创新配套企业的发展方向和创新空间。

2.4.1.2 创新配套企业

根据 UA 模型,在产业或产品的主导设计出现以后,技术派系主体框架基本形成,创新主导企业成为产业创新系统的主宰者,产业链上游的供应商、中游的制造商、下游的市场营销合作商成为创新配套企业。创新配套企业已经无法再对主体设计形成挑战,只能在技术派系和品牌体系框架下开展有效度的工艺创新和市场营销模式创新。所以,本书按照产业链中的职能,把创新配套企业划分成上游供应商、中游制造商和下游营销合作商三类进行梳理。

首先,供应商参与创新。供应商在创新中的作用主要体现在产品创新和工艺创新两个阶段。在产品创新过程中,供应商发挥其自身技术优势,在产品的功能设计方面起到积极的作用;在工艺创新过程中,供应商的专业知识和技术能够有效节约成本、缩短制造时间、提高产品质量。

供应商参与创新,最初在日本兴起并取得巨大成功,丰田公司最初采用供应商参与创新模式,后来引起西方国家的关注及重视。例如美国企业在 20 世纪 80 年代末期和 90 年代初期引入这种方式,取得了很好的新产品开发成效,缩短了产品开发周期并降低开发、制造成本(陈钰芬,2008)。

随着经济全球化、制造全球化和知识网络化趋势的出现,创新主导企业的内外部环境发生了深刻的变化。为了应对日趋复杂多变的创新环境,创新主导企业实施开放式创新的战略模式,供应商参与创新成为了一种具有普遍意义的合作创新方式。创新主导企业为了提高产品开发的竞争力,在新产品开发的定义阶段甚至是概念阶段就开始发挥供应商的技术优势,让供应商共同参与产品的性能设计、语意设计和工艺设计,充分吸收利用供应商的专业知识和技术。

国际研究证明,与供应商建立反复的、持久的联系,有利于创新主导企业充分利用企业外部资源,有助于建立更富弹性的产品开发流程。Clark(1989)、Clark & Fujimoto(1991)、Nishiguchi(1994)研究发现,让供应商参与新产品的初期设计和开发,供应商与制造商互补的技术和能力相结合以及在开发的早期阶段对多种思想的评估,能大大地减少开发时间,缩短创新周期和提高创新效率;Clark(1989)、Martin et al.(1995)还发现,供应商参与创新能够有效降低在新产品开发的后期阶段(如试制阶段)由于前期设计失误而返工的风险,减少开发成本。Clark(1989)、Nishiguchi(1994)认为,创新主导企业和配套企业通过技术和信息的共享筛选技术方案,有利于提高产品质量。Nishiguchi & Ikeda (1996)证明,通过与拥有先进技术诀窍的供应商共享市场和技术信息,提高市场适应力以降低市场风险。让供应商承担一定的责任,迫使供应商更好地掌握相应的专业知识和技术,从而提高产品质量。与具有创新意识的供应商建立长期互信的合作网络是创新主导企业竞争优势的一个来源,而这种竞争优势是竞争对手无法复制的。

国内研究也证明了供应商参与创新这一合作创新模式的重要性。如宝钢集团、海尔集团和第一汽车集团等。许庆瑞和蒋键(2004)把宝钢作为"供应商参与技术创新"的典范案例进行研究。宝钢"参与技术创新"模式主要开展了"先期介入"研究的模式、帮助用户进行技术改进的模式和参与用户产品更新的模式。"先期介入"模式一般是在用户新产品开发的初期就进入,与用户合作创新。在公司用户(汽车制造商)尚在车型开发阶段时,宝钢科技人员就参与他们新车型的设计、制造、选材等工作,开展了零件冲压成型仿真分析、模具调试用材的合理选择,参与了调模试冲、修模方案分析、工艺参数制定和坯料尺寸设计等工作。将"售后服务"转变成为"售前服务",根据厂商的不同需要,加快新品种开发,同时帮助用户缩短了新产品开发时间,降低了新产品开发的风险,共同促进中国汽车制造业和钢铁制造业的蓬勃发展。宝钢集团通过采用"供应商参与技术创新"这一合作创新模式,与用户建立了良好的信任关系,突破原来仅仅是产业链上下游的销售关系,扩展成相互支持的战略伙伴关系,打造了具有竞争优势的供应链,共同应对经济全球化所带来的激烈竞争(陈钰芬,2008)。

陈钰芬(2008)也发现,我国著名的企业如海尔集团在与供应商合作方面,让大型国际供应商以其高技术和新技术参与海尔产品的前端设计。参与海尔产品设计开发的供应商比例已高达32.5%。供应商与海尔共同面对终端消费者,通过创造顾客价值使订单增值,形成了双赢的战略伙伴关系。

其次,制造商参与创新。制造商参与创新主要体现在制造工艺的创新层面,通过制造工艺创新节约成本、缩短制造时间、提高产品质量;制造工艺的创新还能够有效强化以主导设计为特征的技术体系的垄断性,提高产品的商业化绩效。

工艺创新是按照创新的技术形态和内容划分,与产品创新相对应的一种创新形式,是产品创新形成主导设计以后的关键工作。Schumpeter(1912)在《经济发展理论》中提出的五类基本创新类型,第二种就是工艺创新,即采用新生产技术方法。从狭义的视角看,Bigoness & Perreault(1981)认为,工艺创新是指组织或经营单位的生产技术变化,这些变化对行业而言是新颖的;从广义的视角分析,经济合作与发展组织(OECD)在《Oslo Manual(奥斯陆手册)》第一版(1972)、第二版(1997)、第三版(2005)中,逐步完善了工艺创新的定义,认为工艺创新是指新的或显著改进的生产和交付方式的实现,具体包括技术、设备和(或)软件方面的重大改变,也涵盖了辅助支撑系统中的新的或重大改进的技术、设备和(或)软件。其中,生产方式是指用于生产产品或提供服务的技术、设备和(或)软件,例如新自动化生产线、新自动化包装、改进的生产监控测试设备等;交付方式设计产品从生产车间到最终用户的相关物理活动,包括提高产品交付效率的系统,如定位系统、跟踪服务系统等。我国的学者一般都从广义的视角理解工艺创新的概念,例如付家骥(1998)、吴贵生(2000)、卢建波(2003)、李婉红(2011)。

在经济全球化和技术信息化的新形势下,制造商参与甚至主导工艺创新对技术派系的竞争力提高具有深远意义。首先,在经济全球化趋势的推动下,全球分布式制造产业链已经成为工业制造的主流模式,在技术派系框架下制造商通过技术、设备和软件的改进推进生产工艺创新,不仅对提高产品开发、生产和商业化的效益具有积极作用,而且对于巩固生产商在全球价值链中的地位也具有积极作用。其次,在信息技术突飞猛进的背景下,以绿色化和智能化为特征的虚拟制造(VM)、柔性生产(FP)、清洁生产(CP)和绿色制造成为工艺创新的主题,制造商的参与对于提高产品的生产方式和交付方式,同样意义深远。

第三,营销合作商参与创新。市场创新行为是复杂的行为过程,是由企业市场创新动机、基于顾客价值的企业市场创新行动、基于顾客价值的企业可持续营销体系设计和企业市场创新目标组成的循环过程(成韵,2010)。

营销合作商参与创新主要体现在产品开发和商业化过程两个阶段,通过参与产品创新和推进市场营销模式的创新,提高产品商业化的效率,推进产品市场竞争力,并强化主导设计的竞争优势。商业模式创新主要目的是创造客户价值(Kotler,2003),其形式可以分成渐进式商业模式创新和突破性商业模式创新两类(朱开明,2004)。渐进式市场创新指企业在原来特定技术或业务模式下,对产品性能、业务活动进行改良活动,或者基于现有产品概念开发新的消费者群,其特点是仍限于原有范式之内。渐进式市场创新包括产品革新和新顾客开发两种模式。而激变式市场创新是技术范式或业务模式发生根本变化,产品性能或业务活动实现显著的非线性提升,企业在新的行业领域开发出能为顾客提供更多顾客价值的新产品,即顾客产品全新开发模式(成韵,2010)。市场营销合作商参与创新的主要意义有两条:

一是推进产品创新绩效。Shumpeter(1912)指出：企业只是执行由需求以及由给定的生产资料和方法为他们所规定了的事情，而企业具体做什么则是由市场需求确定的；市场需求没有明确什么具体的目标，但特定环境迫使企业按照市场趋势采取一定的行动方式。销售合作商处于产业链的下游，对用户的需求相对比较了解，能够更准确地把握客户的价值取向，应该在新产品开发的定义阶段，甚至是概念阶段就开始发挥市场合作商的市场咨询优势，让市场合作商共同参与产品的性能设计、语意设计和工艺设计，充分吸收利用市场合作商的市场知识和信息，提供产品创新的质量和效率，减低研发风险。

二是推进产品商业化绩效。市场营销合作者除了在产品创新方面提供重要的市场需求信息推进产品创新绩效外，对于产品的商业化绩效有更重要的促进意义。市场营销合作企业通过参与主导企业的品牌策略、通过代理、授权或批发零售等形式加入产品商业化过程，通过参与商业营销模式的创新实现如下两个目标：一是寻求主导企业既定目标市场中的非用户，从那些被认为有市场前景的细分市场中挖掘市场潜力；二是进入新市场，开发被主导企业所忽略的利基市场(Niche Markets)。

2.4.1.3 大学和研究机构

Bush(1945)发表的《科学永无止境的前沿》明确提出了科学发展对于人类经济社会发展的巨大推动作用。von Hippel(1988)指出创新源是富有变化的，并归纳出四种外部创新源，分别是：用户和供应商、大学和研究机构、竞争者、其他国家。其中，大学和研究机构发挥着科技驱动创新的作用。特别是在科学技术发展日趋系统化和复杂化的知识经济时代，大学和研究机构几乎主导着多数新知识的生产，在国家创新系统中发挥着技术进步源头活水的作用。

国外许多创新管理和技术管理的文献，通过案例研究和调查研究表明科学知识对创新的重要性，尤其是在技术快速变革的领域，如生物技术、信息技术和新材料等产业(Mowery,1998;Zucker et al.,1998)。许多产业在创新过程中高度依赖大学的研究成果、试验设备、训练有素的人力资本和研究经验(Mansfield,1998;Cohen,Nelson & Walsh,2002)。同时，大学和科研机构注重科技知识的前沿性，与市场端有很大的距离，他们不会向企业提供现成的新产品技术(Motohashi,2005)。大学提供的前沿科技知识主要适用于开发全新产品的创新活动的早期阶段，具有高度的技术不确定性和市场不确定性(Jensen et al.,2003)。

在国内，很多学者也对大学和研究机构在创新中的作用展开了研究。鲁若愚(2002)认为,企业和大学拥有的创新资源具有很强的互补性或相互依赖性。大学投入的创新资源主要是专业人才、科研仪器设备、知识及其产权、技术信息、研究方法和经验;企业的创新投入则以创新资金、生产试验设备和场所、需求信息以及市场营销经验等为主。大学知识扩散的需要与企业技术创新知识源的需要,构成了合作创新的供需市场。在各类合作创新中,产学研合作最能体现要素的互补优势、规模优势、重组优势(鲁若愚,2002)。企业与大学是完全不同的系统组织,他们的行为特性和目标亦不相同。所以与企业之间的合作相比,产学研合作创新过程存在诸多特殊性(余雅风,2002)。产学研合作具有高不确定性、合作双方信息的高度不对称性、合作的高交易成本等特点(鲁若愚,2002)。

归纳而言,大学和研究机构是国家创新系统中知识生产的主流,对于科技进步和产业创新具有重要意义,但是同时大学和研究机构的知识高度重视前沿性,知识的利用依赖于创新企业的吸收、集成和创造性组合。

2.4.1.4 用户

在工业社会的背景下,学界习惯性二元化地把社会分成两类:生产者和消费者。随着产业环境地变化,以及用户作用的不断发现,领先用户(von Hippel,1988)开始在商业企业的管理控制下逐渐参与到生产和研发过程的某些特定的环节中,成为合作者。Voß and Rieder (2008)在解释了这种新用户类型的基础上,提出了"working consumer"的概念,并认为用户既是职场的有偿工作者,也是义务工作着的消费者。同时,在信息通信技术的推动下,用户参与创新的途径也从传统的参与模式,发展到利用互联网络实现虚拟合作,例如众包模式为消费者参与生产过程提供了交互平台,使大规模的用户能够参与到研发和制造等领域,甚至使个性化定制产品成为了常态。总体分析,用户参与创新过程的主流力量主要包括两个方面:第一是领先用户,第二是网络用户。

首先,领先用户参与创新。von Hippel(1988)指出创新源是富有变化的,并归纳出四种外部创新源,分别是:用户和供应商、大学和研究机构、竞争者、其他国家。用户知识是企业创新最重要的知识,稳定的用户信息流对促进创新成功十分重要,与用户密切接触有利于准确把握市场需求,产生关键的创新思想,开发出更易被市场接受的新产品。Kleinschmidt 和 Cooper 对 123 家企业的 252个新产品进行了研究,得出结论:大多数新产品来源于顾客提出的创意,而不是来源于公司内部的头脑风暴会议或者成熟的研发活动(Tucker,2002)。因此,挖掘用户知识,理解用户需求,确认市场趋势对企业的技术创新是不可或缺的。

成功的创新者对市场给予了更多的关注，对用户需求有更好的理解。

很多研究人员都发现，许多重要的创新开始由领先用户提出新产品概念，详细说明自己需要的产品，甚至领先用户已经开发出产品原型（von Hippel，1986；Urban ＆ von Hippel，1988；von Hippel，Churchill ＆ Sonnack，1998；Herstatt ＆ von Hippel，1992）。领先用户领先于市场潮流，并且他们的创新通常具有较强的商业吸引力。领先用户掌握着特殊的经验，能为企业提供对创新十分重要的新产品概念和设计的信息。让用户成为创新的主体，由领先用户直接参与整个新产品的设计和开发过程，开发小组能从领先用户掌握的开发方案数据和需求信息中受益，从而加快新产品开发的速度，减小技术创新在市场上的不确定性。

随着知识经济时代的到来以及先进技术的大量涌现，用户创新将进一步得到发展。在国外，"用户参与创新"已经为众多著名企业所热捧，中国不少企业也已经开始尝试。已连续 12 年稳坐全球产、销量冠军的宝座的美的风扇，也从用户参与创新活动中尝到了甜头。随着内需市场的不断扩大，巨大的发展空间吸引了众多小家电品牌一拥而入，产品同质化问题日趋突出；中国传统家电制造业与消费市场相脱钩的问题在激烈的市场竞争中也开始凸显出来。为了避免产品和消费错位，美的风扇在 2004 年底作了一个尝试，举办了"第一届美的风扇产品设计大赛"，用 13 万元设立奖金，广征风扇产品的外观、用途、功能、材质及内部结构五方面的创意，目的就是让消费者参与到产品的设计中来。在创新设计的推动下，2005 年，美的在国内外市场推出了 40 多款新品，整体销售业绩再攀新高，凭着近 20 亿元的销售额，继续保持"全球风扇首席品牌"地位。

其次，网络用户参与创新。随着信息技术的飞速发展，个人通过非传统组织的形式参与创新成为了可能，演变成新的组织/个人混合的协同创新网络。众包模式凭借 Web2.0 的交互沟通应用，使大众参与创新的成本和门槛大幅度降低，数量众多的参与者可以通过互联网轻松地加入创新过程中。

创意主要产生于个体层面的认知和情感过程（Sousa，Monteiro，＆ Pellissier，2008），所以富有活力的个体参与者对于创新的作用尤其重要。在网络众包模式中，使网络用户参与众包的动机问题是最关键问题之一。基于传统交易成本理论进行分析（Willianmson，1975），网络众包问题和解决方案中均包含大量非显性知识，双方知识消化吸收（Cohen ＆ Levinthal，1990）难度很大，影响了众包创新模式的可行性；同时，网络参与者从事相同交易的频率很低，造成交易成本非常高，会影响参与者的热情。但是事实上，从开源软件、维基百科到日益涌现的众包网站，网络用户的参与热情持续高涨，所以很多研究从外部动机和内在动机两个方面对网络参与者的动机进行了研究。在外部动机方面，Kleemann,Voß & Rieder(2008)指出，个体采取某项行为的外部动机主要是为了获得外部报酬，众包参与者的参与动机是对个人事业具有益处、工作完成的成就感，以及参与公共目标后的满意度。在内在动机方面，Ryan & Deci(2000)研究指出，个体参与的动机主要源于个人的原因和个人的喜好；同时他们还发现，在很多时候内在和外部动机相互交织，很难清晰区分。合作型模式的外部动机方面分析，尽管项目不支付任何报酬，但是外在动机依旧发挥作用，包括有利于职业发展的益处(Robles et al. 2001)、渴望学到新知识、与别人分享专长、实现共同的目标等(Gosh et al. 2002)；内在动机方面，Luthiger Stoll(2006)发现乐趣是决定参与的主要内在动机。在竞争型模式中，众包模式的外在动机主要来源于自治权、众包工作意义、创新内容和工作多样性的挑战，以及与别人分享专长等；内在动机主要是乐趣，以及参与自治性、创新性、重要性等众包项目所带来的快乐。可见，由于网络众包参与者具有良好的职业素养和职业能力，且利用业余时间参与众包项目，所以对交易成本相对被忽视，他们更关注社会归属、社会承认和自我实现等高层次需要的满足，因此，出现了交易成本理论在个人行为选择中的不适用现象。

2.4.1.5　创新服务机构

von Hippel(1988)指出创新源是富有变化的，并归纳出四种外部创新源，分别是：用户和供应商、大学和研究机构、竞争者、其他国家。但是由于知识具有显性和隐性两元特征，不仅显性知识的流通和扩散需要渠道等知识流通服务机构的参与，而且隐性知识的转移更需要外力的推进，这些外力包括国家和产业激励政策、金融的支持和知识产权服务等。本书认为在国家创新系统中，创新服务机构主要包括知识产权服务机构、金融服务机构及政府服务（将在2.5节详述）。

首先阐述知识产权服务机构。随着技术不断向综合化方向发展，知识的专业化程度越来越高，技术的复杂性大大增加。即使那些拥有非常多的技术资源的大企业，也只能发展一些有限范围的核心竞争力(Tether,2002)。因此，密切监视和跟踪外部技术的发展动态，及时、经济地购买技术，充分利用企业外部的知识产权，以填补企业某些方面的技术空缺，是提高技术创新成功率的又一种有效途径。对于技术能力强的企业，如果已经成功地研发出不适合于本企业当前经营业务的技术，则可以通过出售知识产权获取专利许可费，从他人使用本企业的技术资产中获益(Chesbrough,2003a)。不管是知识产权的申请、保护、还是转移,都需要知识产权服务机构的专业服务。

我国信息产业领域的创新主导企业——华为、中兴和大唐,就是通过知识产权战略成为移动通信系统、数据通信系统等诸多领域的主导设计和技术标准控制者,成为世界通信产业的强大竞争者,直接改变了全球通信系统产品的竞争格局。例如华为公司,截至 2012 年 12 月 31 日,累计申请中国专利41,948件,国际 PCT 专利申请 12,453 件,外国专利申请 14,494 件,累计共获得专利授权 30,240 件。华为公司除了高研发投入,还非常重视吸收并运用他人的知识产权,通过购买和支付专利许可费的方式获取自己缺少的核心技术,在西方公司的成果上进行一些功能、特性上的改进和集成能力的提升,以高品质的产品打开国际市场;同时,还通过对专利的申请和对知识产权的保护形成自主的技术派系,形成产业链。同时,华为也非常重视运用他人的知识产权。华为公司的这种专利战略对推动其技术研发和品牌建设起着关键作用。华为专利战略的成功得益于社会知识服务机构的高质量支撑。

知识产权服务机构在知识流通和知识转化方面的重要意义在于:知识产权服务不仅保护了私有知识的资源和资产属性,同时通过推进知识和资产的合法交易,实现知识和资本的有机结合,推进知识扩散和传播,加快知识的利用。

其次,金融服务机构。知识产权保护了知识的资源属性,但是知识流通并转化为生产力,需要金融服务的推动。金融服务主要涵盖了融资、投资、支付、保险等很多领域,但是支持创新的金融服务主要是融资服务和投资服务,主要作用是打通智力资本和金融资本的交易桥梁,实现知识资本化。金融服务的参与者主要包括天使投资者、风险投资者、股权(PE)投资者和银行。

美国硅谷的成功,主要归功于当地完善的金融服务体系和充沛的资金支持能力。从 1972 年第一家风险资本在紧挨斯坦福的 Sand Hill 路落户,风险资本开始发挥强大的推动作用。1980 年苹果公司的上市吸引了更多风险资本来到硅谷。Sand Hill 在硅谷成为风险资本的代名词。美国硅谷的金融服务机构具有良好的层次结构,天使投资者支持初创型科技公司的创业,风险投资者支持创新性中小企业的发展,股权(PE)投资者推动中型科技公司的腾飞,银行保证创新项目的资金支撑,多层次的金融服务体系推动了知识和资本的交易,提高了科技知识的转化效率。

2.4.2　国家创新系统的参与者网络

创新是创意的产生、采用、执行、扩散和商业化的过程(Spence,1994),国家创新系统的创新主体是企业(许庆瑞,2000),企业家精神是推动企业创新的最原始动力(Schumpeter,1912),也是推进创新系统持续演进的最终动力源,最终推进了第一代创新系统的进化。

但是随着科学技术交叉性和复杂性的提高,系统、产品和服务的复杂性也持续提高,现在即使是跨国公司也很难独立完成复杂系统产业链的所有环节,分工协同成为了创新的必要条件。分工协同的结果是催生了产业技术流派的形成,具有实力的创新主导企业在竞争洗礼下成为产业主导企业,众多创新配套企业加入技术流派形成产业链,共同参与技术派系之间的竞争角逐,追求共同的生存和发展机会。可见,国家创新系统的参与者网络核心是技术派系,最终推进了第二代创新系统的演进。

在第三代创新系统发展过程中,国家创新系统的内核没有改变,企业和企业形成的技术派系依旧是创新系统的最核心要素,但是外延得到了拓展。首先,大学和研究机构的知识创新在知识经济时代作用越来越大,而且公立大学和研究机构的知识属性具有公共产品的特征,对国家创新系统的辐射效应具有普惠性,公共知识的吸收对企业的吸收能力形成了巨大挑战。其次,随着全社会教育水平的提高,很多国家甚至产生了过度教育的趋势,创新资源在企业外部持续堆积(叶伟巍,2012),用户开始从消费者转化为参与创新的合作者,企业如何把这些领先用户通过传统方式或通过信息化网络方式组织成为网络,也是国家创新发展的关键问题。第三,企业的知识生产具有私有物品的属性,知识产权保护和利用成为企业保持创新租金的重要保障。构建高效的知识产权保护体系,需要知识产权服务者的专业服务,如何高效实施知识产权保护战略有赖于形成高效的知识保护合作网络。第四,金融服务在智力资源资本化方面作用显著,构建高效的金融服务支撑网络,对于科技型公司的持续发展意义深远。由于高技术产业技术创新属于高投入、高风险、高收益的技术经济活动,商业银行的贷款为安全起见,一般不愿意为企业技术创新提供外部资金支持,而企业的资金更多用于生产经营。创新资金的缺乏阻碍了技术创新的进一步发展。为此,政府必须通过相关政策的安排,吸引投资者注入资金,强化现有企业自身的融资功能,逐步建立起以企业为主体、多渠道、全方位的资金支持和保障体系(叶伟巍,2009)。第五,创新政策不仅是一种激励,更是一种导向,对于国家创新系统发挥协同效应具有催化剂的作用。

当前创新系统已经演变成复杂系统(见图 2.14),网络的核心是技术派系。技术派系之间是竞争关系,但是技术派系内部是合作关系。公立大学研究和公共研究机构之间的合作竞争关系形成了知识生产网络,通过公益性知识溢出提供普惠制的知识支持。用户、知识产权服务者、金融服务机构提供的定向性的服务,服务质量取决于服务合作双方的协同效果。

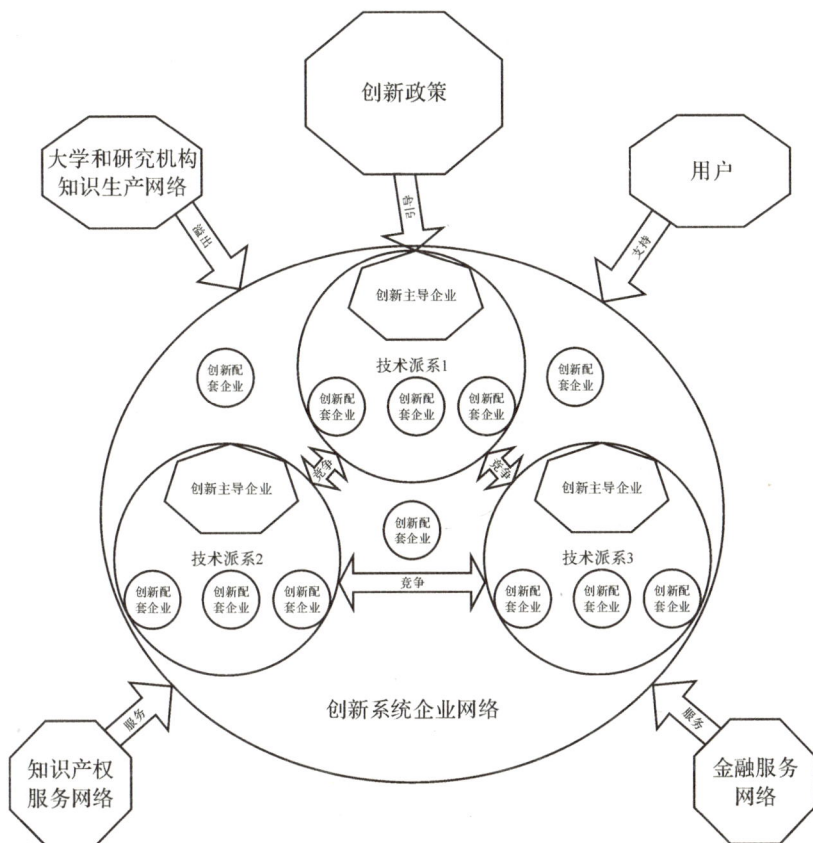

图 2.14　国家创新系统参与者网络示意图

2.4.3　小结

在经济全球化的知识经济时代,国家创新系统的复杂性主要集中在竞争全球化、技术派系化和市场垄断化三个方面,表现在技术派系中的主导企业的性质具有多元化。当前我国半数以上支柱产业中的创新主导企业属于国外合资或独资企业,众多国内创新企业只能囿于有限的空间内实现创新,产业的主导发展权面临巨大考验。如何通过协同创新取得产业发展的主导权和话语权,成为本书研究的重点课题之一。

另外,当前协同创新机制的实证分析主要是基于回归分析、结构方程等定量分析工具,探索和挖掘自变量和因变量之间的因果关系和作用路径。Bonaccorsi & Piccaluga(1994)以组织理论和技术创新理论为基础构建了评价模型,认为产学研成果依赖于知识转移过程的特性与合作关系的结构和过程两个维度的良好配合。Barnes(2002)通过交叉案例分析研究了大学和企业合作绩效的影响因素,并提出了"行为—过程—绩效"三阶段分析模型,其中要素包括企业吸收能力、合作关系、技术特征和外部环境四个维度,过程包括合作模式、合作行为两个维度。国内学者也采用"要素—过程—绩效"三阶段模型(朱桂龙,2008;姚威,2009;叶伟巍,2010),实证分析我国产学研合作创新的内在机制和作用路径。当前开放式协同创新机制的研究主要基于横截面数据的定量研究,缺乏基于时间序列的动态协同机制的定量纵向研究。随着时间的推移协同创新绩效是否会出现"天花板"? 阈值条件是什么? 在阈值条件下什么因素(短板)制约了协同创新绩效的继续提高? 这些问题如何借助自组织协同论的研究方法得以揭示,成为本书研究的重点内容。

基于自组织协同论中役使原理和绝热消去原理(Haken,2006),为构建序变量方程研究网络众包模式下开放式创新的动态协同机制提供了新手段。尽管目前我国基于复杂性科学对产学研系统从事定量化模型研究的成果还很不足,但是李朝霞(2001)将布鲁塞尔器模型作为耗散结构临界值的判定工具,李嘉明等(2009)基于二维系统动力方程研究了产学研联盟演化机制,张铁男等(2011)引入系统动力学"B-Z"反应模型构建了三维变量模型对企业系统演化规律进行了定量研究。"B-Z"反应模型是复杂性科学研究的重点模型,耗散结构理论和协同论等都将其作为经典案例进行研究,但是以"B-Z"反应模型为基础研究国家创新系统动态协同创新的研究还不常见,可能成为本书在研究方法上的创新点。

2.5 国家创新系统子系统之三——政策体系

借鉴 Malerba(2004,2005)关于创新系统中知识、创新参与者及网络、制度三个子系统的分类办法,我们结合国家创新系统理论,从创新政策原理、创新政策工具两个方面,梳理国家创新政策体系的相关研究成果。

2.5.1 创新政策原理

现有的文献对创新政策的理论原理主要基于新古典经济学、演化经济学和创新系统理论。新古典经济学认为,知识和信息存在非竞争性和非排他性等公共产品特征(Arrow,1962),所以产业界对基础研究风险规避程度较高,引起知识生产投资不足,造成市场失灵,需要公共政策的干预(Aghion et al,2009)。演化经济学和创新系统理论认为:创新过程是长期演化且具有路径依赖性,如果创新系统存在问题或缺陷,会造成系统失灵,所以需要采用长远和历史的视角研究创新政策(Edquist,2001)。通过政府支持,可以用非市场的方法形成有利于企业技术创新的政策和法律环境,对企业技术创新进行导向和支持,充分发挥政府对企业技术创新的激励作用(魏勇,杜伟,曾令秋,2001)。

2.5.2　创新政策概念

学术界对创新政策的概念尚无统一的定义,国内外学者从不同的角度对技术创新政策进行了研究,提出了不同的定义。

第一种视角是整合视角。Rothwell(1986)以整合的视角对创新政策下过如下定义:创新政策是指科技政策和产业政策协调的结合。法国创新政策专家高丁认为,创新政策与解决当今世界最重大的经济问题最密切相关,人们还未广泛认识到这点是因为还未完全理解创新的本质和政府对促进创新的作用。他认为创新政策应包括如下子框架:支持创新者、技术文化和减少创新障碍(贾蔚文等,1994)。在20世纪80年代初,OECD组织也从整合的视角认为,发展创新政策的目的是要"把科技政策与政府其他政策,特别是经济、社会和产业政策,包括能源、教育和人力资源政策形成一个整体"(贾蔚文等,1994)。我国中国科学院政策与管理研究所罗伟等人的定义与OECD的定义基本相同,即"把创新政策看作是科技政策的重要组成部分,与科技政策和产业政策紧密相关,包括能源、教育和人力资源政策的整合,而将科技政策与工业政策中有关推动创新的部分作为创新政策的核心"(罗伟等,1996)。国务院发展研究中心的鲍克(1997)也认为:"创新政策是政府为鼓励技术发展和其商业化以提高竞争力的各种社会经济政策的总和,它处于经济政策的中心位置,直接鼓励创造与变化。"

第二种视角是实践视角。这种类型的定义把创新活动看作是一项实际存在的社会活动实践,并将与这类活动有关的各种相关政策定义为创新政策。如黄顺基等(1995)把技术创新政策定义为:"政府旨在促进工业技术创新而采取的各种直接和间接的措施。"

第三种视角是环境视角。东南大学的叶明认为:"要真正有效地驱动技术创新,通常仅仅依靠市场机制,或者仅仅依靠隐含在科技政策与经济政策中的某些内容,显然是远远不够的。所以,有必要发展一种内容上综合的、逻辑上自给的专门研究驱动技术创新的宏观控制手段——政策环境。这里所说的政策环境,目前尚无严格定义,我把它理解为旨在驱动技术创新发生、运行、扩散全过程而采取的各种直接的和间接的政策与措施。"

第四种视角是系统视角。陈劲等(2005)认为,创新政策是指一国政府为促进技术创新活动的产生和发展、规范创新主体行为而制订并运用的各种直接或间接的政策和措施的总和,它应是一个完整的体系。

依据政策学原理,政策应由政策主体、政策对象、政策目标和政策手段四部分构成,创新政策本身与经济环境、产业发展现状高度相关,是经济政策和产业政策的有机组成部分。创新政策强调技术创新政策涉及许多不同的政策领域,覆盖原有的一些政策体系,如科技政策、经济政策、社会政策等,而不仅仅局限在某个原有的政策体系之内;强调"整合",即技术创新政策不是某些单项政策的简单相加,而是各种相关政策的有机整合;强调政策的对象,即强调技术创新政策包括了以技术创新活动为对象的所有相关政策措施。但是技术创新政策不等于科技政策和经济政策,也不是科技政策和经济政策各自一部分内容的简单相加,但显然应当包括科技政策与经济政策的一些具体的措施和手段。

2.5.3　创新政策分类

尽管创新领域的研究是非常关注创新政策问题的,但对创新政策分类的研究是出奇有限的(Freitas & Tunzelmann,2008)。Rothwell & Zegveld(1981)把产业创新政策分为政策目标和政策工具,并把政策工具分为供应面、需求面和环境面三个层面。Ergas(1987)以政策的目标导向将创新政策分为使命导向型(决策制定、执行和评估集中)和扩散导向型(分散)。Freitas & Tunzelmann(2008)吸收了从政策目标、政策执行、政策工具等三个维度来定义创新政策的思想,提出了一个三维度的创新政策分类框架,三个维度分别是:知识目标的类型(使命型/扩散性,或垂直型/水平型)、政策工具(特定性/一般性)、政策执行(地方主导/中央主导)。本节从政策目标和政策工具两个层面梳理相关概念。

2.5.3.1　创新政策目标

创新政策目标与创新政策工具是既有区别又有联系的两个概念,前者规定了创新政策的基本内涵和主要目标,后者则确定了实现这些目标的手段。但是,两者又是互相联系的,因为政策体系由理念变为现实必须依靠各种政策工具的支持及其相互配合。离开了技术创新政策工具的支持,任何技术创新政策都只能是一座空中楼阁。另一方面,技术创新政策工具的选择范围及其组合又是由技术创新政策体系及其所确立的目标所决定的,技术创新政策理念是各种技术创新政策工具的核心和灵魂。如果说,我们制定创新政策的主要目标是加强国家或者企业的技术创新能力的话,那么,创新政策工具的选择范围几乎可以无限扩大,从儿童的科学技术意识到妇女的就业偏好,从企业投资的税收优惠到研究开发补贴等,几乎无所不包,因为这些因素都有助于加强国家的技术创新能力。反过来,如果创新政策的目标是加快科学技术成果的产业化进程的话,那么,由于科学技术成果的充分供应在这里是一个给定的前提,政策工具选择范围就大大缩小,因为创新政策的作用范围是限定的。

2.5.3.2　创新政策工具的分类

寻找、设计、确定合适政策工具并不是件简单的事,宏观措施并不是经常、明显的有效,因此,类似于"普遍优惠政策"这样的政策建议在一定程度上是无意义的。政策制定必须是能影响特定经济活动、特定产业、特定技术的政策。Nelson 就认为真正的问题应该是如何扩大或重新设计政策体制、制度,而不是实施并固化某种特定的资源分配格局。Rothwell 与 Zegveld 将一般性的创新政策进行了归纳,见图 2.15 所示,创新政策可以被分为三类,而这种分类方法被广泛引用,成为一种经典的理论研究思路。Rothwell 与 Zegveld 认为这三类政策中各自应包含的政策见表 2.6 所示。

图 2.15　创新政策工具分类

具体而言,各国采用的创新政策工具主要有以下几种:

第一,财政政策工具。政府对于技术创新的财政激励主要是针对企业和其他相关部门的研究开发活动的,基本上可以分为研究开发补贴和税收优惠两大类。首先,研究开发补贴主要用于支付单个企业的研究开发活动,通常是高技术企业的研究开发活动,另一类普通类型的补贴是通过赠款支持创新过程中的早期阶段来帮助个别发明家或者新企业。这类政策工具主要有政府向企业和一些研究机构提供研究资金、政府担保、政府贴息和政府贷款等。这类资助的对象主要是有着较高社会收益(如一些基本技术)或是能满足政府自己目标(如

表 2.6 Rothwell 与 Zegveld(1981)的政策工具分类

一、供给面的政策工具	二、需求面的政策工具	三、环境面的政策工具
(一)财政支援的政策工具	(一)创造需求的政策工具	(一)建立产业基础结构的政策工具
1.辅助	1.合约研究	
2.融资	2.合约采购	1.公共服务
3.创投资金	(二)干预市场的政策工具	(二)激励创新意愿的政策工具
(二)人力支援的政策工具	1.技术标准	1.租税优惠
1.教育	2.贸易代理	2.专利
2.培训		3.奖赏
(三)技术支援的政策工具		(三)引导创新的经济规范政策
1.公营事业		1.经济规范政策
2.研究发展组织		2.技术管制政策
3.资讯服务		3.贸易管理政策
		4.外资管理政策

资料来源:Rothwell R, W Zegveld. Industrial innovation and public policy:preparing for the 1980s and 1990s. London: Frances Printer, 1981.

医疗、国防)的技术项目。政府的资助直接投向这些研究项目,对其发展起到直接的促进作用。例如我国的中小企业技术创新基金、美国的中小企业技术创新计划(SBIR)等都属此类。提供研究开发补贴是政府最为普遍使用的政策工具之一,政府补助的主要目的和作用是降低技术创新的成本,刺激企业技术创新投入的增加,从而弥补技术创新成果带来的私人收益与社会收益间的差额(这也是各国政府资助政策的基本目的和重点所在),这种差额在基础研究领域更为明显,因此也要求政府更多地应用政策工具支持基础研究。但研究开发补贴并不足以激励创新。其次,税收优惠。我国和世界多数发达国家都对企业的技术创新和 R&D 活动提供了税收优惠支持。税收优惠的内容主要是:①允许企业从其应税收入(即税基)中扣除当年发生的 R&D 费用;②允许企业从其公司上交的收入税中扣除基于一定基础的 R&D 费用;③允许企业对用于技术创新的机器、设备和建筑的投资进行加速折旧。在一些国家,还为企业制定了专门的技术创新税收优惠政策。它们通过两种途径来减少或者消除技术上的不确定性:其一,通过鼓励多样化的研究开发活动来探索不同的研究开发领域,把握一定时期科学技术发展的主流方向,从而尽可能地减少人们在技术突破的主攻方向上存在的不确定性;其二,增加知识的供应量,从而增加替代技术选择的可能性。

第二,公共采购。公共采购是指政府为了特定的需要,与研究开发机构达成协议购买其研究成果或创新产品。其实施对象主要是处于产品生命周期早期阶段的项目,以及产品的最终使用者是政府的那些项目。

虽然企业是技术创新的主体,但政府作为企业技术创新的启动和推进者,可以通过创造一定的产品市场,鼓励企业的技术创新行为。为此,政府可以通过公共采购政策的安排,创造和增加企业技术创新产品的市场需求,产生技术创新的"市场拉动"效应。这样的安排,可以使企业的创新产品在市场开拓期有比较稳定的市场保证,同时也使企业在技术创新过程中与市场有关的风险得到一定程度的降低。在发达的工业化市场经济国家中,政府购买了大约价值国民生产总值 15% 甚至更多的商品和服务(纳尔逊认为政府这个比例是 30% ~ 50% 左右)(杜伟,2001),因此,政府公共采购被普遍认为是影响工业中创新的方向和速度的重要政策工具。

第三,风险投资。风险投资政策是指政府为了解决技术创新投资不足而采取的一种制度性措施。风险资本的主要来源是私人资本、风险基金和政府投入。运用风险资本的主要目标是通过投资实现资本的高回报率。作为一种技术创新政策工具,风险资本较之其他工具可能更为有效,因为,任何一项技术创新都需要数量不等的投入,技术越复杂、预期效用越大,需要的初始投入就越多,靠政府购买和财政支持显然难以满足为数众多的技术创新,而且可能出现"只花钱不办事"或"多花钱少办事"的情况。风险投资作为一种投资方式,其获利的特性决定它在支持技术创新上不仅要投入,而且更要获得回报,因此,对技术创新主体而言,如果没有技术上的实质性突破,它们就必须承担相应的经济责任。这样,投资主体和创新主体都会在具体的技术创新方向上进行慎重选择,而不会盲目进行技术开发。通过风险投资政策,可以在更广泛的领域为技术创新提供激励和约束,这正好弥补了前面两种政策手段的不足。

风险资本是一种承担风险的融资,通常以长期股权投资的形式提供给私营企业的建立、扩张和收购活动,一般是由专业人员组成的风险资本企业所提供的。G.豪顿认为,"风险资本被认为是以股份形式专门开发新思想与新技术的小企业的创建和开始营业所承诺的资本"。

技术创新是一项具有高度风险的事业,为了消除这些不确定性,一种有效的风险分担机制显然是创新企业所迫切需要的。那么,由谁或者什么机构来承担这种风险分担机制呢?在这种情况下,风险资本作为一种技术创新的风险分担机制就产生了。如果说研究开发的财政激励由于增加了技术供应的数量和质量从而降低了技术创新过程中技术方面的不确定性,公共采购因为为创新企业和创新产品提供了一个稳定而且可以预期的市场而降低了技术过程中市场方面的不确定性的话,那么,风险资本就因为与创新企业分担了技术创新过程中各种潜在的风险从而使整个技术创新过程中的不确定性有了全面的降低。

第四,中小企业专项政策。从技术创新的角度看,实际上具有两种中小企业的政策:一种是将中小企业作为促进技术创新活动的一个政治工具;另一种是仅仅从企业的角度即大企业与中小企业均衡的角度看待中小企业的发展。在这里运用的是前一个概念。中小企业作为技术创新的一个主要动力是有其缘由的。

第五,专利政策。专利是政府依法向创新者(发明者)授予的,在一定时期内对其某项实用新型产品、工艺、物质或设计的独占权利。专利制度产生的首要目的就是通过保证发明人为其发明活动获得一定数量的回报来激励发明研究。

专利制度在技术创新过程中的作用非常复杂,它既有减少技术方面的风险、促进技术创新过程的一面,也有过分强调保护发明家的发明收益而延缓技术创新的一面。这反过来就会影响企业研究开发资源的配置。事实上,当一个公司研究与开发的收益转移到竞争者或消费者达到相当大的比重时,进行这种研究开发活动的激励就会衰退。在这方面,显然需要学术界和政府探寻更为合理的制度安排,从而更好地在促进技术发展与促进技术创新方面达到平衡。比如德国的特殊专利法就是一个很好的尝试方法,德国的《雇主发明法》规定,如果雇主没有充分利用其雇员所做出的发明,则雇员可以开发利用他的发明,并可以投入到商业化应用之中。

第六,政府管制。所谓政府管制,是指依据一定的规则对构成特定社会的个人和构成特定经济的经济主体的活动进行限制的行为(植草益,1992)。政府管制一般分为社会性管制和经济性管制。社会性管制是以保障劳动者和消费者的安全、健康、环境保护和防止灾害为目的,通过为物品和服务的质量以及由此而生产的各种活动制定一定的标准,制止和限制特定行为的准则。经济性管制是指在存在自然垄断和信息偏差的部门中以防止出现无效率的资源配置和确保需要者的公平利用为目的,通过各种手段对企业的进入、退出、价格、服务的质和量以及投资、财务和会计等方面的活动进行的管制。经济性管制的主要目的是确保资源配置的最优性和服务供给的公平性,其主要内容包括进入管制、退出管制、价格管制、投资管制以及对于物品和服务质量的管制等。一般来讲,管制的主体是政府有关部门,而被管制的对象则是从事特定行业如通信、运输、通讯广播、金融等的企业。这种管制的规则包括了各种各样的法规、条例、政府标准以及行政命令或者指导等,比如,美国食品和药品管理局有关新药批准的各种各样的标准和规定、各国政府有关农药生产的法规、对于所有企业都有法律约束力的环保法规以及行业管理法规等都是政府管制的重要组成部分。其中,最为常见的一种典型的管制形式就是反托拉斯法。这些管制规则通过赋予行动权来影响某一行业中企业的进入、退出、联合,以及生产产品的质与量等。

但是,政府管制的必要性和效率一直是争论的对象。因为政府管制基本上是在原有的技术创新目标之外附加了新的目标约束,它在很大程度上是增加了而不是减少了技术创新过程中的不确定性。政府管制还直接影响了技术创新的资源配置。因此,相反,放松政府管制往往是一个非常重要的技术创新政策工具。

综上所述,普遍应用的技术创新政策工具并不一定是完全有效的,而且各种不同的技术创新政策工具只能是针对技术创新过程的一个环节。因此,技术创新过程中的多种不确定性决定了技术创新工具选择的多样性,决定了任何国家的技术创新政策都必然是由多种技术创新政策工具组成的技术创新政策工具组合。

2.5.3.3 创新政策演进

Lengrand(2002)把创新政策演进划分为三个阶段:第一代创新政策的基础是创新的线性过程;第二代创新政策认识到了创新系统的复杂性,重视创新系统中创新的产生和扩散;第三代创新政策的显著特点是,将创新放在各个政策领域的中心位置,强调不同政策领域之间的协调行动。OECD(2008)回顾了以我国四次全国科技大会为标志的四个阶段的创新政策,指出我国创新政策正从分散、不协调的科技政策向协调、整体性政策系统转变,从促进研发活动的政策到推进创新生态型框架的转变(薛澜、柳卸林、穆荣平,2011);刘凤朝和孙玉涛(2007)也研究发现了类似趋势。

2.5.3.4 创新政策研究模型

创新政策研究模型国外有关创新政策效果的研究涵盖宏观、产业、区域和企业等层面,采用了宏观计量、微观计量、仿真、访谈等研究方法评估政策效果(Heckman et al.,2001)。Brecard et al.(2006)采用欧洲宏观经济计量模型Nemesis评估了欧洲委员会在2002年作出的"将R&D占GDP的比重提高到3‰"决定的宏观经济效果。Malerba et al.(2008)采用仿真的方法,考察了在不断变化和不确定性的技术与市场环境下,不同政策对计算机整机及计算机元件这两个垂直关联产业的技术变革和市场集中度的影响。国内现有文献对创新政策效果的实证研究一般基于国家、区域或行业层面的数据,采用了宏观计量、案例研究、访谈等研究方法评估政策效,仿真研究不多。柳卸林和赵捷(1999)以联合研究、联合专利、科技人员流动等为指标,对我国国家创新系统内部的互动进行了评估,发现我国创新系统内部的互动主要发生在同类研究机构之间(如高校与高校)。彭纪生等(2006)运用科技统计年鉴数据尝试将创新政策变量引入道格拉斯生产函数,研究了创新政策对技术绩效和经济绩效的影响。刘会武等(2008)采用以价值为核心的政策评价理念,提出了面向创新政策评价的三维分析框架(三个维度分别是评价目的、创新活动、时间尺度)。程华和赵祥(2009)采用统计年鉴数据,研究了政府科技资助的溢出效应。

2.5.4 小 结

"制度"常常被理解为与具体行为有关的规范体系。在诺思(1989)的定义中,制度从根本上说是由非正式的约束、正式规则和这两者的实施特征组成的,是一定范围内各种正式和非正式规则的集合,它的实施旨在制约追求主体利益或效用最大化的群体或个人的行为。制度是经济发展的关键因素,因为它的基本功能是提供人类相互影响的框架,制约人们的选择集合,管制个人的社会行为(虽然这种制可能是不完善的),从而构成社会经济秩序中的合作与竞争关系(道格拉斯·诺恩,1994)。

唯物辩证法认为,发展是量变和质变辩证统一的进程,是连续性和间断性的统一体。同样,技术创新的制度安排也是连续性、间断性、量变和质变的统一体。首先,技术创新的制度安排作为一种具有约束力和规范性的行为规范,它既可是暂时的,也可能是长期的,但不管长短,都具有一定的连续性来保证它的约束力。这种连续性一是表现在存在时间上的连续性,二是表现在内容上的连续性。各种制度规范互相支持、互相配合而不是相互矛盾、相互拆台。三是制度的量变发展过程是制度连续性的重要体现:制度量变的过程是在基本的制度框架不变的前提下进行的制度创新和制度变迁,它保持基本制度质的稳定性和连续性。正如我国在社会主义基本制度框架下由计划经济向市场经济转轨而引发的一系列制度的变迁就是很好的说明。技术创新的制度安排是随着社会政治、经济环境的变化而不断发展变迁的,这是一个不以人的主观意志为转移的客观过程。但另一方面,由于制度本身是一个主体制定和安排的过程,其归根结底所体现和满足的是安排主体的主观利益,因而就带上了安排主体的主观意志,因此技术创新的制度安排不管如何发展变迁,都要充分考虑各安排主体和受制或受约束对象的利益和承受能力。这就涉及一个政策或制度容量的问题。政策容量是人们对政策、制度所能承受的容量和范围,在这一承受容量范围内的制度和政策才是可行的或持续的,否则它就失去了存在的根基和发展的沃土。因此,坚持技术创新制度安排的发展观,就是坚持有条件的发展观,这种条件就是主体的承受能力或客观的政策容量(王大洲,关士续,1996)。

当前对创新政策的研究,开始强调不同政策领域间的协调(Lengrand,2002),开始关注创新政策的治理体系(OECD,2005)和创新政策的政策协调(Peikonen et al.,2008),我国创新政策也正从促进研发活动的政策到推进创新生态型框架的转变(薛澜,柳卸林,穆荣平,2011)。但是由于缺乏对不同地区、不同产业、不同企业特征、不同创新阶段下协同创新的瓶颈问题、主导因素和演化规律的系统性挖掘,影响了政策激励关键维度的识别和激励政策的聚焦;缺乏对现有创新政策效果的微观评估和政策优化效果的仿真研究,造成了政策制定和实施存在一定程度上的盲目性。所以,本项目拟借鉴跨国家的政策标杆分析(Freitas & Tunzelmann,2008),结合产学研知识联盟的创新规律,以企业吸收能力为政策研究对象,梳理当前产学研政策,通过政策评估分析现行政策的实施效果,最后提出政策优化策略,并通过仿真研究预测政策效果。

2.6 现有文献的启示

近年来,协同创新问题的重要性逐渐被各国学术界所认识,同时,伴随着知识运动理论包括知识生产理论、知识转移理论和知识利用理论的不断丰富与发展,越来越多的学者开始关注知识运动三个阶段之间的协同作用机制,开始关注国家创新系统参与者网络和内部机制,开始关注激励创新的政策优化。但综合现有的文献,前人的研究在为本研究提供丰富的借鉴和参考同时,仍存在一定的不足,需要在本研究中得到进一步的完善和丰富,包括:

(1)从创新的技术派系视角分析。根据 UA 创新动态模型分析,产业创新本身具有派系性,产业竞争的本质是技术派系之间的竞争。在产业主导设计尚未形成之前,创新的机会是公平和开放的,所有参与者都可以参与竞争,并通过争取主导设计权成为技术派系的主导者和控制者。但是,一旦主导设计形成后,某个产业创新的创新机会就基本消失,除非颠覆原来的技术创新路径实现颠覆性创新,一般情况下要冲破技术创新主导企业设置的技术壁垒,成本非常高。由于我国经济产业发展相对全球发达国家比较滞后,改革开放 30 多年的积极赶超后,在简单产品方面基本形成了竞争力(因为主导设计的垄断性不强),但是在复杂系统方面(除了通信系统等少数几个领域)形成了自主的技术派系的产业不多,很多重要的装备制造业其实是主导权旁落的。在这种情况下,如何发挥国家创新系统的协同效应,推动自主的技术派系对发达国家控制下的在位技术派系形成竞争力,最终提升自主创新能力,应该成为我国国家创新系统的主要目标。

但是,当前国家创新系统的研究很少从技术派系的视角展开研究,过多视角注重制造企业产业链的延伸研究,可能存在误区。因为在自主技术派系形成之前,产业链的延伸囿于原有技术派系的制约,工艺创新可能会得到创新主导企业的采纳,产品创新实现商业化绩效的难度非常大。所以,本书将以技术派系作为国家创新系统的核心要素加以深入研究,或具有一定创新性。

(2)从创新主导企业视角来看,创新主导企业是技术派系的灵魂,也是国家创新系统的基石,创新主导产业才是真正推进国家创新系统发展的主体。华为公司之所以形成了强大的技术创新能力和国际市场竞争力,本质上是因为华为公司成为了技术派系的主导企业,带动了创新配套企业的整体性发展。创新主导企业在激烈的市场竞争压力下,对创新知识的需求和对创新服务的需求非常强烈,出于企业生存和发展的需要,一定会自发性地构建创新生态体系,提高企业自身的研发投入以实现知识吸收能力的提高,争取和维护产业主导权。所以,本书将以创新主导企业作为国家创新系统动态协同创新机制的研究对象,深入研究创新主导企业协同创新的制约因素和关键问题,为提高国家创新的协同创新能力提供理论参考。另外,当前我国创新政策研究主要集中在政策工具的组合上,但是对创新政策对象研究缺乏,形成了普惠制的激励体系,很大程度上影响了创新主导企业的激励效果,制约了创新政策目标的实现,本书将通过政策梳理和政策仿真,为创新政策优化提供战略路径。

(3)从创新主导企业开放式创新视角来看,现有研究积累了丰富的理论成果,但是创新主导企业的创新不同于科技型中小企业的创新,我国创新主导企业国营和民营的属性也存在巨大差异,如何在传统机制上形成创新活力,是本书深入研究的另一个关键问题之一,或将产生一定的针对性理论参考意义。

03 案例分析和研究框架

通过第二章文献综述梳理发现,国家创新系统是第一代创新系统(以企业家和企业组成的企业创新系统)和第二代创新系统(以技术派系中创新主导企业和创新配套企业组成的产业创新系统)演进发展的产物。国家创新系统更加重视大学研究机构和产业的协同创新,更加重视创新政策的组合性。从理论上分析,公立大学和公共研究机构创造和传播的知识具有公益性,所有企业可以根据自身需要吸收利用;但是,大学和研究机构的研究成果往往具有突出基础性和前沿性,所以企业很难直接吸收利用到创新产品和工艺创新中。所以,如何提高大学研究机构的应用性,加强企业吸收利用的效率,成为国家创新系统理论研究的重点。本章希望通过美国和欧洲标杆国家的创新系统中产学研合作创新案例的分析,为下阶段的实证研究和仿真研究提供理论框架。

本章首先梳理了案例研究的方法。其次,通过研究标杆国家的产学合作创新的典型成功案例,取得了三个主要的研究发现:一是发现了产学研联盟是产学研合作的最有效途径;二是发现了产学研联盟的投资主体是企业;三是发现了合作项目形成了以"产业主导设计"为标志的技术派系是协同创新的成功分水岭。显然,创新主导企业的主导设计能力提升成为合作创新成功的关键。

在案例研究三大发现的基础上,本研究进一步对影响协同创新的因素和机制进行深入研究,并建立了国家创新系统协同创新机理的研究框架,为后续研究奠定了基础。

3.1 案例研究方法

3.1.1 案例研究的意义

对案例研究的重视可以追溯到哈佛商学院所代表的案例学派

(case approach)和早期的经验学派(empirical approach)。Koontz(1961)在其著名管理论文《管理理论丛林》中就划分出了案例学派。Koontz(1980)在其论文《管理理论丛林再论》中,再次肯定案例学派的地位及其在理解管理问题、探求基本规律、提出或论证管理原则的重要作用(余浩,2008)。

20世纪80年代以来,许多现代管理理论的发现与创新来源于大量的企业管理实践,并通过案例研究总结出来,成为管理学派理论推导研究方法的强大补充。例如,Yin(1994)在《案例研究:设计与方法》中提及如公司文化(corporate culture)、追求卓越(in search of excellence)、核心能力(core competence)、公司重组(reengineering the corporation)和平衡计分法(balanced scoring)等理论创新均基于案例研究而成。Yin(1994)认为,案例研究的特点是:在不脱离现实生活环境的情况下研究当前正在进行的现象(Contemporary Phenomenon),并且这种现象与其所处环境背景之间并没有十分明显的界限,研究者只能大量运用事例证据(Evidence)来展开研究。

案例研究是一种经验性的研究方法,它的意义在于回答"为什么"和"怎么样"的问题(Yin,2003)。案例研究方法至少有五种功能或用途:最重要的用途是解释现实生活中各种因素之间假定存在的联系,即某一方案的实施过程与方案实施效果之间的联系(U. S. Government Accountability Office,1990);第二种用途是描述某一刺激及其所处的现实生活场景;第三种用途是以描述的形式,评估活动中的一些主题;第四种用途是当因果关系不够明显、因果联系复杂多变时,对其进行探索;第五种用途是进行元评估,即对某一评估活动本身进行再评估(Smith,1990;Stake,1986)。国内学者(阮思余、王金红,2012)也认为,当前案例研究法备受学者青睐的主要原因也在于案例研究法在方法论上的独特性、研究问题的现实性、资料收集的广泛性、适用范围的针对性、因果解释的不可替代性等特点。案例研究的长处在于获得资料的渠道更多、更广泛。除了可以通过文件档案、物证、访谈、观察等方法获得资料外,案例研究法还可以在某些情况下,通过参与性观察对研究对象进行某种程度的非正式的控制。另外,当理论检验过程中出现了一个意外事件,或有必要从一个新视角对问题进行研究时,都是使用案例研究法的最佳时机(项杨雪,2013)。

李建明(2004)认为,案例分析方法本质是属于描述性、解释性及探索性的,它特别适合新的研究领域,如还没有形成理论体系或现有理论无法充分说明的研究领域。根据研究目的的不同,可以将案例研究法分为三种类型:一是解释性或因果性案例研究,主要的研究目的在于运用已有的理论假设解释现实中的现象,并对相关性或因果性的问题进行考察,做出最终结论,本质是对现在理论的测试。二是描述性案例研究,主要的研究目的是在已有理论框架下,对社会现象做出准确的描述。三是探索性案例研究,主要的研究目的是超越已有的理论体系,尝试运用新的视角、假设、观点和方法来解释社会现象,为新理论的形成作铺垫,侧重于提出假设,寻找新理论(Bassey,1999;孙海法,刘运国,2004)。其中,描述性、解释性和探索性案例研究的复合应用,更适合于公共管理学领域的课题研究(叶伟巍,2010)。

3.1.2　案例研究的步骤

许多学者对案例研究的分析步骤进行过较为系统的梳理,Eisenhardt(1989)较早提出根据实际研究中运用案例数量的不同,案例研究可以分为单案例研究(Single case)和多案例研究(Multiple cases),单案例研究的主要目的是证实或证伪已有理论假设,并且用来分析一个管理情境中的独特现象。同时,Eisenhardt(1989)还提出案例研究需要八个步骤:(1)界定问题;(2)选择案例;(3)确定数据收集方法,设计测量工具;(4)集数据和即时分析;(5)分析案例内及案例间数据;(6)形成研究假设;(7)与已有文献比较;(8)形成报告。Yin(1994)将案例研究分为五步:研究设计、为收集数据而准备、收集数据、分析数据和撰写研究报告。综合上述两位学者的观点,本书在提出了案例研究的设计思路的基础上,通过案例选择、数据收集和数据分析,来梳理国家创新系统协同创新的现行机制和管理模式,为后续的实证研究理论模型研究做好前期研究的准备。

3.1.3　案例研究设计

借鉴 Yin(2003)提出的案例研究步骤,本次案例研究的目标主要是提炼国家创新系统协同创新的研究框架,所以案例选择主要锁定创新标杆国家的协同创新案例,采用多案例比较研究的方法,通过数据收集和数据分析,探索借鉴发达国家创新系统的协同创新机制的关键要素和作用机理,为后续研究提供标杆参考,同时也对我国政府协同创新案例进行分析,为研究我国创新系统的差异性和特殊性提供依据。本书将按照案例背景、案例介绍和案例分析的研究思路,从案例内(within-case analysis)和案例间(cross-case analysis)进行多层次分析,探索发达国家和我国协同创新的主要经验和关键特征。在数据收集上,为了充分考虑信息的可获取性,主要通过以下两种方式来获取信息。第一种方式是以资源搜集,借助各种报刊和网络等公共信息,对开展协同创新的实践进行收集和整理,同时,通过深入阅读资料,针对案例反映出来的特征进行总结,并制定和完善调研提纲中的问题。第二阶段,以半结构化访谈的形式,对国内研究协同创新模式的学者和专家进行深度访谈,并对信息进行记录、整理和核对,初步构建案例分析的基本框架。

3.1.4 案例研究效度与信度实现

任何研究都有相应的评价其有效性和相关性的标准,同理,案例研究方法不同于数理统计以及其他数量研究方法,它也有自身的一套评价标准。余浩(2008)认为,案例研究的效度信度主要有四种测试方法:第一种测试方法是构建的有效性(construct validity),它是用来检验研究是否已经为要研究的概念建立了正确的可操作的测量标准;第二种测试方法是指内部有效性(internal validity)测量,这种标准要求研究者的推导符合逻辑和正确的因果关系,防止产生不正确的结论;第三种测试方法是外部有效性(external validity),它是指研究结论是否能够推广;第四种测试方法是可靠性(reliability),它要求数据搜集过程能够被重复,具有客观性,亦即不同的人员通过案例研究得出的结论是一样的。在实际研究中,前面三种测试标准是最关键的。

吴金希和于永达(2004)对案例研究方法的有效性及其实现形式进行了归纳(见表3.1),分别对所采纳的标准、定义、策略和研究阶段作了明确解释,成为本书主要参考依据。

表3.1 案例研究的有效性及其实现形式

标准	定义	案例研究中实现的策略	研究阶段
构建的有效性	获取和整理的数据是否真实反映了被访问者的意思和知识。	通过不同数据源和证据链进行三角测量;用已有的文献证明;让关键的被采访者评价案例报告和结论。	案例搜索和整理
内部有效性和可靠性	不同的研究者对于不同的偶然事件是否得出类似的观察?	分析预测模式的差异性及横向案例模式比较;组建团队、共同分析数据。	案例分析
外部有效性/概念、理论的可推广性	在一个地方产生的理论和概念能否在另外一个地方适用?	选择理论样本,而不是统计样本:一是从不同行业中选择样本企业,摈弃行业影响因素;二是在每一个行业中,尽量选择有相似背景的企业。	案例研究设计

资料来源:吴金希,于永达.浅议管理学中的案例研究方法——特点、方法设计与有效性讨论[J].科学学研究,2004(22)增刊:105-111.

3.2 美国工业—大学合作研究中心(IUCRC)项目案例

3.2.1 案例背景

美国国家创新系统已经经历了150年的发展演进,形成了至今最高效和良性的创新协同生态系统。首先,美国拥有最庞大的工业体系,30%的高科技产业技术派系主导的产品在全球市场几乎没有竞争对手;其次,美国具有强大的原创性知识生产能力,汇聚了世界最优质智力资源的高等院校,包括麻省理工学院、斯坦福大学、哈佛大学、哥伦比亚大学、普林斯顿大学、康奈尔大学、芝加哥大学、威斯康星大学、卡内基·梅隆大学、加州理工学院等在内的著名研究型大学和创业型大学;第三,形成了高效的创新服务体系,知识产权服务和创新金融支持等子系统,享誉全球,杰出的案例是硅谷和北卡三角洲;第四,高度重视面向产业需求的应用性基础性,建立起了世界上最庞大的产学协同创新联盟。

从历史发展的进程来看,国家创新系统的发展也已经经历了近一个半世纪的发展演变,在不同历史时期的发展,都是科技发展推动、产业发展需求拉动和政策激励调控的综合结果。魏屹东和邢润川(1997)梳理了美国产学研合作发展的四个历程的背景、协同关系和激励政策(见表3.2),清晰地展示了美国国家创新系统的演进历史。

表 3.2 美国国家创新系统的演变历史

阶段	时期	背景	政策法案	协同关系
第一阶段:初步发展期	19世纪后半叶	为了改变工业企业与大学之间的封闭状态,加强两者在科研上的联系,促进科学技术在生产中的应用,以进一步满足生产力迅速发展的需求。	1862年,颁布《莫里尔法案》,鼓励工业企业与大学科研合作的,并且通过一系列资助和加强赠地学院建设的法案,为工业企业与大学的合作奠定了基础。	协同关系由于双方研究兴趣和研究目的的冲突,而仅仅停留在自发的、发散的、短期的和个人性质的合作上,形式也只是单一的小规模的课题和个人咨询。

续表

阶段	时期	背景	政策法案	协同关系
第二阶段：进一步发展期	"二战"期间	通过加强工业企业与大学的科研合作，提供战时所需的科技资源。	1941年，成立了科学研究与发展局。1942年，组织了大学、工业企业和政府研究机构组成的洛斯·阿洛莫斯实验室。1950年，政府又成立了国家科学基金会（NSF），其中专门设立了大学—工业企业合作研究资助中心。	协同关系逐步加强，通过这些合作研究，大学和工业企业建立了密切的联系，合作形式由自发转向自觉，由非正式转向正式，由个别转向普遍，并且以围绕大学建立的科学园、工业园为标志的合作进入了高潮。
第三阶段：衰减期	20世纪60年代后期到70年代末	工业企业和大学的各自需求发生了变化，首先，工业企业科研力量增强，技术成熟度提高，使其独立性增强，规模变大，而大学则因追求基础研究而无法满足工业企业的需求。	70年代中期NSF相继成立了十多个工业—大学合作研究中心，旨在加强大学基础研究与工业应用技术研究间的联系，使大学的科研面向工业界，面向开发应用。	协同关系在此阶段由于整个工业企业与大学之间科研合作动力的削弱而出现衰减，政府迫切需求通过组建工业—大学合作研究中心来加强两者之间的合作关系。
第四阶段：全面发展期	20世纪80年代以来	高新科技发展对基础研究的内在需求与高校科研经费短缺的外在压力的耦合，促使工业企业与大学需要更加紧密地合作。	美国国会1980年通过《史蒂文森·威尔德勒法》，1984年通过《联合研究开发法》，1986年通过《联邦技术转移（资本化）法》等，大力加强产学合作。	在政府激励性政策的推动下，这个阶段的协同关系发展为多种合作模式，包括：(1)鼓励工业进行实验性的R&D活动；(2)促进大学在工业建立一个分支机构；(3)倡导工业—大学合作研究中心。

资料来源：魏屹东,邢润川.借鉴与启示——美国工业企业与大学科研合作的历史、方式、问题及对策.科学技术与辩证法,1997,14(6):55-59.

美国工业—大学合作研究中心（简称IUCRC）项目，就是在经历了上述四个阶段的不断发展演变后，在美国国家科学基金会（简称NSF）管理下发展形成的最为成熟协同创新案例。美国产业—大学合作研究中心（IUCRC），从最初付诸实施的 55 个研究中心发展到目前为止的 110 多个研究中心,其中 2010—2011 年 NSF 资助的研究中心有 62 个,涵盖 11 个高科技产业,具体包括先进电子和光学产业、先进制造业、生物技术产业、先进材料产业、民用基础设施系统产业、能源与环境产业、装配和加工技术产业、健康与安全产业、信息、沟通和计算机产业、系统设计与仿真产业等;合作高校 100 多所,遍布美国在这些学科领域上的大部分顶尖高校,包括 800 多名教授,1000 多名研究生和 250 多名本科生;合作企业 700 多家公司,主要根据企业的要求开展课题研究,产学研合作紧密高效。

3.2.2 案例介绍

3.2.2.1 试验阶段

Bush(1945)年的《科学永无止境的前沿》对美国科技创新和高等教育发展进程产生了深远的影响。"二战"后,隶属于大学的工程科学研究中心和实验室大量涌现,师资兼职或者全职参与研究和开发工作。大量科学技术知识得到快速发展和广泛应用,并超出了军事直接应用的范围。电子学的研究发展产生了雷达、微波、复杂控制和导航系统以及电子仪器设备;在航空和机械工程领域则发展出了高速空气动力学、飞机骨架的结构、内燃气涡轮发动机,新燃料和润滑剂的研究以及锻、压和实验高强度轻合金技术;在冶金学中研制出了硬铝、钛、铱和耐高温钢等新型材料;石油的大量消耗引起了石油的催化裂解与生产方面的研究;马兰亚失守促进了人造橡胶的研究,同时大力生产飞机跑道和道路用的沥青(格雷森,1977)。由军事引起的电子学理论、冶金学、应用机械学、空气动力学和化学等方面的发展衍生了相关科学技术的进一步发展和应用,尤其在雷达、喷气机、火箭、密码编译破解、核武器等新兴工程领域,物理学家扮演着发明家的角色。20 世纪 70 年代,为了应对来自西欧和日本经济的迅速崛起所带来的挑战,美国进一步实施了科教发展战略以提升其国际竞争力。为此,在 1972 年美国 NSF 启动了"实验研发激励计划"(Experimental R&D Incentives Program,ERDIP),来进一步加强产业界与学术界之间的合作。其中,IUCRC 项目是 ERDIP 计划的重要组成部分。

ERDIP 计划是美国政府实施的一项实验计划。该实验计划通过对比 ERDIP 计划下的四个项目来科学检测不同科技研发计划的创新绩效,四个项目包括包括"协同研发实验项目"、"实验室确证协助实验项目"、"创新中心实验项目"和"医学仪表实验项目"。在规定时间下的实验比较发现,协同研发实验项目被评估为高校和产业界联系最为紧密的一个项目。

3.2.2.2 起步阶段

"协同研发实验项目"的实施主要分为两个阶段来实施。第一阶段,通过资助 14 个研究型大学,并发挥资助的杠杆作用,吸引产业界相关的技术开发投资,形成产学研合作机制和协同创新模式。第二阶段,通过对第一阶段形成的三种协同创新模式进行评估,比较三种模式的优劣程度。三种协同创新模式包括研发推广模式、第三方经纪人参与大学与产业合作模式、以大学为基地的研究联盟模式。通过综合评估三种模式在获得可持续产业资助能力以及协同创新和管理能力的基础上得出,第三种模式——以大学为基地的研究联盟模式,表现出了最为优异的协同绩效。为了推广以大学为基地的研究联盟模式,美国 NSF 牵头开始推广 IUCRC 项目,并形成了建设理念:以联邦政府前期小额投资为杠杆,以此撬动产业部门和其他非联邦政府的投入,从而加快科学技术成果在产业界的扩散和转移,推动技术创新。

3.2.2.3 发展阶段

在美国 NSF 牵头下,IUCRC 项目实施的政策支持、运行方法和绩效评估机制等开始发展形成,首批 55 个 IUCRC 开始启动。最早建立同时也比较著名的合作研究中心有麻省理工学院复合物加工研究中心、伦塞勒工学院计算机制图研究中心、罗得岛大学机器人研究中心、沃尔赛斯特工学院自动化技术研究中心等。

首先,政策支持。为了推进 IUCRC 项目,美国政府制定一系列法案,包括《史蒂文森·威尔德勒法》《贝多法案》以及《联邦技术转移(资本化)法》等,使"产业—大学合作研究中心"的发展得到不断的巩固。

其次,管理机制。为了进一步体现 IUCRC 模式协同整合的能力,NSF 在组织管理体系设计上最明显的特征就是强调外部机构参与管理活动,不仅包括代表学术利益的学术咨询委员会,而且通过成立产业咨询委员会让更多代表市场利益的产业部门参与协同创新。正是由于两大不同利益群体之间的整合,使得 IUCRC 模式无论在决策机制的设计上还是在组织管理结构设计上,都充分体现了协同合作的优势。首先,在决策机制设计上,集体决策是最为突出的特征,一方面体现在行政事务的集体决策,另一方面体现在战略性事务如研究项目的规划、项目的选择等问题上的集体决策。这种决策方式极大地避免了不同利益相关者之间的利益冲突,优化了资源的配置方式。其次,学术委员会的管理体系设计同样考虑了有效进行资源整合的优势。首先,由于 IUCRC 模式是以高校为主要基地创建的,因此,学术委员会的管理者一般由各大学工程院系领导和大学其他重要领导,如教务处长、科研副校长等成员组成,主要负责 IUCRC 的日常工作,包括研究项目和产业同盟者的甄选等相关事务,并向大学管理层汇报产学合作开展协同创新的实施情况,在高校与产业之间起到协调者的作用。学术咨询委员会负责制定 IUCRC 的相关政策和程序,研究项目决策和资源分配等任务,同时,帮助解决大学学术带头人、确定科研问题,提出专利、许可、职务晋升和聘任等相关政策建议。除此之外,参与 IUCRC 的高校成员包括来自各个院系的教授和研究人员,主要参与协同创新的各类项目,研究生可在教授的指导下参与课题研究,而对于他们的工作表现主要由资深教授进行评议。第三,产业咨询委员会则由不同企业代表组成,主要是向产业部门提供如研究项目选择、评估,以及战略规划、政策制定等各个方面的咨询服务,产业部门广泛参与研究规划和评审,促使研发成果可以直接向产业部门转移。

第三,成立资助。对于新成立的 IUCRC 中心,作为核心成员的每所高校每年将会获得 11500 美元的资助,主要用于新中心成立的各项费用。而对于非核心成员的高校主要指正准备加入已有 IUCRC 中心的每所高校每年将会获得 10000 美元,主要用于加盟中心的费用支出。其中,关于资助计划的申请主要包括以下几个过程:一是向所有的中心成员公布研究项目计划的执行概要;二是根据每个新联盟成员优先需求的差异要求对研究项目的重要性进行先后排序,以此作为项目甄选的依据;三是每一个联盟的企业也要对研究项目的优先顺序进行选择;四是通过甄选识别出对所有赞助商都认可的五项最重要研究项目并向国家科学基金委和所有赞助商进行汇报;五是当获得资助时,所有已审核的项目必须成立产业咨询委员会。

第四,资助方法。资助方案分成三个阶段来实施:第一个阶段提供五年期的初始资助,主要目的在于建立学术界、产业界和政府部门之间的合作关系;第二个阶段的资助再提供五年的资助,资助的目的是进一步加强研究中心在产学研方面的协同创新能力,同时丰富高校与产业界之间的合作关系;第三个阶段还是维持五年的资助,但在提供资助的同时,需要按照研究中心的组建要求和年度工作报告进行严格的评估,包括对产业技术需求和人才培养的贡献等,以此促进高校与产业界之间建立强有力的并且可持续发展的协同合作关系。三期资助结束之后,国际自然科学基金资助终止,由大学、产业、州或其他非国家科学基金会赞助者继续资助。实际上,国家科学基金会并不是提供无限期的资助,而是发挥前期的引导作用;在组织管理上,NSF 也只对中心工作提供指导。

第五,绩效评估。为了保障创新联盟能够高效实现组织协同绩效的提升,在绩效评估和激励机制上,IUCRC 模式通过充分发挥 NSF 在财政资助上的"杠杆"作用,分阶段设计了严密的绩效奖励和财政资助计划,该计划的主要思路是:在 IUCRC 建立的初期,常常是 NSF 制定一个小型的资助计划,如果未来的中心能从工业企业获得强大的资助,中心便可从 NSF 那里获得五年的"运行资助",NSF 每年大约资助种子资金 5 万美元,当五年资助期满后,种子基金便停止了。此后,中心需要采用各种方式去吸引企业资金,达到自我发展、自我完善的目的。

第一个五年资助计划。NSF 提供的初始资助计划周期为五年,并且优先资助跨组织的 IUCRC 中心,通过小额资金的"杠杆"作用,从而撬动来自产业界更多的资金投入。具体的资助标准遵循以下原则:在获得来自产业界年度资助达到 15 万美元到 30 万美元的跨组织研究中心,NSF 每年将给予 6 万美元的资助;而跨高校研究中心每年必须获得来自产业界 30 万美元的资助时,NSF 每年才能给予 8 万美元的资助。单一高校为主体的研究中心每年获得来自产业界年度资助达到 40 万美元时,将获得来自 NSF 每年提供的 8 万美元资助。

第二个五年资助计划。IUCRC 持续资助计划主要是为了进一步满足 IUCRC 的日常运作和成员之间协同合作需求而开展的五年资助计划。主要是 NSF 项目主任认可并推荐的研究中心才可获得进一步资助。其中跨组织研究中心年度在获得来自产业界 17.5 到 35 万美元资助时,NSF 将提供 4 万美元的额外资助;跨高校研究中心在年度获得来自产业界 35 万美元资助时,将获得来自 NSF 提供的 6 万美元资助;而单一高校为主体研究中心每年获得来自产业界年度资助达到 40 万美元时,NSF 每年才能提供 6 万美元资助。

第三个五年资助计划。第三阶段的资助计划主要是针对现有的以及发展较成熟的跨组织 IUCRC 研究中心开展的资助计划,同样是为了持续满足 IUCRC 研究中心的日常运作和成员协作需求。通常,发展较成熟的跨组织 IUCRC 研究中心在过去十年都较成功地完成了两个阶段资助的科研计划,通过 NSF 的评审和 NSF 项目主任的认可,就可获得相应的财政资助。资助标准同样根据来自产业界资助金额的多少来决定,当年度获得来自产业界的资助达到 17.5 万美元资助时,NSF 则提供 1.5 万美元的资助,而卓越的跨高校研究中心每年将获得 2.5 万美元的资助。具有超强的组织协调管理能力的 IUCRC 研究中心同样会得到奖励性资助,而这些资助同样是为了更好地支持 IUCRC 研究中心开展组织协调工作。

国际 IUCRC 研究项目资助计划。为了推进 IUCRC 目标能够在全球范围内实现,IUCRC 研究中心每年都会得到 2.5 万美元的资助用于国际合作,包括国际性活动组织、管理与评审工作,以及资助学生和年轻的研究人员参加国际活动。

3.2.2.4　成熟阶段

从最初付诸实施的 55 个 IUCRC 中心发展到目前为止的 110 多个研究中心,涵盖先进电子和光学产业、先进制造业、生物技术产业、先进材料产业、民用基础设施系统产业、能源与环境产业、装配和加工技术产业、健康与安全产业、信息、沟通和计算机产业、系统设计与仿真产业等 11 个高科技产业,合作高校遍布美国在这些学科领域上的顶尖高校 100 多所,企业 700 多家公司,年总资助额超过 7500 万美元。

经过长期的探索之后,IUCRC 的组织模式也逐渐发展为三种:一是一对多模式,即一个大学与几个企业联合形成的中心,这种形式目前占 55%～60%;二是多对多模式,既多个学校与多个企业进行的合作形式,这种形式目前占 20%～30%;三是分布式模式,即 IUCRC 广泛与企业和大学以计划书和签订合同的方式进行合作,这种形式目前约占 10%。不过从最近的情形看,美国现在正在不断扩大第二种形式的比例,其目的是为了增加大学和工业交互作用,进一步强化大学和工业的密切联系。

为了发挥整体协同创新能力,IUCRC 对每一种组织形式都设计了比较复杂的整合型组织联盟模式,以此加强联盟者之间协同。联盟模式主要有三种联合体整合而成,即组织化研究单位(organized research unit)、产业联盟(Industrial Affiliates)和研发联盟(R&D consortia)。其中,组织化研究单位(organized research unit)和研发联盟(R&D consortia)是高校紧密参与的联盟组织模式,是一个设立在大学的半自治性研究单位,尽管不隶属于某个学术院系,但它以独特的联盟关系使之拥有超越学术院系的创新资源,而这种联盟关系主要也是通过提供科研模式和激励措施来吸纳来自不同院系的卓越教授参与研发活动。同时,通过鼓励跨学科、问题驱动的研发活动,为其赞助者提供大规模的多使命型项目管理服务。"研发联盟"主要通过建立产业界、高校、联邦实验室等科研院所的研究人员之间的信任联盟,以此形成跨部门的研发共同体。这种联盟关系也决定了 IUCRC 在协同创新过程中要具有明显的产业导向性,因为,众多产业组织的联合资助,有利于确保 IUCRC 开展,有利于整体产业的发展和需求。

3.2.3　案例分析

纵观美国 IUCRC 的发展历程可以发现,美国国家创新系统的核心是产学研系统。美国在探索产学研协同的制度设计、组织模式、运行机制等方面总结的经验,对于研究国家创新系统的协同机制提供了很好的示范性标杆,主要启示如下:

3.2.3.1 产业导向

美国 IUCRC 项目具有明确的产业导向,主要体现在三个方面:第一,研究方向主要源于企业需求,实施的是典型的应用性基础研究。IUCRC 研究方向首要考虑的是多数产业部门的共同需求,而不仅仅只满足于某一产业的特殊需求,正是因为强调某一领域技术对多数产业部门的通用性,才能够使 IUCRC 有效地将不具有相互竞争的高校科研机构和多数产业部门汇聚起来,共同进行技术攻关。第二,研究的资金主要来自企业。IUCRC90%以上的研究经费来源于产业部门的投入,美国 NSF 的"种子资金"发挥的是"杠杆"作用,真正发挥了企业创新主体市场化创新的公平机制作用。第三,知识产权清晰。因为研究经费主要由产业部门投入,NSF 只是起到引导性和激励性自主作用,所以按照"谁投资谁收益"的原则,IUCRC 的知识产权非常明晰,有效提高了项目的持续性。

3.2.3.2 全面协同

美国 IUCRC 项目表面上看是大学和企业的合作研究模式,但是本质上却是美国国家创新系统的核心,是美国顶级大学研究机构和产业技术创新主导企业之间的合作联盟。美国 IUCRC 项目集聚了涵盖全国的顶级大学,也涵盖了美国高新技术产业的龙头企业,尽管企业数量并不多,但是企业一般都是某个产业技术派系的创新主导企业,对于美国经济竞争力的提升具有极其重要的作用。美国 IUCRC 项目的高效协同性主要体现在如下三个方面:第一,促进了大学和产业之间的协同。IUCRC 项目设计了大学和产业研究的交集,对大学的基础研究向应用性研究发展起到了方向性的引导作用,提高了大学生产知识的集成度和解析性,对于企业的吸收利用提供了有益的前期梳理支持。大学和产业在 IUCRC 这个特定的创新场长期研究,知识转移的总量和密度在频繁的交互过程中不断提高,特别有利于隐形知识的显性化共享。第二,有利于大学内部和大学之间的协同。IUCRC 充分利用 NSF"种子资金"的"杠杆"作用,以10%左右的财政支出聘请各类专家和教授;同时,对优势资源的汇聚还表现在知识生产过程中对跨学科研究的重视。IUCRC 组织模式的一个重要特点就是把来自不同领域的研究人员汇集起来,组织为跨学科创新团队,通过多学科的知识汇聚以克服单一学科无法解决综合性技术问题的弊端。因此,IUCRC 模式以其跨学科、跨机构边界的优势被广泛应用于新型研究领域,通过优势资源的汇聚以加强多学科领域的探索。第三,推进了产业不同技术派系之间的协同。IUCRC项目集聚的产业技术派系的创新主导企业,在传统模式中是处于竞争的关系,但是在IUCRC项目中,研究方向首要考虑的是多数产业部门的共同需求,而不仅仅只满足于某一产业的特殊需求,正是因为强调某一领域技术对多数产业部门的通用性,才能够使IUCRC有效地将本来具有相互竞争的产业创新主导企业汇聚起来,共同进行技术攻关,形成合作共赢局面,提高国家整体的经济竞争力。

3.2.3.3 政策引导

从IUCRC模式的酝酿、起步、发展到成熟,每一个阶段都得到了政府部门以政策激励形式提供的支持。首先,通过1980年颁布的《史蒂文森·威尔德勒法》,授权国家科学基金会和商业部在研究型大学创建"产业技术中心",以此开始激励IUCRC的创建与发展。而在1986年颁布的《1986年联邦技术转移(资本化)法案》进一步扩大了"产业技术中心"的内涵,并将其扩展到"合作研究中心"以此强调通用技术的研发和创新。同时,《1984年国家合作研究法》、《1993年国家合作研究与生产法》和《2004年合作研究与技术提升法》都为IUCRC联盟的成功发展提供了政策保障,另外,通过提供必要的财政规划,帮助联盟建设和初期运作等。同时,针对具有国家战略意义的、高风险而又难以自主研究的项目,政府通过提供长期的资金支持以保障研究活动的可持续发展。

3.3 欧盟知识与创新共同体(KICs)计划案例

3.3.1 案例背景

欧盟知识与创新共同体(KICs)计划是在欧盟创新能力持续衰退、经济欲振乏力、债务危机此起彼伏的背景下,为了提升欧盟创新能力、推进欧盟社会经济可持续协调发展的大背景下,由欧洲创新工学院(EIT)牵头制定和实施的宏大创新重振计划。尽管欧洲具有众多世界公认的杰出高校和研究机构,但是由于这些高校和研究机构长期脱离于产业之外,导致R&D成果转化和就业能力的不足,特别是高校和科研机构的创新创业文化缺失。基于这样的背景,欧盟希望通过成立欧洲创新工学院(EIT)推动现有高校和科研机构的变革,以全面提升欧洲整体的创新能力,使之成为世界级协同创新驱动的典型模式(项杨雪,2013)。

欧洲创新工学院(EIT)成立于2008年4月,是在欧盟"里斯本战略"框架中发展起来的,旨在解决欧洲日益衰竭的创新竞争力问题。欧洲创新工学院(EIT)成立的主要目标是:(1)提升应对关键社会问题能力;(2)促进创新性的思维转变为具体的新产品,从而推动商业模式的创新;(3)促进高等教育模式的改革,推动世界一流精英人才的培养;(4)加强知识在区域中的自由流动。

欧洲创新工学院(EIT)为了保障组织管理结构能够快速响应创新需求以实现组织各要素协同发展的目标,采用管理委员会和固定的运营机构组成的双层管理结构。管理委员会由来自产业界和学术界的专家所组成,包括18名委任委员和4名代表成员组成,主要的职能是为联盟者提供战略指导,协调和激励不同组织机构之间的整合,并在决策、竞选、评估中支持KICs中拥有独立的自主权。EIT总部对管理委员会开展直线式、非官僚管理式的支持,以保障组织的高效运行;而运行机构(Operational base)主要通过成立知识和创新共同体,通过汇聚创新的关键要素以构建紧密的精英网络,进而开展高科技发展关键领域的协同创新。

3.3.2 案例介绍

3.3.2.1 起步阶段

知识与创新共同体(KICs)在管理机制上看,是欧洲创新工学院(EIT)的从属机构。从本质上来说,知识与创新共同体(KICs)是由具有独立法律和经济地位且目标高度一致的国际性组织机构共同组成的,通过贯彻协同合作的理念,对知识三角的三个要素即高等教育、科学研究和产业创新进行有效的整合,从而构建起协同创新网络来共同应对社会的关键问题,实现经济社会的可持续发展和创新竞争力的提升。

首先,制定发展规划。为了指导欧盟知识与创新共同体(KICs)的组建过程,首先制定七年的"战略创新议程"。2011年12月30日,"战略创新议程"获得通过,明确提出了KICs扩张发展的两个阶段:第一个阶段到2014年,主要是完成以下主题的KIC组建,包括健康生活和老龄化问题(主要旨在提高生活质量和不同年龄层居民的社会福利)、未来食物(可持续食物供应链问题)、稀有材料(可持续开发、提取、加工、重复利用和替代问题)。第二个阶段到2018年,主要目标在于建成以下领域的知识与创新共同体:制造业领域(旨在发展更多具有竞争力、可持续和环境友好型的制造业);智能安全社区(通过发展创造型信息技术解决方案以解决欧洲社会的安全问题);城市交通(开发绿色、安全和智能的城市交通系统）。

其次,明确管理机制。知识与创新共同体(KICs)向欧洲创新工学院(EIT)董事会负责,组成至少要包含一所高校和一家企业的合作伙伴组织。经董事会批准,知识和创新共同体(KICs)也可吸收有助于加强创新力量的非成员国加盟。每个KIC可以得到长达7到15年的立项资助,有短期、中期和长期发展目标。

第三,经费支持。在经费上,每个知识与创新共同体(KICs)具有经费自筹和财政长期自我发展权力,规定在运作的前四年每年支出应至少在5000万欧元到1亿欧元之间,其中EIT补助25%,剩余75%经费向企业自筹。

3.3.2.2　发展阶段

2009年12月,欧洲创新工学院(EIT)宣布启动首批三个知识与创新共同体(KICs)的建立,即气候变化知识与创新共同体(Climate-KIC)、可持续能源知识与创新共同体(KIC Inno Energy)和未来信息技术知识与创新共同体(EIT ICT Labs)。在2010～2013年间,欧盟对各个KIC的资助总额将达到2.7亿欧元,其中2010年为2600欧元,2011年5500万欧元,2012年7200万欧元,2013年计划为1.19亿欧元。而这些经费主要用来支持KIC开展"价值增值行动"等一系列活动,包括组建、管理和协调KIC,开展硕士、博士和博士后教育计划、KIC内部的流动计划,知识产权管理,新公司的组建与孵化。首批启动的三个知识与创新共同体(KICs)具体的成立与发展情况如下:

(1)气候变化知识与创新共同体(Climate-KIC)的成立,旨在应对气候变化对全球经济造成的巨大影响,即所谓的"绿色革命",开展一系列科学研究,具体的研究领域包括评估气候变化与管理实施、低碳城市、适应性水资源管理和零碳生产。除相关的科学研究使命之外,从产业价值链角度,Climate-KIC希望通过致力于四个方面的工作,来刺激经济发展和增加就业。第一,与气候有关的教育产业,每年通过整合气候变化科学、创业知识、强大的"learning-by-doing"教育计划,向数百个顶级学生和领先的创业者开展与气候变化有关的教育和培训,以发展未来的企业家和变革的推动者。第二,与气候有关的创新活动,通过构建一个动态、开放的创新网络,加强不同主体之间的合作,从而为气候产业的发展指明方向。第三,商业化,为了促进低碳经济的繁荣,为正在进行的创新活动探寻商业化的路径,并努力消除可能存在的体制性障碍。第四,鼓励创业,积极搭建平台以支持与气候有关的创业活动,为当地的学生、年轻的企业家、研发中心和风险资本投资者提供创新创业所需的基础设施。

（2）可持续能源知识与创新共同体（KIC InnoEnergy）的成员主要来自教育界、研究机构和企业界，包括 8 家公司、7 个研究机构和 13 所高校。它的成立主要基于长期的合作并保持卓越竞争能力的原则下，通过合作各方共同制定一项战略，来构建一个欧洲可持续、节约型和低碳型能源供应基地，以共同推动新能源产品的商业化，实现引领可持续能源领域的创新。当然，为了实现这个目标，KIC InnoEnergy 在战略能源技术计划（SET Plan）最具挑战性的领域里，通过加强高等教育机构、研究机构和企业界之间的集成，来共同参与人才培养，并在项目、平台和行动创新链中建立紧密的联系。同时，为了确保这种联系可持续发展的稳定性，并创造自我加强机制，InnoEnergy 十分注重管理过程和就业机制来确保联盟的发展，知识产权政策和周密的支撑措施同样为研发成果的充分利用提供激励。因此，共同开发战略和共享资源是 InnoEnergy 目前良性运行的关键。

（3）未来信息技术知识和创新共同体（EIT ICT Labs）的成立旨在催化信息通信技术（ICT）领域的风险资本，使其成为未来世界领导者，同时通过在高等教育中促进创新创业精神的发展以培育信息技术的创业型人才，加快欧洲知识社会转型。为了实现组织成立的宗旨，EIT ICT Labs 从一开始就致力于在两方面开展工作：首先，是对创新合作网络的构建。通过汇聚来自不同国家、不同学科和组织的专业人才来开展流动型项目，利用区域、国家和欧盟的资助，聚焦高等教育、科学研究和产业界的集成，以加速信息技术的创新。其次，在教育领域，通过对学生、研究人员、学者和企业界人才的培育，使其具备创造力、冒险精神和创业能力等技能，以顶尖人才引领欧洲成为信息技术时代的领导者。目前，该共同体主要关注的领域包括智能空间、智能能源系统、健康 & 福利、未来数字城市、未来媒体和信息传播、智能移动和交通系统。

3.3.3　案例分析

3.3.3.1　问题导向

知识与创新共同体（KICs）具有明确的问题导向，第一阶段项目主要包括健康生活和老龄化问题（主要旨在提高生活质量和不同年龄层居民的社会福利）、未来食物（可持续食物供应链问题）、稀有材料（可持续开发、提取、加工、重复利用和替代问题）；第二个阶段主要包括制造业领域（旨在发展更多具有竞争力、可持续和环境友好型的制造业）、智能安全社区（通过发展创造型信息技术解决方案以解决欧洲社会的安全问题）、城市交通（开发绿色、安全和智能的城市交通系统）。

3.3.3.2 双向衔接

作为当前发展规模最大、影响最为深远且最具有典型意义的协同创新系统,创新工学院(EIT)一直致力于知识生产子系统和知识利用创新子系统之间的双向衔接。在知识生产子系统中,为了加强人才战略对发展区域经济和提升创新竞争力的重要作用,高等教育的改革成为了知识和创新共同体(KICs)的关键目标。创新工学院(EIT)提出了高等教育改革的两大战略:第一是加强对高等教育课程和教学模式的改革。第二是通过创业教育培养顶尖创业型人才,并基于两大战略,首先对可持续能源和未来信息技术领域制定了详细的博士教育和硕士教育计划。首先,在博士教育计划方面,主要通过成立专业性的博士生教育学院来开展人才培养。可持续能源博士生教育学院主要面向具有卓越的专业技能同时又有创新创业动力的学生群体,通过参加知识和创新共同体联盟高校组织的博士教育计划,完成该计划的相关课程,包括商学院和管理学院提供的创业教育,以获取双学位或联合学位。而未来信息技术博士教育学院的成立旨在博士研究中开发创新创业思维,从而建立起良好的创新环境,激励年轻的博士研究生基于论文研究开发相关的商业项目。其次,在硕士教育计划方面,可持续能源硕士教育计划主要旨在能源领域开发出一个全新的教育模式,激化学生的创新创业思维,深度了解世界的能源危机,以此分析基于能源产业开展创业活动的价值。主要的专业包括核能专业、智能城市专业、可再生能源专业、可持续能源系统的环境路径、能源工程和管理。未来信息技术硕士教育计划将重点培养学生和研究人员的创造力和冒险意识。主要的人才培养原则包括:在专业技术教育中整合标准化的创业教育;在教育计划中强调广泛的利益相关者参与度;强调创新创业实践;通过有针对性的教育活动来培育创业人才。在专业设置上主要包括人机互动与设计、数字媒体技术、服务设计与工程、互联网技术与建筑、分布式系统与服务、安全与隐私、嵌入式系统。除了通过加强人才培养过程中的创业教育,以塑造新一代商业精英之外,还通过提升未来企业家高质量的领导力与管理能力来加强高等教育、科学研究和产业技术创新之间的互动与集成,积极构建创新网络,以促进区域整体创新竞争力的提升。

在知识利用子系统中,产学之间的技术合作与转移是推动知识与创新共同体开展产业技术创新的重要举措。这种形式的技术合作与转移不仅充分体现了知识与创新共同体联盟者之间紧密的合作关系,更重要的是高校作为技术知识输出方,通过参与产业界进行技术开发的各个环节,包括对未来技术探索、技术分析、技术研究和技术开发,突破了产学之间的组织边界,形成了广泛的技术合作链条。面对全球化竞争的挑战以及社会转型对知识经济发展的迫切需求，欧洲开始逐渐意识到商业创新对社会经济推动作用的强大力量，并日益将企业家精神推到了前所未有的高度。另一方面，尽管欧洲拥有了世界上最卓越的高校和科研机构开展知识创新，但由于知识转化机制的欠缺，导致长期受压制的创新活力无法得到有效的激发。为此，欧洲创新工学院（EIT）也迫切希望围绕企业家精神来进一步强化欧洲的创新创业文化和意识，建立创新人才驱动的社会文化氛围，推动创新型社会的形成。

3.3.3.3　知识产权保护

同时，为了创造良好的知识转移环境，知识与创新共同体（KICs）都制定了内部知识产权管理政策（比如，产权分配机制），特别是强调研究人员和学生在流动中保护知识产权的义务与责任，并通过构建知识产权管理委员会来专门负责知识转移和专利保护工作。此外，通过充分尊重欧盟在知识产权管理上的相关制度，并向欧盟其他成员或非欧盟成员开展专利授权，以此加快知识和技术的开发和转移。总之，知识产权管理机制进一步推动了 KIC 在技术方面的产业创新，提升了 EIT 联盟者的科研竞争力和创新能力。

3.4　我国 2011 协同创新中心项目案例

3.4.1　案例背景

2011 年 4 月 24 日，胡锦涛同志在清华大学百年校庆上发表讲话时提出了"推动协同创新"的理念和要求。为贯彻落实胡锦涛同志重要讲话精神，积极推动协同创新，促进高等教育与科技、经济、文化的有机结合，大力提升高等学校的创新能力，支撑创新型国家和人力资源强国建设，2012 年 3 月，教育部、财政部决定启动实施"高等学校创新能力提升计划"，即"2011 计划"。"2011 计划"是我国高等教育领域继"211 工程"、"985 工程"之后，又一项体现国家意志的重大战略举措。实施"2011 计划"，是贯彻落实胡锦涛同志重要讲话精神的战略举措，是推进高等教育内涵式发展的现实需要，是深化科技体制改革的重大行动。按照"2011 计划"的目标，未来国内一批高校将从重大前瞻性科学问题、行业产业共性技术问题、区域经济与社会发展的关键问题以及文化传承创新的突出问题出发，充分发挥高校多学科、多功能的综合优势，联合国内外各类创新力量，建立一批协同创新平台，形成"多元、融合、动态、持续"的协同创新模式与机制，培养大批拔尖创新人才,逐步成为具有国际重大影响的学术高地、行业产业共性技术的研发基地和区域创新发展的引领阵地,在国家创新系统建设中发挥重要作用。

3.4.2 案例介绍

3.4.2.1 总体实施情况

"2011 计划"自 2012 年启动实施起,每四年为一个周期。教育部、财政部每年组织一次"2011 协同创新中心"的申报认定,通过认定的中心建设运行满四年后,教育部、财政部将委托第三方评估。"2011 协同创新中心"的申报面向各类高校开放,以高校为实施主体,积极吸纳科研院所、行业企业、地方政府以及国际创新力量参与。申报条件主要有:(1)方向选择应符合重大科学前沿或国家、行业产业和地方的重点发展规划,协同创新模式选取合理。(2)已建立了实质性的协同创新体,各方任务明确,职责清晰,建立了优势互补、互利共赢的协同机制和形式,形成了良好的协同创新氛围。(3)从协同创新的实际出发,在组织管理、人员聘任、科研考核、人才培养、资源配置等方面开展了有效的机制体制改革,方案具体,措施得当,进展顺利,成效明显。(4)按照新的人才选聘机制,已聚集了一批国内外优秀团队,具备解决重大需求的能力和水平,所有聘用人员不得在其他协同创新中心兼聘。有充实的科研任务,主持承担了一定数量在研的国家、行业、地方以及企业等方面的重大项目。有效地整合了相关的各类创新要素,形成了较强的资源汇聚能力,相关各方面的支持落实到位。(5)牵头高校和主要参与高校,协同创新方向依托的主体学科须为国家重点学科,并建有运行良好的国家级或教育部重点科研基地,具备组织开展协同创新的能力和实力。在基础设施、研发平台、仪器装备、日常运转等方面,能够为协同创新中心的有效运行提供良好的支撑与保障。

"2011 协同创新中心"分为面向科学前沿、面向文化传承创新、面向行业产业和面向区域发展四种类型。面向科学前沿的协同创新中心,以自然科学为主体,以世界一流为目标,通过高校与高校、科研院所以及国际知名学术机构的强强联合,成为代表我国本领域科学研究和人才培养水平与能力的学术高地。面向文化传承创新的协同创新中心,以哲学社会科学为主体,通过高校与高校、科研院所、政府部门、行业产业以及国际学术机构的强强联合,成为提升国家文化软实力、增强中华文化国际影响力的主力阵营。面向行业产业的协同创新中心,以工程技术学科为主体,以培育战略新兴产业和改造传统产业为重点,通过高校与高校、科研院所,特别是与大型骨干企业的强强联合,成为支撑我国行业产业发展的核心共性技术研发和转移的重要基地。面向区域发展的协同创新中心,以地方政府为主导,以切实服务区域经济和社会发展为重点,通过推动省内外高校与当地支柱产业中重点企业或产业化基地的深度融合,成为促进区域创新发展的引领阵地。

"2011计划"实施以来,全国各高校积极响应国家政策,充分汇聚现有资源,广泛联合科研院所、行业企业、地方政府以及国际社会的创新力量,纷纷培育组建协同创新体;各地纷纷设立省级"2011计划",结合当地重点发展规划,吸纳省内外高校、科研院所与企业组建协同创新体。截至2013年2月22日,已有150所高校成立了167个协同创新中心,26个省市成立了"省级2011计划领导小组",22个省市落实了省级"2011计划"的专项经费,2/3以上的中科院研究所、60%的行业骨干研究院所以不同方式参与高校协同创新中心组建,参与高校的协同创新中心组建的大型骨干企业已承诺和落实新增资源超过200亿元。

教育部、财政部于2013年1月中旬至4月初组织了2012年度协同创新中心的认定工作;经过专家初审、会议答辩、现场考察、综合咨询、社会公示等环节,2013年5月最终认定14家2012年度协同创新中心(名单见表3.3)。首批14家2011协同创新中心涵盖量子物理、化学化工、生物医药、航空航天、轨道交通、新型材料、纳米科技等各个领域,这些研究方向既体现国家发展的重大需求,也是国际科技前沿竞争的需要。据悉,"十二五"末(2015年),国家将计划选择国际科学前沿和国家经济社会发展中最为迫切的领域,择优、择重认定和建设80~100个"2011协同创新中心"。

表3.3　2012年度协同创新中心认定名单

序号	中心名称	主要协同单位	类别
1	量子物质科学协同创新中心	北京大学、清华大学、中科院物理所等	前沿
2	生物治疗协同创新中心	四川大学、清华大学、中国医学科学院、南开大学	前沿
3	天津化学化工协同创新中心	天津大学、南开大学等	前沿
4	量子信息与量子科技前沿协同创新中心	中国科技大学、南京大学、中科院上海技物所、中科院半导体所、国防科技大学等	前沿

续表

序号	中心名称	主要协同单位	类别
5	中国南海研究协同创新中心	南京大学、中国南海研究院、海军指挥学院、中国人民大学、四川大学、中国社科院边疆史地中心、中科院地理资源所等	文化
6	司法文明协同创新中心	中国政法大学、吉林大学、武汉大学等	文化
7	宇航科学与技术协同创新中心	哈尔滨工业大学、中航科技集团等	行业
8	先进航空发动机协同创新中心	北京航空航天大学、中航工业集团等	行业
9	有色金属先进结构材料与制造协同创新中心	中南大学、北京航空航天大学、中国铝业公司、中国商飞公司等	行业
10	轨道交通安全协同创新中心	北京交通大学、西南交通大学、中南大学等	行业
11	河南粮食作物协同创新中心	河南农业大学、河南工业大学、河南省农科院等	区域
12	长三角绿色制药协同创新中心	浙江工业大学、浙江大学、上海医药工业研究院、浙江仪器药品检验研究院、浙江医学科学院、药物制剂国家工程研究中心等	区域
13	苏州纳米科技协同创新中心	苏州大学、苏州工业园区等	区域
14	江苏先进生物与化学制造协同创新中心	南京工业大学、清华大学、浙江大学、南京邮电大学、中科院过程工程研究所等	区域

资料来源：http://www.moe.gov.cn/publicfiles/business/htmlfiles/moe/s7062/201306/xxgk_152878.html。

对"2011 协同创新中心"的支持方式，主要有以下几种：(1)发挥协同创新的引导和聚集作用，充分利用现有各类资源和条件，广泛吸纳社会多方面的支持和投入。面向行业产业发展的协同创新中心，要发挥行业部门和骨干企业的主导作用，汇聚行业、企业、社会等方面的投入与支持；面向区域发展的协同创新中心,要发挥地方政府的主导作用,建立地方投入和支持的长效机制,吸纳企业、社会等方面的支持;面向科学前沿、社会发展和文化传承创新的协同创新中心,要充分利用国家已有的各方面资源,发挥集聚效应。(2)中央财政设立专项资金,对经批准认定的"2011 协同创新中心",可给予引导性或奖励性支持,主要用于开展协同创新活动和形成协同创新机制直接相关的开支。(3)为积极推进"2011 计划"的实施,保障"2011 协同创新中心"的机制体制改革,根据实际情况和需求,有关部门、地方、高校等应在人事管理、人才计划、招生指标、科研任务和分配政策等方面给予优先或倾斜支持,形成有利于协同创新的政策汇聚区。

"2011 协同创新中心"坚持动态、多元、融合、持续的运行机制,建立由协同创新体以及其他方面代表组成的中心理事会或管理委员会,负责中心重大事项的决策。中心实行主任负责制,设立相应的组织和管理部门,全面负责中心的运行管理。中心成立科学(技术)咨询委员会,负责把握学术方向、指导人才培养、参与人员遴选、推动国内外合作等。牵头单位应充分整合多方资源,在人、财、物等方面为中心提供必要的支撑和条件,在政策和资源配置等方面给予必要的倾斜,以确保中心的良好运行和预期目标的实现。

3.4.2.2 不同类型协同创新中心的具体情况

(1)面向科学前沿的协同创新中心举例:生物治疗协同创新中心

目前,人类重大疾病(如恶性肿瘤、心脑血管疾病、艾滋病等)的治疗正面临许多挑战,亟须研发更多、更为有效的治疗手段,如生物治疗方法。近年来,作为生物治疗及生物技术药物研发源头创新的前沿生物技术与基础研究正在取得重大突破,如基因组学、蛋白质组学、信号通路、结构生物学、干细胞与发育以及疾病的分子机理研究等。如何在国际前沿生物技术研究与基础研究领域占据一席之地,抢占一批生物治疗与生物技术药物研发制高点,加强源头创新并将这些前沿生物技术与基础研究成果尽快转化为用于疾病治疗的产品或临床治疗手段,实现产业化,受到各国的高度重视。生物治疗及生物技术药物已经在一些难治之症的治疗中发挥越来越重要的作用,有很好的临床应用和产业化前景。迄今为止,美国 FDA 已批准了 100 多种生物治疗药物,2011 年全球最畅销的 12 种药物中有 6 种为生物治疗药物。因此,发展生物治疗或生物治疗药物不仅符合生物医学前沿发展趋势,也成为保障人民健康的重大国家需求,也是带动新兴产业的发展和参与国际竞争的迫切需求,同时,对于保障国家生物安全也具有十分重要的战略意义。

生物治疗具有基础与临床结合、多学科交叉、前沿与国家重大需求结合等的特点。近年来,在 985 工程、863 计划、973 计划和新药重大专项等的支持下,我国在生物治疗源头创新及治疗的关键技术等方面已取得了许多重要成果,高等院校已成为研究和创新的主体力量。然而,目前尚存在不少问题,如:前沿生物技术和基础研究相对薄弱,并且与生物治疗关键技术或生物治疗药物研发衔接不够,有应用前景的原创性成果还较少;研究力量分散、各关键技术平台集成、整合和共享不够;有应用前景的潜在产品向临床应用转化效率及产业化能力不高等。协同创新可以为这些问题的解决提供新机遇。为此,需要建立引领国际前沿的生物治疗协同创新中心和平台,凝聚世界一流的学术队伍,构建协同创新模式和机制,充分发挥协同创新优势,进行协同攻关,力争在国际前沿生物技术研究与基础研究领域占据一席之地,抢占一批生物治疗与生物技术药物研发制高点,加强生物治疗与生物技术药研发的源头创新以及将前沿生物技术与基础研究成果尽快转化为用于疾病治疗的产品或临床治疗手段形成重大成果。为促进协同创新体系建设,2012 年由四川大学发起,联合清华大学、中国医学科学院、南开大学等在生物治疗领域有很强创新能力的重点高校和研究单位,组建了"生物治疗协同创新中心",并于 2013 年 5 月成为首批通过教育部认定的 14 个国家级"2011 协同创新中心"之一。

协同创新中心以四川大学生物治疗国家重点实验室、口腔疾病研究重点实验室等高级科研平台为依托,深入开展 4 所高校院所之间的合作协同,力求科研成果产业化、研究成果国际化。在国家重大、重点科研项目的支持下,参与协同创新的研究团队分别在各自的领域做出了许多创新性的研究成果,形成了各自的研究特色并有很强的互补性。四川大学已建成了从基因发现与疾病分子机理研究等基础研究到生物药物或生物治疗产品研发、中试生产、临床前研究与临床试验等一整套关键技术,并形成"技术链",清华大学在结构生物学等前沿生物技术研究方面、北京协和医学院在重大疾病发病机理研究与干细胞方面、南开大学在免疫基因治疗基础研究方面等独具特色。在前期合作研究的基础上,通过协同创新,将进一步发挥各方优势和特色,抢占前沿生物技术研究与基础研究领域,加强生物治疗与生物药研发的源头创新以及将前沿生物技术与基础研究成果尽快转化为用于疾病治疗的产品或临床治疗手段形成,在前沿生物技术与疾病机理研究、基因与免疫治疗研究、干细胞与组织修复研究、靶向药物治疗研究和生物治疗临床转化研究等方面实现重大突破。进一步引进及培养一流的学术队伍,完善构建协同创新模式和机制,建立高水平人才培养模式和机制。

(2)面向文化传承创新的协同创新中心举例:中国南海研究协同创新中心

"中国南海研究协同创新中心"成立于2012年7月,2013年5月成为首批通过教育部认定的14个国家级"2011协同创新中心"之一。中心由南京大学牵头,外交部、国家海洋局、海南省政府三个政府部门支持,联合中国南海研究院、海军指挥学院、中国人民大学、四川大学、中国科学院地理科学与资源研究所、中国社会科学院中国边疆史地研究中心等单位,以国家重大战略需求为导向,以实现南海权益最大化为目标,以多学科协同创新体为主体,以文理—军地—校所—校校协同为路径,以体制机制改革为保障,全面推动南海问题综合研究,服务国家南海战略决策。该中心依托南大地理信息、海洋海岛研究、边疆史学、文献情报、国际关系等方面的多学科优势,协同国内外相关研究力量,通过创新机制,带动南海问题的政治、经济、军事、外交、科技、文化等方面的应用和基础性研究,为国家有关部门提供基础信息与决策支持服务,创建国际一流的南海研究学术创新体、南海战略决策的高端智库、南海国际交流对话平台、涉海事务高端人才培养基地。

中心围绕建设目标和基础研究、动态监测、战略决策三大方向,创建了南海资源环境研究、南海法律与国际关系研究、南海地区航行自由与安全合作研究、南海周边国家政治经济社会研究、南海舆情监测与国际交流对话、南海动态监测与情势推演、南海问题政策与战略决策支持7大协同平台。中心建立了理事会、发展咨询委员会、学术委员会、管理委员会。理事会由牵头单位校领导、中心主任和各主要协同单位推选的负责人担任;发展咨询委员会以"南海问题"院士专题咨询组成员为主组成;管理委员会由各平台推选的专家组成。

(3)面向行业产业的协同创新中心举例:先进航空发动机协同创新中心

航空发动机是飞机的心脏,是典型的技术密集和高附加值的高科技产品,被誉为工业技术皇冠上的明珠,它体现了一个国家科技水平、工业水平和综合国力,其研发过程需要集成从基础研究、预先研究、型号研制、产品使用、产品维护、产品退役全过程的系统研究成果,而其中,基础研究是发展的根基,是自主创新的源头。为加快创新力量和资源的整合与重组,促进教育、科技、产业的有效结合,开展协同创新,通过原始创新推动我国先进航空发动机实现自主研发,2012年9月,北京航空航天大学和中国航空工业集团公司联合发起成立先进航空发动机协同创新中心,同时联合西北工业大学、南京航空航天大学、北京大学等高校及中科院工程热物理所等科研单位共同建设,从而汇聚创新资源,围绕国家航空领域重大战略需求,建设支撑我国航空发动机产业发展的高水平人才培养、核心共性技术研发和转移的重要基地,培育国家战略新兴产业。该中心于2013年5月成为首批通过教育部认定的14个国家级"2011协同创新中心"

之一。先进航空发动机协同创新中心围绕航空发动机的安全性保障、性能提升和新概念三个类别的 6 大基础与核心技术问题,汇集了百余位海内外知名专家和 6 支国家级创新团队,构建了 8 个相互协同的创新团队,并通过创新的机制体制,实现了校校、校所间科研基地共享以及人才、设备、成果、信息等资源的整合。

先进航空发动机协同创新中心运行的基本原则是,突破制约高等学校创新能力提升的内部机制障碍,打破高等学校与核心企业间的体制壁垒,把人才作为协同创新的核心要素,通过系统改革,充分释放人才、资本、信息、技术等方面的活力,营造有利于协同创新的环境氛围。

在管理体制上,中心设立理事会、科技发展咨询委员会、运行管理委员会、监察审计委员会、中心主任及管理办公室。理事会为最高决策机构,中心主任负责中心的管理运行。针对 6 类基础和核心技术问题问题先期设 8~10 个创新团队,每个创新团队设技术牵头人(来自中国航空工业集团公司)或首席科学家(来自高校)一名,并成立相应的专业组,专业组成员由创新团队内不同学科团队带头人和首席科学家兼任,专业组的学术活动受科技发展咨询委员会指导;由团队技术牵头人或首席科学家对下属各研究团队的各项工作实施全面统筹管理。

在制度设计上,中心通过协同管理、人员聘任及考核、学生联合培养和学分互认、协同研究、资源共享、成果共享、合作交流、创新文化建设等方面改革,构建协同创新模式和机制。①中心实行虚拟股份制。理事会对各单位投入资源进行筛选,评估确定所占虚拟股份比例。各单位成为中心虚拟股东,理事会根据投入资源的利用效率每两年进行一次重新评估,动态调整虚拟股份比例。②全面实施岗位职务聘任制,成立专门的聘任委员会,负责根据中心岗位设置方案和层级研发目标组织分级、分类、分批聘任工作。

(4)面向区域发展的协同创新中心举例:长三角绿色制药协同创新中心

长三角绿色制药协同创新中心是浙江工业大学牵头,联合浙江大学、上海医药工业研究院、药物制剂国家工程研究中心、浙江省医学科学院、浙江省食品药品检验研究院等 5 家核心共建单位,由共同致力于提升科技创新能力和拔尖创新人才培养能力、服务和引领制药产业转型升级的高等院校、科研院所、企业和国际创新机构等单位联合组建的非法人实体组织。2012 年 9 月,中心获浙江省首批协同创新中心认定;2013 年 5 月,被教育部、财政部认定为首批国家级"2011 协同创新中心"之一。该中心的宗旨和定位是:立足浙江,服务区域,面向全国,接轨国际,按照"国家急需、世界一流"的要求,主动对接区域发展重大需求,有效汇聚政产学研用各方创新资源和要素,合力构建协同创新的新模式和新机制,着力研究解决制药产业的重大问题,协同培养制药产业的拔尖创新人才,共同建设制药领域的科技创新支撑体系,为推动我国从制药大国向制药强国的转型作出应有贡献。

中心由浙江工业大学牵头,协同5家核心共建单位,同时还汇聚了华东医药、浙江医药、海正药业、华海药业、仙琚制药等一批制药龙头企业,以及美国IPS公司、美国UCI、俄罗斯科学院西伯利亚分院等国际创新力量。在人才队伍建设方面,中心已经形成了一支以院士、中央"千人计划"、"长江学者"、国家杰出青年基金获得者、浙江省特级专家等领衔,以浙江省创新团队、中青年学术骨干为核心的高水平人才队伍,人员队伍的专业背景涵盖了制药工程、药效学、毒理学、药物分析、药剂学等多个学科。

在管理体制上,中心作为非法人实体组织,实行理事会领导下的中心主任负责制。理事会成员单位由6家核心成员单位以及签订合作协议、遵守本章程的其他高校、科研机构、企业和国际创新机构等法人单位组成。

中心坚持服务区域制药产业发展,先后共建了30余个校企联合研发中心和中试基地,并致力于半合成抗生素、维生素、抗炎药、抗癫痫药、心血管药物等原料药传统生产工艺的高新技术改造和合成技术开发;拥有有毒有害物质绿色替代、高效催化氧化、高效生物催化、资源综合利用、管式重氮化反应、现代缓控释制剂等一批拥有自主知识产权、具有国际先进水平的药物绿色制造特色技术,并推广应用于新型青霉素、维生素类、大环内酯类、头孢类等药物的生产。成果实施企业建成了全球最大、最强的卡马西平、萘普生、维生素D_3、硫辛酸、井冈霉醇胺等11个大宗产品的生产示范基地,为企业创造了巨额利润,取得显著经济社会效益。共获国家科学技术奖4项、省部级一等奖14项、浙江省科学技术重大贡献奖1项、授权国家发明专利240项、中国专利优秀奖2项;在 *Chemical Reviews* 上发表评论文章2篇,受邀在 Organic Preparations and Procedures International 上发表综述文章3篇。

今后中心还将围绕重大任务,加强原料药生产过程的绿色化改造,完成20个关系国计民生的药物大品种生产工艺绿色化改造,协同骨干企业重点追踪研发15种以上治疗重大疾病的专利即将到期的药物大品种,获得一批具有自主知识产权的技术成果,形成一批全球主导产品,着力打造现代制药模式,实现制药过程绿色化、低端原料药向高端原料药转型、原料药向制剂延伸。

生物治疗协同创新中心组织机构见图3.1。

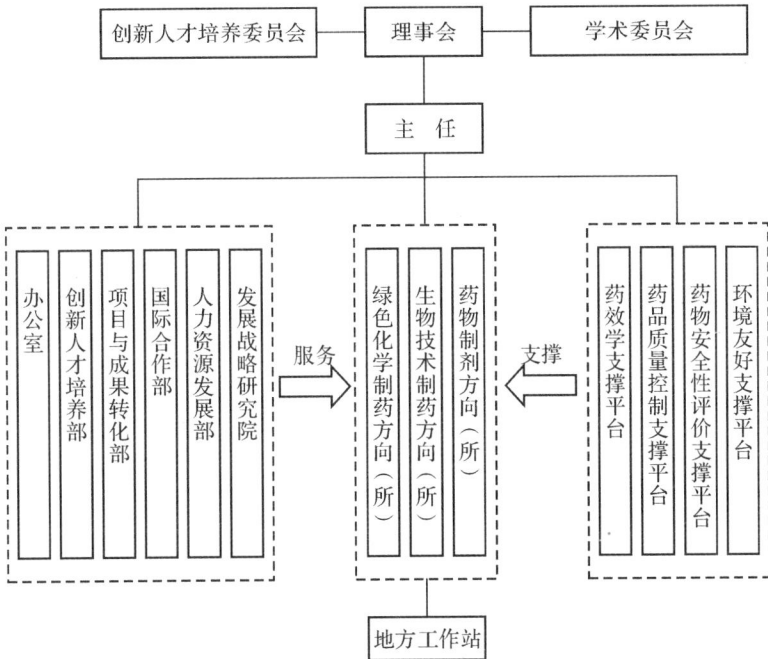

图 3.1　生物治疗协同创新中心组织机构图
资料来源：http://www.2011jh.zjut.edu.cn/ReadClassDetail.jsp?bigclassid=87。

3.4.3　案例分析

综合以上，笔者认为我国"2011协同创新中心"建设有着以下特点和优势：

（1）需求导向、问题驱动

综观"2011协同创新中心"，均紧密围绕我国科技、经济和社会发展中的重大需求，通过协同创新，重点研究和解决国家急需的战略性问题、科学技术尖端领域的前瞻性问题以及涉及国计民生的重大公益性问题。当今世界，创新已成为经济社会发展的主要驱动力，创新能力成为国家竞争力的核心要素。我国"2011计划"以人才、学科、科研三位一体的创新能力提升为核心，面向经济社会发展中的需求和问题，充分利用高等学校已有的基础，汇聚社会多方资源，探索建立类型多样的协同创新中心模式。比如说，面向科学前沿的协同创新中心就是针对国际科学技术前沿和我国社会发展的重大问题，依托高等学校的优势特色学科，与国内外高水平的大学、科研机构等开展实质性合作，吸引和聚集国内外的优秀创新团队与优质资源，建立符合国际惯例的知识创新模式，营造良好的学术环境和氛围,持续产出重大原始创新成果和拔尖创新人才,逐步成为引领和主导国际科学研究与合作的学术中心。面向行业产业的协同创新中心是针对我国行业产业经济发展的核心共性问题,依托高等学校与行业结合紧密的优势学科,与大中型骨干企业、科研院所联合开展有组织创新,建立多学科融合、多团队协同、多技术集成的重大研发与应用平台,形成政产学研用融合发展的技术转移模式,为产业结构调整、行业技术进步提供持续的支撑和引领,成为国家技术创新的重要阵地。面向区域发展的协同创新中心是针对我国区域发展中的重大需求,鼓励各类高等学校通过多种形式自觉服务于区域经济建设和社会发展,支持地方政府围绕区域经济发展规划,引导高等学校与企业、科研院所等通过多种形式开展产学研用协同研发,推动高等学校服务方式转变,构建多元化成果转化与辐射模式,带动区域产业结构调整和新兴产业发展,为地方政府决策提供战略咨询服务,在区域创新中发挥骨干作用。面向文化传承创新的协同创新中心是针对我国社会主义文化建设的迫切需求,整合高等学校人文社会科学的学科和人才优势,推动与科研院所、行业产业以及境外高等学校、研究机构等开展协同研究,构建多学科交叉研究平台,探索建立文化传承创新的新模式,加强文化对外表达和传播能力建设,促进其发挥智囊团和思想库作用,为提升国家文化软实力、增强中华文化国际影响力、推动人类文明进步做出积极贡献。总之,需求和问题导向是我国协同创新中心建设中的一个突出特点。

(2)全面开放、深度融合

从制度设计和操作层面来看,我国的协同创新中心都坚持全面开放、深度融合。按照国家的制度规定,创新协同中心面向各类高等学校开放,不限定范围,不固化单位,广泛吸纳科研院所、行业企业、地方政府以及国际创新力量等,形成多元、开放、动态的组织运行模式。在实践中,各协同创新中心除牵头单位和主要协同单位外,均联合了全国本学科领域的优势力量共同开展创新活动。如先进航空发动机协同创新中心由北航牵头,除主要协同中航工业集团外,还联合西工大、南航、北大、清华等8所高校及中科院工程热物理研究所等多家高校和科研院所。在运作中,高等学校与各类创新力量开展深度合作,探索创新要素有机融合的新机制,促进优质资源的充分共享,加快学科交叉融合,推动教育、科技、经济、文化互动,实现人才培养质量和科学研究能力的同步提升。"2011协同创新中心"作为依托高校管理的具有相对独立的人事、财务管理权限的科研实体,通过组织科学有效地组织管理机构,建立促进协同创新的人事管理制度,有效的科研组织模式和资源配置方式,集聚了国内优势创新资源和国际创新力量共同开展实质性协同合作创新,打破了我国长期存在的高校、地方、行业企业条块分割的局面,通过新型的运行管理机制,真正实现了深度合作。

(3)中央政策和财政资金扶持,推动协同创新体制机制改革

"2011计划"作为我国政府提升高校创新能力的重要举措,其目的在于通过推动高校机制体制改革,推动高校与科研院所、行业、企业、地方制度等创新要素的融合发展,带动创新能力的提升,从而服务于社会经济发展和国家战略需求。近期,国家"2011计划"将形成三个层面的文件,构建完整的组织政策体系。第一层面是计划的实施意义、总体思路、发展目标和实施方式,主要包括《高等学校创新能力提升计划》和《高等学校创新能力提升计划实施方案》;第二层面是协同创新中心建设的宏观指导和顶层设计,即《"2011协同创新中心"建设发展总体规划》;第三层面是计划实施的管理,主要包括"2011协同创新中心"认定管理办法、配套政策支持意见、专项经费管理办法以及中心运行管理和绩效评估等管理文件。另外,地方政府要根据实际情况和需求,在自身现有的条件和能力范围内,给予中心充分的政策支持与保障。例如,一是在人员聘用与评价制度、人才培养机制、招生模式以及国际合作与交流等方面,赋予"2011协同创新中心"改革的相对自主权;二是在研究生招生、优秀人才计划、公派出国学习和交流等相关资源配置方面,给予"2011协同创新中心"重点和倾斜支持;三是在组织申报国家相关科技、文化、人才以及行业重点任务时,给予"2011协同创新中心"优先支持。

除政策支持外,中央财政设立专项资金,对经批准认定的"2011协同创新中心",可给予引导性或奖励性支持,主要用于协同创新中心开展协同创新活动和形成协同创新机制直接相关的开支,不得用于与协同创新中心无关的支出。具体开支范围和资金核定办法将由财政部、教育部在资金管理办法中专门作出规定。

"2011协同创新中心"的组建是我国协同创新管理体制机制的创新举措,力图突破制约高等学校创新能力提升的内部机制障碍,打破高等学校与其他创新主体间的体制壁垒,把人才作为协同创新的核心要素,通过系统改革,从构建科学有效的组织管理体系、探索促进协同创新的人事管理制度、健全寓教于研的拔尖创新人才培养模式、形成以创新质量和贡献为导向的评价机制、建立持续创新的科研组织模式、优化以学科交叉融合为导向的资源配置方式、创新国际交流与合作模式、营造有利于协同创新的文化环境八个方面构建协同创新体制机制,从而充分释放人才、资本、信息、技术等方面的活力,营造有利于协同创新的环境氛围。

3.5　案例比较分析

综合分析美国工业—大学合作研究中心（IUCRC）、欧洲知识与创新共同体（KICs）和我国 2011 协同创新中心案例，可以发现各国在促进创新方面都注重通过产学研协同的模式，将目标高度聚焦经济发展和经济社会协同发展。共性特点主要有如下几点：

第一，在顶层设计方面，高度重视制度前行。在尊重市场规则的前提下，国家创新系统协同创新联盟顶层设计需要国家政策制度的引导。在美国 IUCRC 案例中，1980 年《史蒂文森·威尔德勒法》最先授权国家自然科学基金会和商业部在研究型大学创建"产业技术中心"；《1986 年联邦技术转移法案》扩大了"产业技术中心"的内涵，在强调通用技术研发和创新的基础上，将"产业技术中心"更名为"合作研究中心"；《1984 年国家合作研究法》、《1993 年国家合作研究与生产法》和《2004 年合作研究与技术提升法》都为 IUCRC 联盟的成功发展提供了政策保障（武学超，2012）。欧洲 KICs 计划也是在里斯本战略框架中以推动欧盟区域整体协同创新能力提升为目标的前提下组建的协同创新联盟。我国"2011 协同创新中心"同样是政府出台多项政策法规予以有力支持，如已经出台的《高等学校创新能力提升计划》和《高等学校创新能力提升计划实施方案》，以及即将制定出台的《"2011 协同创新中心"建设发展总体规划》和协同创新中心具体管理层面的文件。

第二，在政策设计方面，高度注重引导性。政府都是 IUCRC 和 KICs 的最重要财政支持者。联邦政府通常向 IUCRC 联盟提供必要的规划资金，IUCRC 项目以 10% 左右的财政支出聘请各类专家和教授帮助联盟建设和初期运作，充分发挥了政府"种子资金"的"杠杆"作用。欧洲 KICs 计划更是提供了总经费中 25% 的支持。我国"2011 协同创新中心"建设中，中央财政设立专项资金给予引导性或奖励性支持，主要用于开展协同创新活动和形成协同创新机制直接相关的开支。正是政府的主导性作用，充分保证了高校开展产学合作项目和人才培养所需的支持力度。这不仅能提供长期的、多方的资助来推进产学协同创新项目的研究，而且还能在优先解决复杂的产业创新技术问题上促进联盟高校跨学科的发展，以及在解决问题的过程中交叉融合，确保关键科技领域的发展，最终增强综合的创新竞争实力。

第三，在组织设计方面，聚焦协同创新。首先在导向方面，美国合作研究中心、欧盟 KICs 联盟和我国"2011 协同创新中心"的组织设计导向高度一致，都是针对需求和问题导向。美国产业—大学合作研究中心（IUCRC）联盟主要针对产业创新；欧盟 KICs 联盟的目标更广，不仅针对产业发展，更是涉及社会经济协调发展的诸多共性和关键问题；我国"2011 创新中心"则全方位地面向中国科学前沿、行业企业、区域和文化创新发展中的战略问题。其次，在组织模式方面，美国产业—大学合作研究中心（IUCRC）联盟和欧盟 KICs 联盟都高度重视知识生产和创新实践的有效对接。美国产业—大学合作研究中心（IUCRC）项目的 55％把研究中心建在大学，欧盟 KICs 联盟则更是致力于构建知识和创新的共同体。我国"2011 协同创新中心"更是打破了传统上人才流动的机制体制障碍，通过全新的组织结构设计，实现人才的实质性引进，为集聚创新人才协同开发创新成果创造了条件。然后，在协同模式方面，美国产业—大学合作研究中心（IUCRC）项目，通过促进了大学和产业之间的协同、大学内部和大学之间的协同、产业不同技术派系之间的协同，推进国家创新系统的协同效率。欧盟 KICs 联盟，除了重视大学和产业、大学内部和之间的合作，还高度重视大学工程教育体系的改革，其目的是为社会经济协调发展培育创新型高端人才，通过学生培养提高大学显性知识和隐性知识的溢出效率，可持续地提高欧盟的创新能力。我国"2011 协同创新中心"和欧盟 KICs 类似，既注重了不同创新主体之间的协同，又注重协同创新人才的培养。

在协同创新模式中，无论是以高校和创新主导企业合作网络主导、面向广泛的技术领域、形成产业—大学交叉对接的 IUCRC 模式，还是面对区域整体协同创新能力提升的 KICs 模式，都是对促进协同创新绩效提升的有效回应。我国"2011 协同创新中心"是实施创新驱动发展战略的重要举措，尽管起步较晚，从各创新中心目前的运行绩效来看，成效非常显著；但长期效果还有待时间检验。三个协同项目的共同特点如下：

首先，在战略思维方面，注重顺应市场机制。美国和欧盟的主要战略导向是顺应创新的市场化本质，充分发挥市场调节资源配置的市场机制作用，并通过适度的创新政策引导，发挥杠杆撬动性的作用。这种市场机制导向的价值取向，不仅体现在研究经费的投入机制，而且也体现在知识产权的分配机制上，更系统体现在管理机制和激励政策的设计上。创新是企业在演进过程中适应环境复杂变化、提高生产和发展竞争力的本能，市场机制是企业创新的动力源泉。美国、欧盟以及其他发达国家和地区在推进创新系统演进时，首先顺应市场机制的激励和调节作用，对于我国建设协同创新中心具有积极的借鉴意义。

其次，从实施层面来看，实现产学研全方位协同需全面调动创新系统中各参与主体的积极性。与欧盟和美国不同的是，我国 2011 协同创新中心均建在高校,主要是由于目前我国 2011 协同创新中心的政策制定部门为国家教育部,直接目标是提升高校创新能力。而欧盟 KICs 和美国 IUCRC 则兼顾了研究机构。研究机构作为知识生产的重要主体,其作用和积极性不可忽视。因此,我国在实施创新驱动发展战略、推动协同创新过程中,应更加重视激发科学研究机构协同创新的积极性,更加重视激发产业技术派系和创新主导企业的积极性。

3.6　研究框架

国家创新系统的内核是产业技术派系的创新主导企业,大学和研究机构、用户和创新配套企业是主要的创新知识源,知识产权工作者和金融服务机构形成创新服务外部支撑子系统,创新政策起到引导和调控作用。国家创新系统的绩效主要是通过创新生态系统的培育,形成自主的产业创新技术派系,并保持旺盛的系统活力和市场竞争力。

由于国家创新系统的内核是产业技术派系的创新主导企业,所以本书将从技术派系创新主导企业的创新活动视角,构建总体研究框架。很多学者从知识探索(exploration)、知识保持(retention)和知识开发(exploitation)三个方面对创新主导企业创新的活动进行了研究(Argote et al. ,2003;Bogner and Basal,2007;Nonaka,1994)。在知识探索阶段,企业不仅需要内部探索知识的能力(Shane,2000;Helfatet et al. ,2007;Nonaka,1994),更需要探索外部知识的吸收能力(Cohen and Levinthal,1990)。在知识保持阶段,重点是如何通过联盟或其他合作,实现对外部创新源保持连接(Grant and Beden-Fuller,2004;Gulati,1999)。在知识开发阶段,主要涉及用知识满足终端市场需要的创新能力(Cohen and Levinthal,1990;Khilji et al. ,2006)。

国家创新系统的竞争力,归根结底是技术派系支撑下的产业竞争力,技术派系的竞争力主要源于创新主导企业的市场占有率、产业标准和技术专利的垄断率。所以,本书将以产业技术派系创新主导企业协同创新能力视角,构建国家创新系统协同创新绩效体系,梳理影响协同创新绩效的影响因素,并构建本研究的研究框架理论模型,以此展开后续实证研究。

3.6.1　协同创新绩效指标体系构建

国家创新系统的创新绩效集中体现在产业创新主导企业的产品竞争力。Hopkins 等(1981)认为在评估新产品创新绩效时,应以下列五个指标来衡量:

1)财务的评估;2)目标达成的评估;3)新产品占整体销售的比例;4)新产品开发成功的百分比;5)对新产品开发主管的整体满意分数。Cooper & Kleinschmidt (1987)则以十项指标,并经由因素分析归纳出三个层面来衡量新产品的绩效:财务绩效(相对利润、利润和利润目标、销售额和目标销售额、相对销售额、营利水平、投资回收期)、机会窗口、市场份额。陈劲和桂彬旺(2007)采用四个方面的指标来衡量模块化创新项目绩效:产品销售收入与预期的增加,产品创新费用与预期的减少,产品完成时间与计划的提前,产品的质量达到或超过客户需求的期望。创新绩效的好坏,直接影响企业所能创造的价值。近年来对于创新绩效衡量标准的研究,有越来越多的趋势,但并未有统一的结论。本书综合现有研究者的经验,结合国家创新系统的竞争特点,拟确定国家创新系统的绩效评价指标,包括:1)专利和标准主导率,2)战略性产品市场占有率,3)创新产品开发成本水平,4)创新产品绿色程度,并拟通过信度和效度检验等实证工具验证其科学性。

3.6.2 协同创新绩效影响因素分析

在知识经济时代,国家创新系统的竞争主要集中在以科技为基础战略性新兴产业自主创新能力和发展主导权的竞争。以科学技术为基础的产业,科学知识是一种重要的创新源,创新主导企业通过开展产学研合作,获取前沿的科技知识,促进技术创新所需的各种要素有效组合,可以促使企业新产品开发取得突破性创新成果,获得市场上全新的产品(Faems et al.,2005;Klevorick et al.,1995;Belderbos,Carree & Lokshin,2004;Monjon & Waelbroeck,2003)。国家创新系统的核心是产学研合作,是产业创新主导企业与大学研究机构的战略联盟。

产学合作创新具备了一般性创新的特征,所以一般性创新的影响因素都会对产学合作创新产生影响;同时由于产学合作创新还涉及合作双方的合作动机、合作方式、组织距离、文化距离、技术距离等特殊影响因素,而且这些因素将对协同创新绩效产生深远的影响。因此,在综合已有国内外学者有关协同创新理论、一般性创新影响因素分析基础上,结合我国产学研系统创新特点,本书总结了创新政策、创新服务,以及产学研创新联盟的战略动因、组织动因、成员动因、关系动因、技术动因、资源和软能力动因等影响协同创新绩效的因素。

3.6.2.1 创新政策

(1)创新资助。政府在R&D中的直接经费以及在工业中由于杠杆作用而影响的经费可达科研总经费的 20％～25％（López & Martínez,et al.,1994）。例如,美国在自然科学基金会牵头下对工业—大学合作研究中心项目（IUCRC）110 个成员中心提供长达 15 年的启动支持,资助强度达到 10％；欧盟知识与创新共同体（KICs）计划对产学研联盟提供启动支持,支持强度达到 25％。因此 Elias G. Carayannis(1999)等人指出,没有政府基金上的支持,美国很多产学研研究中心的成功就不可能存在。

（2）优惠政策。政府部门除了可以在政策上引导协同,还可以从资金与技术创新的税收优惠政策方面对协同创新进行直接的推动和支持。产学研作为一项具有较大风险性的带有商业性质的活动,由于其风险的提高,要求政府在税收政策、政府采购方面对其风险予以补偿。

（3）知识产权保护政策。曹焕元、李小伟(2002)认为作为知识产权接受方的企业常常缺乏知识产权的价值认同和利用机制,寻找合作双方的"利益均衡点"对于协同绩效的提升是非常重要的。大学的 R&D 成果本身具有公益性,研究人员的价值取向也激励了研究人员有很强的动机公开发表研究成果以显示研究人员在该领域的学术地位；相反,企业投资产生的研究成果具有私有特征,必须通过知识产权保护制度加强排他性,保证投资者能够获取充分的创新租金,推进可持续创新。

（4）教育和人才政策。欧盟知识与创新共同体（KICs）计划高度重视大学对创新人才的培养模式改革,提出了一揽子具体的改革方案,旨在为国家创新系统输入优质、创新的后备力量,持续推进创新系统发展。同时,创新人才的持续培养计划也是各国国家创新系统培育的重点,制定了一系列高端人才培养计划,以推进人才事业的持续发展。

基于以上分析,本研究把影响协同创新绩效的政策因素归纳为表 3.4。

表 3.4　协同创新政策因素

影响因素	文献来源
知识产权保护政策	袁建文,2002
政府优惠政策	López & Martínez ,et al. ,1994;Elias G. Carayannis,1999
创新资助	案例研究
人才和教育政策	案例研究

3.6.2.2　创新服务

国家创新系统的服务支撑能力,被认为是影响协同创新绩效的主要因素之一,其中包括知识产权服务、中介服务和金融服务的支撑。

(1)知识产权服务。知识产权保护政策具有很强的专业性,企业需要专业化的技术和服务支持。我国华为和中兴等著名创新型企业的知识产权成果显著,很大程度上得益于知识产权服务机构的高效率、全方位合作和服务。

(2)中介组织服务。Elias G. Carayannis(1999)指出,尽管在产学双方之间存在着资源和能力的互补性,但它们之间合作关系的建立却常常受到外部因素的影响。如果有大家都信任的第三方出面协调,双方会比较容易合作(Pfeffer和Nowak,1976;Powell et al.,1996)。可见在此过程中,中介组织起着相当重要的作用,它们大大降低了产学合作参与者在建立合作关系过程中的搜寻成本,并可以借助于中介组织的市场声誉取得产学合作双方的信任。从美国硅谷、128公路等项目的成功,也说明优越的产学服务平台(如大学科技园、高新技术开发区)对于产学合作成功的巨大作用。

(3)金融服务。在创新过程的不同阶段,不同内容的金融服务具有积极作用。美国硅谷的成功很大程度得益于知识产权的保护和知识与资本的高效无缝对接,创新种子基金、风险资金、股权投资资金和银行贷款等在金融领域的分工协同,成就了美国硅谷和其他很多案例的成功。Stuart(2002)基于对MIT成立的134家创业型公司开展的实证研究,得出社会资本(主要指与风险投资和天使投资之间建立的合作网络)是产学合作创建新公司的关键因素。基于以上分析,本研究把影响协同创新绩效的服务因素归纳为表3.5。

表3.5　协同创新服务因素

影响因素	文献来源
知识产权服务	袁建文,2002
金融服务	案例研究
中介组织服务	Elias G. Carayannis,1999;Pfeffer,Nowak,1976;Powell et al.,1996

3.6.2.3　协同战略

(1)对政策环境的了解程度

与技术创新有关的公共政策构成了企业创新项目的政策环境。政府通过公共政策为企业提供创新资助、技术人才激励和知识产权保护等资源和能力,相应地,接受资源的企业在进行技术创新项目选择时也难免受到政府意志的影响。Balachandra & Raelin(1984)、Maidique & Ziger(1984)等的研究都显示了政府对行业的管制对创新活动有显著影响。Halman等人(2001)的研究显示,政府关于产品和工艺质量、环境及安全标准等方面广泛而严格的管制成为技术创新的一个重要发现因素。Montoya Weiss & Calantone(1994)认为,政府对行业的管制,迫使企业进行突破性创新以摆脱现有的限制。

(2)对行业发展的了解程度

Balachandra 和 Baelin (1984)以及 Maidlque 和 Ziger(1984)研究表明,新产品进入的市场的外部环境将成为技术创新是否成功的关键因素,从社会法律、传统文化到人们的价值观念、好恶偏好、生活习惯、修养水平等都将成为新产品进入市场所必须考虑的因素。Cooper(1975,1979,1980a,1980b)、Cooper 和 Kleinschmidt(1993,1995)在其关于产品创新成败因素识别的对比研究中认为,包括市场规模在内的市场吸引力方面的因素在新产品项目选择中具有重要作用,其中市场规模对产品创新成败有显著影响。

Mike Hobday 和 Howard Rush(1999)以及 Halman(2001)等的研究表明,政府对行业的管制对于合作创新的绩效存在显著影响,政府关于产品和工艺质量、环境及安全标准等方面广泛而严格的管制成为产品创新的一个重要风险。

(3)对竞争对手的了解程度

许庆瑞(2002)认为,企业在进行创新战略决策时,必须考虑竞争对手的情况,具体要在以下四个方面进行分析:对于企业的规模和资源的构成;对比在资源运用上的效率;反省本企业在学习知识和经验方面的效率;如何能保持本企业的竞争优势。特别要注意两方面:一是竞争对手在发展技术方面掌握了些什么知识;二是他们根据这些知识实际能够作出怎样的创新。Cooper (1975,1979,1980a,1980b)、Cooper 和 Kleinschmidt (1993,1995)通过实证得出市场竞争状况与新产品绩效有显著相关关系。深度访谈结果也显示,合作创新所面临的市场虽然具有一定时间的技术垄断期,但是竞争对手的行为常常可以影响协同创新的绩效。

(4)清晰的合作目标

Hausler 等(1994)、Klofsten 和 Jones-Evans(1996)对产学研合作的研究表明,合作目标的清楚定位意味着合作的双方能够准确地把握住合作的本质。Chisholm(1996)的研究表明,从跨组织合作框架中抽象出来的合作目标必须被合作双方理解和接受。合作的目标一定要清晰(Geisler et al. ,1990—1991;Hausler et al. ,1994;Klofsten & Jones Evans,1996;Burnham,1997;Jones Evans & Klofsten,1998)、准确(Geisler et al. ,1900)、灵活(Ghoshal et al. ,1992)、真实且情景性强(Cukor,1992),才能使合作顺利进行。合作的目标是合作得以开展的前提。相关的研究进一步指出合作的组织之间需要明确合作的任务和责任(Cukor,1992;Gee,1993;Davenport et al.,1990a,b)。Eva M. Mora Valentin et al.(2003)在企业与研究组织合作研发成功与否的决定因素的研究中,提出合作目标的清晰的定义对合作的成功起积极作用。

(5)开放的研发战略

企业的技术创新活动不仅是一个在企业内部创造知识的过程,同时也是一个不断从企业外部吸收信息和知识的过程(Cohen & Levinthal,1990)。企业不是孤岛,在企业的成长过程中,会逐渐与外部组织、机构和个人建立起各种各样的联系,企业的外部联系也是技术创新成功的重要影响因素(Holger Ernst, 2002)。Katila 和 Ahuja(2002)在研究企业的研发战略过程中,运用"开放度"这个变量来评价企业研发战略的开发程度。开放度变量可以用企业从外部寻找的知识源的数量多少来表征,比如说,公司从外界寻找新的资源和利用原有资源的程度。他们的研究表明研发战略对于企业的创新绩效起着重要的作用。文献证实,与外部组织的联系,包括大学和研究机构(Bonaccorsi & Piccaluga, 1994)、竞争企业、供应商、传统金融机构、风险投资机构、政府主管部门(Sternberg,1989)、现有市场用户(Mey Krahmer,1983)等,是企业获取外部资源和提高技术创新能力的非常关键的途径。

(6)正确的合作动机

企业方参与产学合作的动机及其对合作成果的预期,将会直接影响其对协同绩效的评价基准,因而会影响他们之间的协同行为与过程。Andrea Bonaccorsi 等人(1994)提出了一个产学合作的概念性评价模型,将企业参与产学合作的动机主要归纳为以下几个方面:①通过获取处于技术前沿的突破性技术与技术信息以取得有利的技术定位;②提高企业对外部技术发展的预见能力;③通过产学合作提升企业解决技术问题的内部能力;④通过合作关系中产学双方的资源共享与互补来降低研究成本和风险。因此,协同双方在合作关系正式建立之前需要共同就合作项目的总目标以及阶段性目标确定相应的评价参数,这将有利于合作关系的最终效果。

(7)清晰的合作内容

产学合作新产品/系统在投入开发之前,必须从很多无序繁杂的概念中把它筛选出来,对其概念进行定义。如果新产品概念定义不清,则后续的创新活动面临失败的可能性很大(Cooper and Kleinschmidt,1993,1995;Calantone and Benedetto,1990)。早期产品的定义的准确与否,是直接决定整个新的产品/系统能否顺利进行下去的重要因素。在所有开发工作开始之前,应筛选的高质量的新产品定义包括了对目标市场、产品的概念定义、市场定位策略、产品需求和特殊性的界定(Cooper,1996)。清晰的产品/目标定义,包括对整个项目的任务,以及实现任务所需要的项目团队的成员(Pinto and Slevin,1987)。不少学者都曾研究过新产品目标的清晰定义对整个项目的成功的影响作用,尤其是在高技术的项目领域里。只有在产品的定义清晰、目标界定充分的情况下,项目才能按照计划开展,公司才可以组织安排创新活动的继续进行。

本研究把影响协同创新的战略因素概括为表 3.6。

表 3.6　协同创新的战略动因

影响因素	文献来源
对政策环境的了解程度	Langrish,1973;Maidique & Ziger,1984;Montoya-Weiss & Calantone,1994;Mike Hobday,Howard Rush,1999;Halman,2001
对行业的了解程度	Balachandra,Raelin,1984;Maidique,Ziger,1984;Cooper,1975,1979,1980;Cooper,Kleinschmidt,1995
对竞争对手的了解程度	Cooper,1979,1980a,1980b;Cooper,Kleinschmidt,1993,1995;Montoya Weiss,Calantone,1994;Cooper,Kleinschmidt,1995;许庆瑞,2002
清晰的合作目标	Hausler et al.,1994;Klofsten & Jones Evans,1996;Chisholm,1996;Geisler et al.,1990—1991;Hausler et al.,1994;Klofsten & Jones-Evans,1996;Burnham,1997;Jones Evans & Klofsten,1998
研发战略的开放度	Holger Ernst,2002;Katila & Ahuja,2002;Bonaccorsi & Piccaluga,1994;Mey Krahmer,1983
强烈的合作动机	Andrea Bonaccorsi et al.,1994
清晰的合作创新内容	Cooper & Kleinschmidt,1993,1995;Calantone and Benedetto,1990;Cooper,1996;Pinto and Slevin,1987

3.6.2.4　联盟组织

组织维度方面的影响因素是被创新影响因素的研究历来所关注的。在协同创新中,组织维度这一影响因素在合作创新,跨组织合作中更加重要。

(1)组织结构

组织结构是影响组织动态能力的重要因素(Teece et al.,1997)。由于知识和技术的转移涉及识别有效的资源、与这些资源进行互动、获取知识/技术资源、把新的知识/技术资源整合到企业原有的系统中去等过程,因此组织的结构对知识和技术的转移都起着影响作用(Zmud,1982)。Burns 和 Stalker(1961)用如下三个维度来表征组织结构的有机程度或是机械程度：①组织层级的数量；②组织高层控制掌握知识的程度(中心化程度)；③规则和政策的相关度(正规化程度)。作为一个开放的组织系统,组织发展的过程实质上就是组织不断地使其内部的经营环境与外部环境相协调一致的过程。在日趋激烈的市场竞争环境中,企业为了创造出更有效的资源整合模式以提高资源的利用效率,其组织结构正从传统的科层制逐步向网络化方向发展,企业组织结构趋向柔性化、扁平化和网络化。Kolodny、Stynme 和 Denis(1996)研究了瑞典、法国和加拿大引入的较高创新技术的 12 家公司,发现创新成功的公司接近较扁平的组织结构,通讯交流呈现水平化发展趋势。

(2)项目团队的稳定性

项目团队的稳定性对于项目来说非常重要,整个项目团队的成员能自始至终(从概念形成到进入市场)投身于一个项目而不是仅关注某个阶段,会使项目更容易获得成功(Cooper,1987)。外界环境发生变化,甚至是一些企业的兼并重组,不仅仅改变了项目组的构成和成员的配置,甚至使得项目被中止(Hobday,1999)。在很多创新项目中,由于各种因素(裁员、企业兼并)使得项目成员发生流动和变更,从而造成整个开发项目的不连续性。在实际的项目开发过程中,常会遇到有些项目小组的成员要兼顾好几个项目,无法将精力集中在某一个项目上,当几个项目开发时间发生冲突,不能很好地调配和安排的情况。市场条件的苛刻增加了在项目上员工配置的压力(Hansen and Rush,1998)。在企业访谈过程中,我们发现一些骨干成员常常抱怨："我无法集中精力在一个项目上,太多事情分散了精力,而且整天忙碌。"所以,项目团队的稳定性尤其是核心成员的稳定性,对于整个项目的开发都比较重要。

(3)合作形式

学者们通常将合作的形式分成基于资源的和基于合同的两类(Das & Teng,1998;Gulati,1995;Osborn & Baughn,1990)。Chung-Jen Chen(2004)在他的关于知识属性、联盟特点、吸收能力对于知识转移绩效的影响的研究中提出,相互共享资源的实体合作比基于合同的合作更有效。编码化的知识更容易通过市场或合同传播,知识的编码化程度越低,越难传播,越要依赖于组织特有的运作;知识共享这种合作方式更适用于明晰知识,而人员交流更适合于缄默知识的传播。

Michael D. Santoro(2002)依据合作水平的不同,将合作方式划分为研究支持、合作研究、知识转移和技术转移等类型,它们将会由于在资金来源和人员结构上的差异而对合作绩效产生影响。张米尔、武春友(2001)从交易费用的角度分析了不同协同模式对合作绩效的影响,包括技术入股模式、提成支付模式、紧密合作模式、技术接力模式和自主产业化模式。

(4)组织的沟通机制

不同部门以及组织内外部良好的沟通是产品创新成功的重要影响因素(Rothwell,1992;Pinto and Slevin,1987)。组织内部的沟通机制对于产品的创新非常重要,包括了正式的以及非正式的交流沟通。组织的沟通机制不仅包括大学与企业的沟通,还包括创新网络与外部频繁的交流。

Mohr 和 Nevin(1990)认为,交流的过程不仅是信息传递的过程、决策制定的过程,也是活动组织的过程、权力执行的过程,更重要的是组织间的忠诚度和承诺度增强的机会。Mora Valentin et al.(2003)在企业与大学合作研发成功与否的决定因素的研究中提出,良好的沟通对合作的成功起积极作用。

Mora Valentin et al.(2004)将企业与学术研究机构之间良好的沟通、交流作为产学研合作网络嵌合程度的重要指标。他们认为:交流在产学研合作中应该被具体定义为企业与学术研究机构中的个人间交换不同的信息、观念、想法的过程。López & Martínez et al(1994)在同时对大学和企业的有关人员的调查显示,如果存在着良好的沟通方式,产学之间组织文化的差异并不阻碍合作的发生。

正式的沟通形式包括定期的技术交流会议、技术文档的交流、技术备忘录、电话会议等。正式有效的沟通会使得开发过程中诸多的变更达成一致。避免众多的参与单位由于沟通不畅而相互推诿,无法准确把握其他合作者的意图和进展,分工内容不能较好地匹配和耦合,从而影响整个产品系统的开发进度。非正式的沟通通常通过项目成员之间以及与用户之间的面谈和口头协议,这既是项目成员获取信息的主要途径之一,也是在实际创新活动中,协调和维持项目顺利实施的最常用的手段和方式。组织内的横向管理和任务界线扩展创造了一个适宜激发创新的环境(Brown & Eisenhart,1997)。

表 3.7　协同创新组织动因

影响因素	文献来源
合作企业组织结构	Teece et al. , 1997;Zmud, 1982;Burns, Stalker, 1961; Burns, Stalker,1961

影响因素	文献来源
项目团队的稳定度	Cooper,1987；Hobday,1999；Hansen and Rush,1998
合作模式的选择	Das & Teng,1998；Gulati,1995；Osborn & Baughn,1990；Chung-Jen Chen,2004；Katila & Ahuja,2002；Michael D. Santoro,2002
创新团队内部的沟通	Rothwell,1992，Pinto and Slevin,1987；López & Martínez et al.，1994；Brown & Eisenhart,1997；Eva M. Mora Valentin et al.,2004

3.6.2.5　成员安排

联盟成员的特性表现为高管层对项目的高度关注和支持、拥有高水平的项目经理、项目倡导者和技术桥梁人物等关键人物的存在、大学科学家的参与、项目组成员的责任感、高素质项目成员的存在等几个方面。

（1）高层领导对合作项目的高度关注和支持

Andrea Bonaccorsi 等人(1994)提出了并且用实证研究表明,企业参与方的高层管理人员参与和投入也是影响协同绩效的一个重要因素。它可以帮助克服创新过程中的很多阻力。例如那些项目组成员在得到高层领导的支持下可以拒绝转移或者兼顾其他的项目(Rothwell,1992)。高层管理者对项目的支持,可以使项目获得充足的资源(包括资金、人力等)(Pinto and Slevin,1987)。在过去的研究中,无论是从项目层面,还是在公司层面(Cooper and Kleinschmidt,1995，Maidique and Ziger,1984),高管层的支持都被认为是影响产品创新成功的重要因素,也是被提到得最多的因素之一(Balachandra and Friar,1997)。由美国学者 Rubenstein 等人(1976)进行的一项著名研究,选择了103个成功和失败的创新项目作为研究样本,分析了产品创新过程的促进因素和阻碍因素。研究发现,与创新项目成功相关的因素可归结为三个方面:①被清晰界定有特定需求市场的建立,②组织内部的沟通方式和信息流,③高层管理者对项目的兴趣和支持。上海市科委软科学基金重点研究项目组在上海地区对产学研联合成功影响因素进行调研后发现,影响成功的前二位因素分别是:合作各方领导者的重视,选择合适的对象,正确的合作方式和战略决策。并且在我们的调研中,很多项目经理也表明,在合作创新上,如果企业的高管层能给予高度的重视和支持,项目比较容易获得成功。甚至一些重大项目中,企业高管应亲自担任项目经理。

（2）高水平的项目经理

项目经理是创新项目小组的负责人，也是核心人物，直接负责领导整个团队的工作。项目经理的经验和水平会影响到整个项目的进展及成功与否。平庸的项目经理（拙劣的管理水平、商业嗅觉和社交能力）对产品的创新速度会产生严重的负面影响。出色的项目经理具有较高的管理水平及沟通协调能力和敏锐的商业嗅觉。他能够及时地帮助和指导团队成员解决工作中的困难，架起团队与外部环境接触的桥梁，及时地将外部动态信息引入项目团队，调整工作计划。

在合作创新项目中，项目经理的作用有很强的权利，支配资金、人员以及其他资源（Hobday，2000）。由于创新系统涉及多个技术领域，而且整个系统非常复杂，对项目经理技术水平的要求就更为突出。项目经理的技术背景会影响到技术创新的成功。同时，整个项目由多个子项目组成，使得负责整个项目的经理需要具有较高的的协调管理能力。

（3）项目倡导者和技术桥梁人物等关键人物的存在

作为产品创新型项目，倡导者和技术桥梁人物是两类重要的角色，他们会对项目的成功有重要的影响（Rothwell，1992）。项目的倡导者是积极支持创新项目并富有高度的责任感的一类人。他们在项目遇到困难的时候会给予大力的支持（Rothwell，1992）。这类人物的存在会加速新产品的创新（Kessler and Chakrabarti，1996），而且会为新产品开发活动取得更高的绩效产生积极的作用（Markham and Griffin，1998）。

技术桥梁人物指的就是那些善于利用自己基于组织机构的和基于自身特性的能量来影响组织进而加快新想法、新主张产生的人物（Chakrabarti，1974）。技术桥梁人物（gate-keeper）组织内外部信息传递和扩散的关键人物（Marquis，1969）。他们一般是具有高技术水平的科技主管人员、技术核心人物，能帮助促进内部的知识在跨职能的团队间的流动（Rothwell，1992）。在凝聚内部技术人员和培育新的技术人员方面也起到关键作用（许庆瑞，2000）。合作中技术桥梁人物对于合作绩效影响作用非常大（许庆瑞，2002；Michael D. Santoro et al.，2002）。

在产学研合作的过程中，有些合作的参与个体对合作起的作用比其他的参与个体要大，尤其是涉及先进的想法和创意的时候。这种能力取决于参与的个体对于自身能量（Pfeffer，1981）的定位和使用，这种权力分为基于组织结构的和基于个人特点的。基于组织结构的能量指的是个人在组织中的职务层次和关系网络，基于个人特点的能量指的是个人的技能和性格方面的特质（Pfeffer，

1981)。技术桥梁人物往往由组织的高层管理层指派,并赋予其正式的职位和权力(Pfeffer,1981)。能力较强的技术桥梁人物通常能够融入所合作的组织的非正式的网络(Schon,1963)。除了个人的性格特质外,组织要求技术桥梁人物要懂技术、对市场敏感、进取心强、对方向的把握能力强、对政治敏感,是个能够在不同的组织间自由流动的人物(Chakrabarti,1974;Smith et al.,1984)。有能力的技术桥梁人物还通常要具备韧性、说服力和创新精神(Howell & Higgins,1990)。

(4)大学科学家的参与

Fiona Murray(2004)系统地研究了学术发明家(或者称为科学家)在加强产学研网络嵌合程度方面的作用。该研究认为,由于科学家的社会资本可以通过科学知识界的网络将企业吸纳到科学社区中去,所以,科学家从学术研究机构所带来的社会资本对企业的发展很重要。该研究进一步发现,科学家的职业经历形成了科学家的社会资本。从职业经历中获得的科学家社会资本可以分为两种:一种叫作"本地实验室网络",意思是该科学家在做学生,或者做研究时期的老师、同学、学生等;另一种叫作"社会网络",指的是在工作中通过合作研究、竞争结识的同一领域的科学家。这些科学家对于企业将学术研究机构的研究网络转化为企业技术能力起着关键的作用。

(5)项目成员的责任感

项目成员的责任感包括了项目经理在内的高级经理以及其他普通成员的责任感,是对整个创新项目的认同感以及责任心(Pinto and Slevin,1987)。这样的责任感会将项目组成员紧密地团结起来,增加项目团队的稳定性和凝聚力,克服在创新过程中所面临的困难。在创新过程中,跨企业的组织由来自不同公司以及部门的人员组成,成员之间的协调较普通产品复杂。对合作项目的责任感则能将彼此间的关系维系并持续到项目的结束。创新需要一种非常规的高度授权、承诺和个人的责任心(Hobday and Rush,1999)。

(6)高素质的项目组成员

产品创新的团队需要具有过硬的专业技能、丰富的产品开发经验,易于合作,富有进取心。技能生疏、缺乏经验往往严重阻碍项目进度,而专业的项目成员和高水平的技术能力会促进产品创新的成功(Lester,1998)。合作创新所涉及的技术往往十分复杂,对项目成员技术背景和技术能力要求更高,需要项目成员间的合作共同完成,要求成员具有较强的协调沟通及合作能力。创新过程面临高风险和不确定性,需要成员具有充足的进取心和自信心以克服创新过程的重重困难。因此,需要高素质的项目成员。

本研究把影响协同创新绩效的组织因素归纳为表3.8。

表3.8 协同创新组织动因

影响因素	文献来源
高层领导对合作项目的关注和支持	Andrea Bonaccorsi et al. ,1994；Maidique & Ziger,1984；Rothwell et al. , 1992；Montoya-Weiss & Calantone, 1994；Cooper & Kleinschmidt,1993,1995；Lester,1998；高建等,1996；郭斌,2006
项目经理的经验与能力	Rothwell et al,1974,1976；Hobday,2000；
项目倡导者的存在	Rothwell, 1992；Kessler & Chakrabarti, 1996；Markham and Griffin,1998
技术桥梁人物的存在	Marquis,1969；Chakrabarti,1974；Santoro et al. ,2002；Pfeffer,1981；Rothwell,1992；许庆瑞,2002
科学家的参与	Murray,2004
项目成员的责任感	Pinto and Slevin,1987；Hobday and Rush,1999
高素质的项目成员	Lester,1998

3.6.2.6 关系因素

(1)合作历史和经验

一些企业在产学合作中常常试图建立起一种长期的伙伴关系,并持续性地进行合作研究项目。通常合作关系维持得越长,双方在各种资源上承担的义务越多,双方在研究目标上更容易达成一致,双方产生冲突的频率和强度也会越低(Bonaccorsi & Piccalugadu,1994；Santoro,2000)。这种持续的合作关系将有助于企业降低交易成本。Mora Valentin et al.(2003)在企业与研究组织合作研发成功与否的决定因素的研究中提出,原有的合作经验对企业和研究组织间的合作成功起积极作用。

(2)社会关系紧密程度

协同关系的紧密程度与信任关系也将对协同绩效产生较大的影响。Geisler（1995）在其组织间关系理论（theory of inter-organizational relationships)基础上,指出产学合作的初始条件对于合作关系的持续性有着重要的影响。也就是说,双方在建立合作关系最初相互信任关系越强、在价值观和心理认同上存在着的先期基础越多,它们之间的合作关系就越能够持久地维持。

Santoro(2002)的研究也表明,协同各方的关系越紧密,合作的实际绩效越高;如果能够在合作初期建立起紧密关系,则其对合作绩效的贡献要比后期逐渐建立起来的紧密关系对绩效的贡献更大。

(3)利益分配

在一些产学合作实践中,尽管合作双方的各种条件都具备,却由于协同双方在利益上的潜在冲突而使得合作过程非常困难。胡恩华、郭秀丽(2001)指出,根据合作初期各方谈判地位的不同,各方可能还比较容易达成一定的协议,但随着合组项目的进行,合作双方在利益分配上常常不能达成一致,从而出现各种经济冲突和利益纠纷,最终对产学合作的有效性和效率产生负面影响。在一些合作中,利益安排机制是否设计合理甚至可能成为协同成败最为重要的因素。

曹焕元、李小伟(2002)认为,寻找合作双方的"利益均衡点"对于产学合作绩效的提升是非常重要的。袁建文认为,在如何利用产学合作的研究成果上的分歧,往往也是造成产学双方无法充分合作的关键所在。

(4)合作信誉

Mora Valentin et al.(2003)在企业与研究组织合作研发成功与否的决定因素的研究中提出,合作者的良好信誉对合作的成功产生积极作用。Chung-Jen Chen(2004)在关于知识属性、联盟特点、吸收能力对于知识转移绩效的影响的研究中提出,合作伙伴之间的信任和磨合正相关于知识转移绩效。

(5)信任

Mora Valentin et al.(2003)在企业与研究组织合作研发成功与否的决定因素的研究中提出,承诺程度对合作的成功起积极作用。合作中的较高程度的信任对合作的成功起积极作用,较高程度的冲突对合作起消极作用。Davenport等人(1999)对新西兰产学合作的商业增长技术项目(technology for businessgrowth programme)的研究,指出了信任对于产学组织间有个人关系的重要性。

有的学者在分析产学研合作中,集中分析了信任和契约及社会资本对于产学研合作的影响(Blomqvist,2005)。之前的研究已经将信任作为合作联盟绩效的重要影响因素(Casson,1991;Buckley & Casson,1988;Larson,1991)。从交易成本理论来看,合作绩效取决于交易的成本,而交易成本的高低可以间接地由信任程度决定。没有信任的合作交易成本会很高,因为合作的双方没办法保证对方的行为不是投机行为(Casson,1991)。在Larson(1991)的研究中,信任在产学研合作中地位得到了充分的肯定,Larson得出的结论表明,成功的合作更需要的是合作双方彼此的信任,而不是合作契约。以国内的产学研合作为例,合作远没有达到应有的成果的原因之一就是企业与学术研究机构之间缺乏信任。

(6)文化差距

创新对于企业文化具有背景依赖性(Leifer 等,2000)。Morison(1966)通过对美国海军如何开发并采纳连续瞄准火炮的创新案例分析,指出面对创新常常存在"活跃的保守主义"——主流组织为维护现状而做的积极努力。这种守旧性将使任何成功的组织或系统很难实现自身的革新。活跃的保守主义问题在大多数成功的企业中都是适用的。一个企业的历史常常与目前的战略、结构、人及文化结合在一起,抑制创新,阻碍适当的变革。Richard Foster(1986)考察了从 1955 年到 1975 年真空管行业的主导企业的变化,指出主导企业在其发展历程中存在三个失误之一就是文化问题。Tushman & O'Reilly Ⅲ(1998)指出成功企业的文化惰性——企业在长期中形成的非正式规范、价值观、群体网络、传奇和英雄人物把一部分认识拘囿于如何行事的共同期望之中。组织文化是一把双刃剑,在相对稳定的环境中,企业的这种文化是它取得成功的主要因素,提供了一种不必改善或强化其正式的控制系统,就可以有效控制和协调员工的方式,促进渐进性技术创新。然而,一旦面临突变,这种曾经培育了成功的文化会迅速成为变革的主要障碍。Tornatzky 和 Bauman 的一项研究中也表明,在产学合作中具有支持合作的文化的大学研究人员对合作的绩效有着更大的贡献。

胡恩华、郭秀丽(2002)认为,长期以来大学科技成果评价中忽略了科技成果的市场价值,结果导致科研不是面向市场需求,仅是单纯追求学术价值和地位而进行与实际脱节的研究。因此,大学未能给企业带来有效的技术供给,加之企业方面也常常因为认识上存在的问题而最终导致产学合作有效性和绩效的下降。

(7)技术和知识差距

由于合作双方需要一些共同性的基础和知识背景以推动交流的发生和进行,因此研究领域所涉及的知识可表述性越强、深度越低,对合作效率的积极影响越大。例如在一些行业中,由于存在着自己独特的行业知识语言,并且有相当多的技术和知识以隐性知识或技术诀窍的方式存在,这会使该领域的可表述性降低,进而降低合作效率。此外,合作参与者之间在知识结构上的差异也是需要考虑的一个因素。知识结构上的差异太小,参与者之间的知识互补性就会有所欠缺;而知识差异太大,则相互的交流和沟通又将会面临障碍。因此

Jeffrey L. Cummings 等人（2003）指出，知识结构的差别也会影响合作的绩效，并且两者的关系是非线性的（U 型）。这一点可以从如下研究中得到证实。研究表明，有内部研究开发活动的企业比没有内部研究开发活动的企业更倾向于与大学合作，并且企业内部的研发活动有助于提高产学之间知识交流和信息沟通的效率（ConceicĀo Vedovello,1998）。

（8）空间距离

Mora Valentin et al.（2003）在企业与研究组织合作研发成功与否的决定因素的研究中提出，地缘上的相合程度积极影响合作。地缘关系指的是合作双方的物理距离（Mansfield & Lee,1996），是合作双方驻地之间的距离（Fritsch & Schwirten,1999）。有三个变量可以表征地缘关系：合作双方的所在地或地点（Mcdonald & Gieser,1987；Landry et al.,1996；Fritsch & Schwirten,1999），合作双方的物理距离（Katz,1994；Mansfield & Lee,1996；）和合作者之间所需的交通时间（Katz,1994；Mansfield & Lee,1996）。需要进一步明确的是，以上的变量都是绝对量，要衡量地缘关系对合作照成的影响，还需要考虑当地的交通情况等的因素。

Dill（1999）指出了产学合作双方在地理位置上的临近性对产学研合作的重要影响。Luukkonen 等（1992）的进一步研究也表明，地理位置临近性与文化相似性可以增强产学合作参与者的合作紧密程度，并由此在合作的紧密性与产出之间形成相互增强的正反馈关系。地理距离对协同关系的影响主要是通过对合作参与者之间沟通效率和成本的影响来实现的。大量对于信息流的相关研究表明，超过一定的距离之后，沟通的频率和效果都会出现急剧的下降，从而降低合作的绩效。Saxenian（1994）在总结硅谷成功的经验时，指出了各参与者在地理上的距离对合作关系的影响。他认为硅谷的成功不是简单地集合了大量的高科技企业，更重要的是企业内的工程师们可以方便地共享大学里的各种信息、交换试验数据和解决方案。这种地区性集群的影响常常在各种研究中被提及，一般与这种集群的距离越远，技术转移的效率越低。

本研究把协同创新组织之间的关系因素归纳为表 3.9。

表 3.9　协同创新关系影响因素分析

影响因素	文献来源
合作历史和经验	Mora Valentin et al.,2003；Bonaccorsi Piccalugadu,1994；Santoro,2000

续表

影响因素	文献来源
社会关系紧密程度	Geisler,1995;Santoro,2002
利益分配	胡恩华,郭秀丽,2001
合作信誉	Mora Valentin et al.,2003;Chung Jen Chen,2004
信任	Casson,1991;Buckley & Casson,1988;Larson,1991;Eva M. Mora-Valentin et al.,2003;Davenport et al.,1999;Kirsimarja Blomqvist,2005;
创新文化距离	Leifer et al.,2000;Morison,1966;Richard Foster,1986;Tushman & O'Reilly Ⅲ,1998;胡恩华,郭秀丽,2002
技术和知识距离	Nonaka & Takeuchi,1995;Lane & Lubatkin,1998;Cummings,2001,2003;Vedovello,1998
空间距离	Correa & Carlson,2000;Mora Valentin et al.,2003;Mansfield & Lee,1996;Fritsch & Schwirten,1999;Mcdonald & Gieser,1987;Landry et al.,1996;Fritsch & Schwirten,1999;Katz,1994;Mansfield & Lee,1996;Katz,1994;Mansfield & Lee,1996;Dill,1999;

3.6.2.7 知识属性

(1)知识的生命周期

Roussel(1991)认为,技术生命周期是指某一项特定技术从萌芽、成长、成熟直至衰退的全部过程。Hamilton 和 Singh(1992)针对技术生命周期的研究发现,在不同的技术生命周期阶段,企业所需要的技术知识来源是不同的。技术获取的方式与技术生命周期有直接关系。在萌芽期新技术刚刚开始出现,技术可能的应用领域就已经被发现,但是企业界开始没有明确的应用概念,这个阶段开展研究的主要是大学、研究机构或企业界从事基础研究的学者。在成长阶段,技术潜在的应用价值基本确定,技术从实验室技术开发进入到产品技术开发阶段。技术进入成长期,技术进步速度开始下降,新技术知识已经被企业所接受并开始学习,技术溢出速度开始加快。在衰退期,在技术上和工艺上的改进几乎完全完成,技术很容易被模仿。Ford(1982)和 Tyler(1991)的研究也表明,在技术的萌芽期,企业多采用合作方式获取所需的外部技术,而在成熟期,会较多采用技术购买的方式获取所需要的技术。

主导技术相对成熟,才使得相应的技术活动能够比较熟练地进行,包括设计、开发、测试等。技术活动的熟练程度,在以往的研究中,大多赞同其是几类影响成功的关键因素之一(Barclay,1992)。技术的成熟性,并不是否认产品创新上的技术的新颖性,而是指开发的工具、测试的手段以及采用的一些系统构架工具技术等方面的技术成熟性。

(2)知识的变化速度

Scott(1992)指出技术知识的变化是一种持续的过程,快速的变化和缓慢地变化是其技术知识变化速度的两极,变化速度是由产品创新和消费者偏好变化的速率来衡量。当技术变化速率较快时,企业会偏向提高开放度,来整合内外部资源,采用较多的组织资源以便更快获得更多的技术,合作创新的绩效也比较高;相反,当技术发展缓慢时,企业努力的重点则在市场方面,侧重于对顾客知识的整合方面。Zahra(2002)也认为,不断加快的技术发展速度将有利于产学合作。

(3)知识复杂程度

Simon(1979)认为技术复杂程度是以技术系统中不可分解的技术单元的数量来衡量的,也有学者以技术的新颖程度(Ford & Schellenberg,1982)、新技术中所包含的技术特征与技术概念的数量、零件数量、零件之间的关系程度(Miyazaki,1997)、技术步骤的数量作为衡量标准(Abernathy et al.,1978)。技术复杂性对于企业吸收增加了难度,会影响企业组织的知识吸收和积累(Nonaka,1995),但是从技术创新收益的角度看,技术越复杂对于技术拥有者保护性越强,因此,技术的复杂程度与技术创新收益绩效也表现出很强的相关性。Zahra(2002)也认为,不断增加的技术复杂度将有利于协同创新。

(4)知识的外显性和隐性

对知识外显性和可表述性的研究,主要从知识的内隐性方面进行。Polanyi(1962,1966)最早提出了知识内隐性概念,他认为人们所掌握的知识远远超出所能解释的部分,其原因在于知识是无法明确阐述的,是属于直觉的。他将这类知识定义为隐性知识。除此之外的另外一部分是可以用书面语言加以记录的,可以明确表述的知识(Winter,1987;Anderson,1983;Hedlund,1994;Nonaka,1995)。

Chen(2004)在他的关于知识属性、联盟特点、吸收能力对于知识转移绩效的影响的研究中提出,被转移知识的明晰程度正相关于知识转移绩效。具体来说,编码化的知识更容易通过市场或合同传播,知识的编码化程度越低,越难传播,越要依赖于组织特有的运作;知识共享这种合作方式更适用于明晰知识而人员交流更适合于缄默知识的传播。

（5）知识的模块化和标准化

Langlios 和 Robertson(1992)指出模块化是一个系统性的概念,它通常是指一个模块分离与重新组合系统的过程。Sanchez 和 Sudharshan(1993) 指出模块化是将复杂任务分解成相对简单的活动,同时各个活动能够独立进行,以有效管理产品和流程的方法。Clark(1993)把模块化分成三种层次:生产模块化,设计模块化和使用模块化。模块化程度较高的技术,是以一种嵌入式的协调方式取代传统的使用管理权协调生产开发的过程。Rosen(1994) 认为技术的标准化程度有利于技术网络的形成。标准化可以协调不同技术间的结合,减少产品差异,减少成本;可以增加互补性产品的供应,有利于企业产品研发活动;当企业的学习曲线附着于标准化技术时,有利于降低学习成本。

本研究把影响协同创新绩效的技术因素归纳为表 3.10。

表 3.10　协同创新技术动因

影响因素	文献来源
知识的生命周期	Hamilton,Singh,1992;Ford,1982;Tyler,1991;Barclay,1992
知识的变化速度	Scott,1992;Zahra,2002
知识复杂程度	Simon, 1979, 1984; Ford & Schellenberg, 1982; Miyazaki, 1997; Abernathy et al. , 1978; Zahra, 2002; Koget, Zander, 1992; 林文宝,2001
知识显性和隐性	Polanyi, 1962, 1966; Winter, 1987; Anderson, 1983; Hedlund, 1994; Nonaka, 1995; Koget, Zander, 1992; Utterback, 1994; Hakanson, Nobe,1998;Chen,2004
模块化和标准化	Langlios & Robertson,1992;Utterback,1994;Grant,1996

3.6.2.8　资源和能力

充分的技能和资源可以使公司(团队)顺利的执行特定的技术活动。管理技能与资源也是项目成功的一类因素,这里的管理能力指各种组织内部的软能力,包括了营销的能力、内部的协调管理能力、学习能力等(Cooper and Kleinschmidt 1995)。合作创新资源方面的影响因素包括了充足的资金支持,良好的研制平台及工程实施的设备作为物力资源的支持,各类的人力资源充足,专门的知识库和外部智力资本的支持。能力方面,拥有更多技术技能的企业会更容易地进行新产品创新的相关技术活动(Cooper,1996)。强大的技术能力是整合外部资源和知识的首要条件(Nightingale,2000)。

（1）充足的资金

新产品的研发活动需要充足的资金支持，要有充足的预算（Cooper，1996）和 R&D 的投入（Montoya Weiss & Calantone，1994；Maidique & Ziger，1984）。复杂产品系统的创新需要更为巨大的研发资金的投入与支持。充足的物力支持指的是需要有良好的开发设备、先进的试验装置（Rothwell，1992）等作为产品创新的平台，以及作为复杂产品系统实施相关的工程实施与研制的技能。

（2）先进设备和检测设施

充足的物力支持指的是需要有良好的开发设备、先进的试验装置（Rothwell，1992）等作为产品创新的平台。

（3）充足的人力资源

人力资源是新产品开发的另一关键要素，招募、筛选和培训合适的各类人才，才能保证项目进行的各种人力资源的充足（Pinto and Slevin，1987）。这里的人力资源包括研发人才、管理人才、工程师以及复合型的销售人才。尤其是复合型的销售人才，在复杂产品系统创新的过程中，他们是具有技术背景和销售技能的一类人才。为了理解客户的需求，与以利用开发工程师而不是普通市场人员来与顾客保持联系，利用产品的原型来获得顾客的反馈以取得更好的效果（Nightingale，2000）。

（4）大学知识生产能力

知识经济是以科学技术为核心进行知识生产、传播和应用基础上的经济（OECD，1997）。要发展知识经济就必须形成以知识生产为主导的经济发展体系（陈劲，周杨，2012），可见知识生产已经成为知识经济运行的起点。而高校特别是研究型大学，作为知识生产的重要阵地，使科学研究不仅成为高校发展的根本战略目标，而且还决定了研究型大学的竞争力，也是研究型大学人才培养与技术创新的根本动力。同时，随着产业部门在激烈的市场竞争中对主导技术优势的争夺，越来越多的企业开始追求产业共性技术或前沿技术，致使探索性研究及需求导向研究紧密结合，为高校在前沿知识上的生产优势与企业对知识的市场开发优势之间的协同创造了条件（张玉臣，2011）。因此，提升高校科研系统的知识生产能力是有效提升协同绩效的重要前提。

当然，根据国际经合组织（OECD，2000）对知识生产的定义：个人、团队或组织成功地开发新知识和实践的情况。知识生产的要素包括生产新知识直接或间接所需的存量知识、智力劳动者、知识生产工具及组织与管理。因此，许多学者从知识生产要素构成角度，来分析加强高校知识生产能力对提升研协同创新绩效的作用机理,特别是根据知识生产绩效即投入产出影响要素的分析,得出资本、劳动力和知识的存量是决定知识生产绩效的关键要素(Arrow,1962;Romer,1986,1990;Zvi. Grilichesr,1998)。

(5)大学知识解析能力

知识传播过程是知识从生产到应用的过渡阶段,是知识在组织和个体之间进行吸收、消化、共享、集成、利用和再创造(Koschatzky,2002)的过程。那么,高校知识转移过程,本质上是高校对自身拥有的隐性知识与显性知识进行相互转换和提升的过程(Perkmann and Walsh,2007)。所谓隐性知识显性化是指将隐性知识编码化,使其转化为显性知识,易于人类的学习和借鉴。Zander(1992)认为编码化的隐性知识更易于在不同群体内的扩散。杨振华和施琴芬(2006)指出,高校通过设计保持良好的知识转化环境,对隐性知识编码化过程进行管理,使隐性知识顺利实现显性化,才能有效地保证知识转移的目标。闻曙明等(2006)指出,高校利用现代信息技术有效地实现隐性知识的转换和共享,通过知识编码创造出新的知识,可以显著提高高校办学水平和办学效益。

(6)企业吸收能力

在创新能力的众多组成因素中,利用外界知识的能力是其中关键的部分。我们发现,挖掘和利用外界知识能力很大程度上取决于企业原有的知识。从基本层面上说,这些原有的知识包括基本技能、与合作者使用共同的语言以及熟知企业所在领域的科技发展动态等。这样说来,这种原有的知识是一种识别信息、吸收信息,并将其应用到商业末端的能力。这种能力就是"吸收能力"(Cohen & Levinthal,1990)。吸收能力决定于被延长了的投资的过程和企业内部的知识积累,并且是路径依赖的(Mowery et al.,1996)。这样,针对企业吸收能力的持续的投资成为企业有效利用外界资源的必要的条件。与上述研究同时进行的关于更广泛技术转移的文献认为,相关的技术技巧的掌握对于技术的内部转移具有积极的作用(Rosenberg & Frischtak,1991;Agmon & von Glinow,1991)。Gambardella(1992)进一步研究认为,吸收能力水平的提高能够有效地增强企业从外部资源获得技术知识的能力。具有较高水平吸收能力的企业有可能更好地理解和利用从外部资源获取的知识并应用到本身的技术创新活动中(Tsai,2001;Makhija and Ganesh,1997)。

(7)企业知识利用能力

Cummings 等人(2003)指出,知识结构的差别也会影响合作的绩效,并且两者的关系是非线性的(U 型)。研究表明,有内部研究开发活动的企业比没有内部研究开发活动的企业更倾向于与大学合作,并且企业内部的研发活动有助于提高产学之间知识交流和信息沟通的效率(ConceicĀo Vedovello,1998)。

基于以上分析,本研究把影响协同创新绩效的资源和软能力因素归纳为表 3.11。

表 3.11 协同创新资源与软能力动因

影响因素	文献来源
充足的资金支持	Cooper,1996；Montoya Weiss & Calantone, 1994；Maidique & Żiger,1984
先进设备和检测设施	Cooper,1996；Montoya Weiss & Calantone, 1994；Maidique & Ziger,1984
充足的人力资源投入	Pinto & Slevin 1987；Nightingale,2000
大学的知识生产能力	Kim & Wilemon,2002；Rothwell,1992；Cooper, 1996
企业吸收能力	Cohen & Levinthal, 1990；Mowery et al. , 1996；Rosenberg & Frischtak,1991；Agmon & von Glinow,1991；Gambardella,1992；Tsai,2001；Makhija & Ganesh,1997
企业知识利用能力	Cummings et al. ,2003；Vedovello,1998

3.6.3 研究框架模型构建

国家创新系统的绩效取决于产业创新主导企业的创新绩效。谭劲松等(2007)在 Anderson 和 Tushman(1990)建立的技术演化周期模型基础上,在技术创新动态 UA 模型的变动阶段中识别出了四个里程碑事件,分别是不连续性技术的出现、产品原形的出现、商业化产品上市、显著的市场领先者的出现以及主导设计的确立,并利用这四个里程碑事件将变动期分为了四个子阶段:研发竞争、技术测试、市场创造、决定性战役(见图 3.2)。同时还识别出了影响主导设计形成的五种组织可控战略因素:技术优越性,安装基础、互补性产品可得性、互补性资产可得性和市场进入时机。主导设计的形成代表了产业技术派系的形成基础已经成立,创新主导企业将通过控制主导设计和技术标准,形成技术和市场的垄断,代表了"赢者通吃"时代的到来。

由此可见,国家创新系统协同的目的,不是简单地组建几个合作联盟组织,而是要扶持创新主导企业夺取产业主导设计权,形成技术派系控制市场占有率,最终实现国家竞争力。在知识经济时代,系统、产品和服务的复杂程度超乎

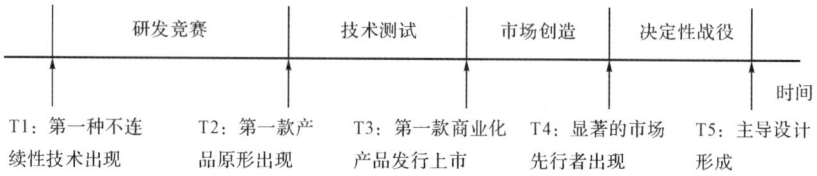

图 3.2　主导设计形成的阶段性过程

资料来源：谭劲松，薛红志.主导设计形成机理及其战略驱动因素研究[J].中国软科学,2007(7)：
41-53.

想象,已经超越了个体企业自身的能力极限,所以,创新主导企业的知识吸收利用能力成为创新成功的关键因素;另外,在高技术产业大学和研究机构的新知识,成为推进创新的主要动力,所以,大学研究机构的知识生产质量和知识解析能力也成了关键因素。

　　基于以上逻辑,本书构建了"影响因素—关键能力—创新绩效"的三层式研究框架(见图 3.3),作为下阶段实证研究的基础。

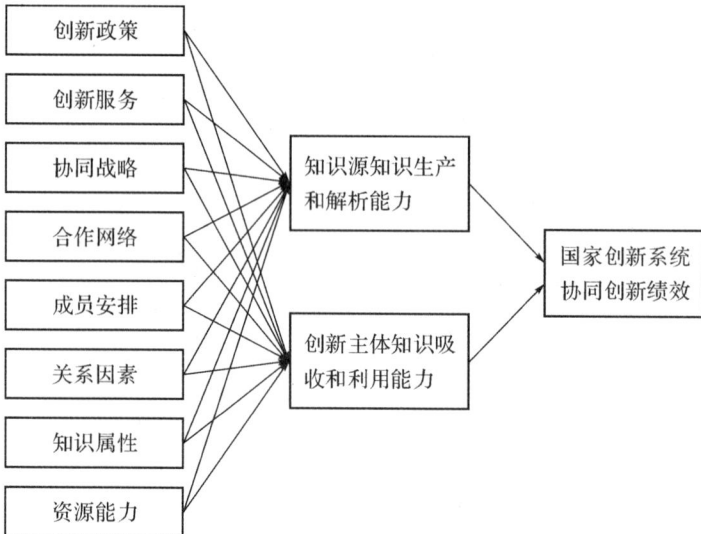

图 3.3　国家创新系统协同创新机理研究框架

3.7　本章小结

　　本章主要采用多案例比较研究方法,结合"先案例背景,后案例介绍,再案例分析"的分析思路,分别对美国"工业—大学合作研究中心(IUCRC)"、欧洲创新工学院"知识和创新共同体"(KICs)和我国"2011 协同创新中心"进行了案例剖析;在案例研究基础上,通过相关理论研究梳理了国家创新系统协同创新的影响因素和绩效评价指标体系,形成了理论研究框架,作为下阶段研究的基础。

04 研究设计和研究方法

对国家创新系统创新绩效、创新绩效影响因素与协同机理进行深入有效的分析,除了需要规范的理论推理和案例分析之外,还需要运用科学的实证研究方法。范柏乃和蓝志勇(2008)指出,公共管理研究设计的基本任务包括两个方面:一是选择、确定收集和分析研究数据的方式方法,保证研究所采用的方式方法是合理的、可靠的和经济的;二是构思、制定实现研究目的的操作程序和控制方案,保证研究是有效的、客观的和明确的。

研究设计的核心内容是保证回答研究的问题和达到研究的目的。由于本书进行实证研究所需要的数据是通过问卷为主的方式进行调查得到的,问卷设计和数据收集过程的合理与否,所收集数据是否符合研究的基本要求等,将直接关系到本研究的质量。因此,本章将从问卷设计、数据收集过程、数据的初步统计推断等方面对研究设计与实证研究方法进行阐述。

4.1 问卷设计

4.1.1 问卷的基本内容

问卷设计的最高层次是问卷量表的构思与目的,不同的目的和理论依据决定了问卷项目的总体安排、内容和量表的构成(王重鸣,1990)。本书的问卷设计,主要是为本书围绕国家创新系统中各个创新参与者之间协同创新机制而展开,要求问卷内容能为各部分研究内容提供真实、有效的数据。所以,设计的调查问卷包括了五个方面的基本内容(详见附录二):

(1)填报者与基本信息;

(2)协同创新项目基本情况;

(3)协同创新过程中影响因素与创新绩效之间关系的判断;

(4)协同创新绩效；

(5)公共政策对于协同创新绩效的影响关系。

4.1.2 问卷设计过程

本研究所使用的问卷是在基于大量文献研究成果和调研访谈结果,参考了国内外成功问卷设计的模板,最终分五个阶段逐步形成本书的调研问卷。

首先,通过检索查阅有关复杂系统理论、国家创新系统理论、协同创新理论、协同创新影响因素、创新绩效评价、创新政策等方面的研究文献,将相关文献的研究成果进行梳理和归纳,吸收了与本研究有关的知识,形成初步调查思路,设计出第一阶段调查问卷。

其次,对北京、江苏、浙江、湖北等创新活跃地区的产业创新主导企业、创新配套企业、大学、研究机构、金融服务机构、知识产权服务机构等创新参与者,进行了实地深入考察调研或实地访谈。深度访谈就第一阶段形成的基本量表中问题的表述方式和内容向被访谈者征询意见,案例研究则重点就典型项目的实际情况验证基本量表的内容,检查有无遗漏项目。深度访谈和案例研究的结果显示,被访谈者基本认同基本量表的问题表述方式和项目内容,根据他们的意见修改和完善了调研问卷的部分内容。企业的访谈对象主要是企业内负责技术工作的高层领导、相关事业部领导和承担具体产学合作项目研发工作的项目经理,了解产学合作项目的基本情况以及在协同创新项目过程中所遇到的主要问题。高校的访谈对象主要是高校内负责科技工作的高层领导、科技处负责人和承担具体产学合作项目研发工作的教职员工,了解了高校的产学合作项目的基本情况以及在协同创新项目过程中所遇到的主要问题。访谈目的包括两方面:一是验证初步研究思路,就初始假设征询被访谈者的意见,以检验研究思路是否与现实相符合;二是征询被访谈者对本研究重要问题的意见,包括研究模型的表面有效性(face validity)以及各变量的测度,以充实完善调查问卷,并检验本研究主要问题的实际意义。最后通过总结企业和高校等提出的针对第一阶段调查问卷的修改意见,形成第二阶段调查问卷。

第三,向有关专家征求意见。首先询问作者所在的学术团队,包括数位教授、副教授,三十多位博士研究生和硕士研究生,征求团队中各位专家和相关研究人员对问卷的意见,吸收合理性意见对调查问卷再进行修改,形成第三阶段问卷。

第四,向政府部门征求意见。政府的各项政策对于产学合作的各个方面均会产生巨大的影响力,所以问卷设计第四阶段安排向政府相关部门的领导征求建议。先后与浙江省经贸委产学合作办公室、高新技术处、技术装备处、先进制造业基地,浙江省科技厅相关官员以及浙江省教育厅高科处相关官员共 45 人从政策层面对问卷量表中的相关政策变量的设计进行了多次讨论建议,并吸收了他们的合理建议完善了研究问卷中的部分内容,形成第四阶段问卷。

第五,对修改后的调查问卷进行预测试,以验证调查问卷中指标设置和问卷表述的合理性。预测试的范围主要选择在北京和杭州两个城市的 15 个不同性质的创新参与者,根据被测试者的反馈和建议,对一些测度题项的表述方式和语言进行了修改,在此基础上形成了最终调查问卷。

4.1.3 问卷设计的可靠性问题[①]

问卷设计的可靠性也就是问卷设计的合理性和科学性。关于这方面的要求,一些学者已从不同方面作过论述。王重鸣(1990)认为问卷量表的设计包含四个层次,即问卷的理论构思与目的、问卷格式、问卷项目的语句和问卷用词。在进行问卷设计时,问卷的内容和子量表构成要根据问卷设计的目的确定;问卷中应尽量注意避免复杂语句或带有引导性的问题,语句层次上要使项目用语明确、具体,尽可能避免多重含义或隐含某种假设;问卷用词要避免过于抽象以防止反应定势;同时要控制反应偏向。马庆国(2002)认为,正确设计问卷的要点是:问卷问题要根据研究目标设立;要依据调查对象的特点设置问题;不能设置得不到诚实回答的问题;对于有可能得不到诚实回答而又必须了解的数据可通过其他方法处理,如变换问题的提法,从而获得相关数据。

对于学者们提到的问卷设计需要注意的问题,本书在问卷设计中都进行了考虑和处理。关于问卷中问题的表述方式,本书是在借鉴相关文献原有表述基础上,通过两轮的项目访谈,反复征询被访谈者的意见后修正的。修正后的问题表述方式同时考虑了问题表述的明确性、客观性、容易理解等要求;避免问卷设计中可能隐含某种对回答者有诱导性的假设,避免问卷回答过程中可能出现的一致性动机问题(consistency motif problem)。

按照 Podsakoff 和 Organ(1986)以及 Lee 等人(2001)的观点,本书在问卷设计中,没有说明研究的内容和逻辑,问卷中也没有出现协同创新影响因素假设量表和创新绩效的题名,以防止回答者得到可能的因果关系暗示,进而在回答过程中受到这一暗示影响;对于有可能得不到诚实回答的问题,问卷中变换了问题的提法,以减轻回答者的主观倾向。对于一些可能涉及企业商业机密信

---

① 参考桂斌旺.基于模块化的复杂产品系统创新机理研究[D].浙江大学博士论文,2006.

息或敏感性的问题,企业可能不愿提供详细数字,出于操作性的考虑,问题的选择答案应设计成区间范围供被访问者选择。在题项的安排上,中间变量问题放在问卷的最后面,提高回答者的响应率。

4.2 数据收集程序

由于本书定量研究所需数据无法通过公开资料进行收集,需要通过问卷调查的方式来得到,问卷设计和数据收集过程的合理与否,所收集数据是否符合研究的基本要求等,直接关系到本书研究的质量。

王重鸣(1990)认为,调查取样过程包括三个方面:(1)规定总体,对总体做出明确定义;(2)选取样本,运用适当取样方法抽取样本;(3)统计推论,从样本的统计数据估算出总体的有关参数。以下参照王重鸣(1990)对调查取样应包含的内容分别阐述。

4.2.1 总体和样本的确定

范柏乃和蓝志勇(2008)认为,研究取样(sampling)就是从一个总体中抽取部分具有代表性的个体作为研究样本(sample),研究设计中的取样是一项技术性很强的工作,也是研究者为获得准确可靠的信息所必须认真考虑的问题。总体是研究对象的全体,包括理论总体和可获得总体(范柏乃,蓝志勇,2008)。国家创新系统研究的参与者非常多,主要包含创新主导企业、创新配套企业、高校、研究机构、知识产权服务机构和金融服务机构,所以必须首先对研究样本做一个具体规定。在企业方面,主要是针对创新主导企业,只有满足以下三个条件的创新主导企业才能够成为本研究的分析单位,组成了研究样本的理论总体:第一,要求样本企业是产业创新主导企业。对于创新主导企业的定义,参照弗拉斯卡蒂丛书《技术创新调查手册》中关于创新型企业的定义,创新型企业指该企业在近三年内实现了技术上新的或技术上有重大改进的产品或者工艺的企业(OECD,1997);创新主导企业不仅具有创新业绩,并且是产业技术标准和主导设计的控制者。第二,创新企业具有企业研究院,具有内部研发实力。第三,要求样本企业是通过协同实施创新的企业。在大学和研究机构方面,大学样本企业的条件首先必须是研究型大学(主要是211大学),第二要求已经实施了大量产学研合作创新研究项目;研究机构因为与大学性质雷同,所以不参与调查。在知识产权服务方面,样本条件是具有服务创新主导产业的实务经历的知识产权服务机构。在金融服务方面,样本主要是具有产学研合作企业的风险投资实务经历的风险投资机构。

范柏乃和蓝志勇(2008)指出,理论样本往往是虚的,不是一个实在的、可操作的总体。而可获得总体才是实在的、具体的、可操作的总体,研究设计中必须确定抽样的框架。抽样框架是抽样单位的实际名录,样本就是从抽样框架中选取出来。鉴于研究时间和研究成本的限制,本次研究采用局部抽样的方法,把抽样范围选定为长三角区域,企业样本为该区域的符合样本要求的上市公司,高校为该区域的国家211计划范围内的高校,金融服务机构和知识产权机构主要从创新主导企业的在位服务企业中随机抽取。

4.2.2 答卷者的选择

答卷者回答问题的准确性是决定研究结果的重要因素之一。Fowler(1988)认为有4个主要的原因可能会导致被调查者对问题做出不准确的回答,即:(1)被调查者不知道问题答案的信息;(2)被调查者不能回忆问题答案的信息;(3)被调查者虽然知道问题答案的信息,但被调查者不想回答这些问题;(4)被调查者不能理解问题内容。李怀祖(2004)也认为在进行问卷调查时应该事先估计答卷者是否能够并愿意提供所预期的信息。为避免在这方面出现的信息失真,本书除了在问卷设计过程中对问题表述方式进行优化以外,在答卷者的选择方面也作了一定程度的限定。为了确定答卷者有足够的概念和知识来填答问卷,本研究进行企业调查的时候,选择的答卷者都是技术中心负责人或主管技术的副总经理;邮寄问卷则是直接寄给企业的技术中心负责人或者相关的高层领导。即确定被调查对象主要为企业技术中心负责人。在大学和研究机构方面,主要是产学研合作项目的负责人。金融机构和知识产权服务机构主要是中高层业务管理人员。在确定样本选择原则和被调查对象的选择原则后,确定了符合所有样本条件的300家创新主导企业、研究型大学10所的100个项目、知识产权服务和金融服务机构各100家。

4.2.3 问卷发放及回收

本研究的问卷调查主要通过信函形式进行的间接发放。本研究从2012年8月初开始进行问卷调查,通过书信方式发放调查问卷600份。在邮寄的信函中,附上本研究的简单背景,以及被调查对象选择的基本要求,请他们填答问卷。向被调查者保证机密性并承诺研究一旦完成将送给他们有关研究发现的集合报告,此外,随信附上回邮信封和邮票,以期望提高问卷回收率。问卷发出后,笔者选择适当的时间通过电话、email等方式进行联系,或者通过社会关系与被调查者联系，以提高其回答问卷的积极性。尽量通过努力与被调查者加强联系，以提高其回答问卷的积极性。截至 2013 年 7 月 31 日，共收到反馈回来的问卷 216 份。通过对回收的 216 份问卷的初步检查，发现共有 27 份不合格问卷，其中 16 份问卷填写不完整，另有 11 份问卷中不同题项的选择答案几乎没有差异，所以予以剔除。剔除不合格问卷后，得到实际有效样本 198 份，有效问卷回收率为 31.5%。

4.3　样本的描述性统计

4.3.1　参与者结构

本研究所搜集的样本分布情况如下：创新主导企业 87 份（44%）、大学 77份（39%）、知识服务机构 20 家（10%）、金融服务机构 14 家（7%），见图 4.1所示。

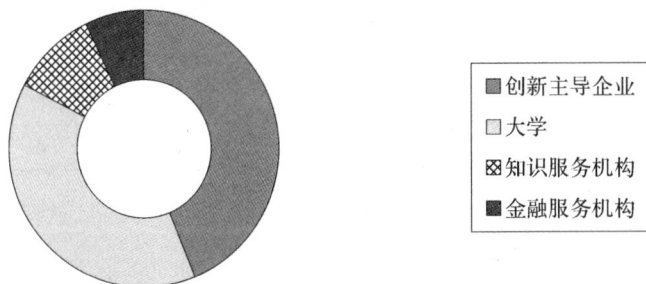

图 4.1　样本的合作模式分布

4.3.2　行业分布

本研究所搜集的样本所属行业包括：生物制药行业 20 家（11%）、石油化工行业 16 家（9%）、材料行业 12 家（6%）、电子及通讯设备制造业 29 家（16%）、冶金与能源行业 11 家（6%）、通用及专用设备制造业 32 家（16%）、电气机械及器材制造业 31 家（17%）、纺织服装业 28 家（9%）、食品行业 5 家（3%）和其他行业 14 家（7%），见图 4.2所示。

4.3.3　创新绩效

表 4.1 给出了样本创新绩效测度指标的均值、最大值、最小值和频次分布。

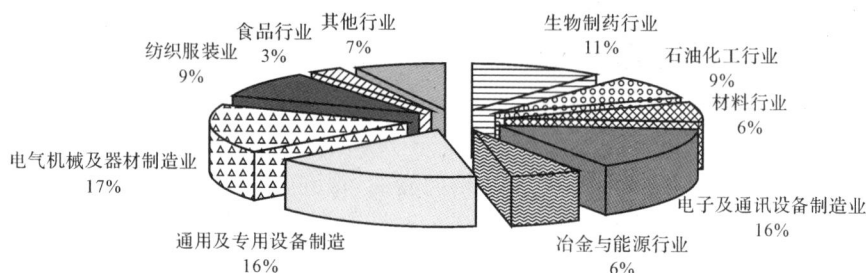

图 4.2　被调查样本的行业分布

从表 4.1 的初步描述性统计可以看出,各测度指标的均值都超过 3,初步表明样本整体上的创新绩效较好。统计结果表明,样本可用于进行协同创新的机理分析。

表 4.1　创新绩效测度指标的基本描述性统计

变量	N	最小值	最大值	均值	标准差
创新绿色化程度	198	1.00	5.00	3.6262	0.1056
创新成本	198	1.00	5.00	3.7319	0.0911
市场占有率	198	1.00	5.00	3.1416	0.0856
专利申请和行业标准	198	1.00	5.00	3.1006	0.0946

4.4　数据合并的有效性

由于样本特征具有分散性,为了将样本合并后从整体上进行分析,首先按参与者属性、行业类别两个方面对样本风险后果测度指标数据进行方差分析,以检验样本合并的有效性。

4.4.1　样本属性的差异分析

方差分析可以用来判断不同样本的均值是否存在显著性差异。表 4.2 显示了参与者对创新绩效测度指标评价值的方差齐次性的 Levene 检验的计算结果,各指标 Levene 统计值的显著性概率都大于 0.05,Levene 检验通过,不同产学合作模式样本的项目创新绩效测度指标评价值具有方差齐次性。表 4.3 显示了不同参与者对创新绩效测度指标评价值的方差分析结果,各指标的 F 统计值的显著性概念都大于 0.05,表明不同参与者样本对项目创新绩效测度指标评价值没有显著性差异。

表 4.2　方差齐次性检验(Test of Homogeneity of Variances)

	Levene Statistic	df1	df2	Sig.
创新绿色化程度	1.104	6	198	0.211
创新成本	1.118	6	198	0.256
市场占有率	1.213	6	198	0.242
专利申请和行业标准	1.003	6	198	0.421

表 4.3　方差分析表(ANOVA)

		Sum of Squares	Df	Mean Square	F	Sig.
创新绿色化程度	Between Groups	0.545	6	0.329	0.369	0.814
	Within Groups	158.540	198	1.138		
	Total	159.085	205			
创新成本	Between Groups	1.206	6	0.293	0.442	0.794
	Within Groups	166.549	198	1.357		
	Total	167.755	205			
市场占有率	Between Groups	0.799	6	0.481	0.536	0.828
	Within Groups	150.681	198	1.062		
	Total	151.480	205			
	Within Groups	103.597	198	0.825		
	Total	104.674	205			
专利申请和行业标准	Between Groups	0.509	6	0.481	0.433	0.745
	Within Groups	150.971	198	1.062		
	Total	151.480	205			

4.4.2　样本的行业差异分析

　　方差分析可以用来判断不同样本的均值是否存在显著性差异。表 4.4 显示了不同行业协同创新绩效测度指标评价值的方差齐次性的 Levene 检验的计算结果,各指标 Levene 统计值的显著性概率都大于 0.05,Levene 检验通过,表明不同行业协同创新绩效测度指标的评价值具有方差齐次性。表 4.5 显示了不同行业样本协同创新绩效测度指标评价值的方差分析结果,各指标的 F 统计值的显著性概念都大于 0.05,表明不同行业协同创新绩效测度指标的评价值没有显著性差异。

表 4.4　方差齐次性检验(Test of Homogeneity of Variances)

	Levene Statistic	df1	df2	Sig.
创新绿色化程度	1.362	6	198	0.230
创新成本	1.013	6	198	0.446
市场占有率	1.353	6	198	0.261
专利申请和行业标准	1.013	6	198	0.446

表 4.5　方差分析表(ANOVA)

		Sum of Squares	Df	Mean Square	F	Sig.
创新绿色化程度	Between Groups	0.425	6	0.329		
	Within Groups	158.660	198	1.138	0.386	0.805
	Total	159.085	205			
创新成本	Between Groups	1.036	6	0.293		
	Within Groups	166.719	198	1.357	0.435	0.792
	Total	167.755	205			
市场占有率	Between Groups	0.669	6	0.481		
	Within Groups	150.811	198	1.062		
	Total	151.480	205		0.568	0.834
	Within Groups	103.507	198	0.825		
	Total	104.674	205			
专利申请和行业标准	Between Groups	0.669	6	0.481		
	Within Groups	150.811	198	1.062	0.435	0.792
	Total	151.480	205			

　　通过按参与者属性、行业等分别对样本测度指标进行方差分析的结果可以看出,协同创新绩效测度指标的评价值都没有显著差异,表明样本可以在合并后进行分析。

4.5　研究方法设计

为了验证本书概念模型中的研究假设,除了问卷设计、数据搜集之外,选择合适的研究方法或程序也是非常重要的。本书利用根据全部有效问卷的调查数据建立数据库,验证理论分析所提出的假设模型及各种假设所预期的理论假设。首先,统计分析主要运用 SPSS20.0 统计软件包对模型中各要素进行描述统计分析、相关分析、回归分析和因子分析;然后,采用 Matlab 对国家创新系统中关键要素之间的动态协同创新机制进行仿真,以预测不同条件下协同创新的演进方向。

4.5.1　SPSS 统计分析

统计分析主要运用 SPSS20.0 统计软件包对模型中各要素进行描述统计分析、相关分析、回归分析和因子分析。

4.5.1.1　描述性统计分析

描述性统计主要对样本组织的参与者属性和行业属性的分布结构情况进行统计分析。同时,对协同创新绩效各变量的均值、标准差、最小值、最大值、众数和频次分布等进行描述性统计。

4.5.1.2　信度与效度检验

在评定实证性社会研究的质量时,常常需要对研究的信度和效度进行检验(Yin,2003)。实证研究结果要具有可信度和说服力,必须满足信度和效度要求。对于本书而言,需要从研究模型的构建、数据的收集和变量测度是否达到了信度和效度要求两个方面确保研究的信度和效度。本书在此将运用信度测试与因子分析予以说明。在大量的文献研究基础上,本书建立理论模型和选择测量工具,并根据专家意见和前测情况对测量工具进行修正,在很大程度上保证了本书的总体研究结构、变量测度以及数据获取的信度和效度。

4.5.1.3　因子分析

本书将针对影响协同创新绩效的各类自变量因素和协同创新绩效进行主成分因子分析,消除具有较强相关性的自变量和因变量协同创新绩效,以进一步提取自变量和因变量中的关键因子,排除非关键因子,以利于下一步进行多元回归分析。

4.5.1.4 多元回归分析

本书采用多元线性回归分析方法,以此验证所有影响因素对协同创新绩效的影响力,进一步验证各合作创新要素与创新绩效之间的因果关系,为协同创新的机理和路径分析奠定了基础。

4.5.1.5 通径分析

本书采用通径分析方法,以此验证影响因素—关键影响模块—协同创新之间的影响路径和影响效果,为继续研究动态协同创新的机理奠定了基础。

4.5.2 Matlab 仿真分析

本书运用 Matlab7.5.0 数学软件,借鉴复杂系统理论中经典的"B-Z"反应模型,对国家创新系统静态协同机制研究中的关键变量之间的动态协同机制进行研究,预测研究不同条件下国家创新系统的动态研究机制,为政策的优化提供理论依据。基于自组织协同论中役使原理和绝热消去原理(Haken,2006),为构建序变量方程研究国家创新系统动态协同机制提供了新手段。尽管目前我国基于复杂性科学对开放式创新系统从事定量化模型研究的成果还很不足,但是李朝霞(2001)将布鲁塞尔器模型作为耗散结构临界值的判定工具,李嘉明等(2009)基于二维系统动力方程研究了产学研联盟演化机制,张铁男等(2011)引入系统动力学"B-Z"反应模型构建了三维变量模型对企业系统演化规律进行了定量研究。"B-Z"反应模型是复杂性科学研究的重点模型,耗散结构理论和协同论等都将其作为经典案例进行研究,但是以"B-Z"反应模型为基础研究国家创新系统的动态协同创新的研究还不常见,可能成为本书在研究方法上的创新点。

4.6 本章小结

本章从问卷设计、数据收集过程等方面对本书的研究方法进行了阐述,并对样本数据进行了初步的统计推断。问卷设计经历五个不断修改和测试的阶段,同时根据专家观点在可靠性方面做了深入考虑,可以基本保证问卷的合理性和科学性;数据收集过程中在样本选择、被调查对象选择以及样本发放和回收方面做了严格限制,可为有效数据的收集初步奠定基础;样本数据的初步统计推断结果表明数据是有效的。最后明确了本研究实证部分的逻辑程序和研究方法设计,为进一步的研究奠定了基础。

05　国家创新系统静态协同创新机制

　　本章在第二章文献与理论研究综述和第三章案例研究的基础上，对影响国家创新协同创新的影响因素的自变量进行实证遴选，并在信度和效度检验前提下，运用因子分析对影响因素自变量进行聚类，形成影响要素模块；通过回归分析识别协同创新的关键影响要素，构建了由创新绩效、影响要素模块和影响因素三个层面组成的研究模型。最后，通过通径分析手段，对影响因素、关键要素和协同创新之间的影响路径进行分析，验证协同创新理论框架的所有假设，为下阶段研究协同创新的动态机制的提供了实证依据。

5.1　协同创新绩效的影响因素研究

5.1.1　变量的测量

5.1.1.1　变量解释

　　基于第二章文献研究和第三章案例研究的成果，遵循因素变量遴选的系统性、可操作性、有效性、可比性和动态性五项原则，本研究从创新政策、创新服务、知识特性、合作网络特性、关系因素、资源能力等七个方面遴选了44个协同创新绩效的影响因素（见表5.1）。

表 5.1　协同创新绩效的影响因素（第一轮）

影响因素	序列	影响因素	文献来源
创新政策	X_1	知识产权保护政策	袁建文,2002
	X_2	政府优惠政策	López & Martínez , et al. ,1994；Carayannis,1999
	X_3	创新资助	案例研究
	X_4	人才和教育政策	案例研究
创新服务	X_5	知识产权服务	袁建文,2002
	X_6	金融服务	案例获得
	X_7	中介组织服务	Carayannis, 1999；Pfeffer, Nowak, 1976；Powell et al. ,1996
战略因素	X_8	对政策环境的了解程度	Langrish,1973；Maidique & Ziger,1984；Montoya-Weiss & Calantone,1994；Mike Hobday,Rush,1999；Halman,2001
	X_9	对行业的了解程度	Balachandra, Raelin, 1984；Maidique, Ziger, 1984；Cooper,1975,1979,1980；Cooper ,Kleinschmidt,1995
	X_{10}	对竞争对手的了解程度	Cooper, 1979, 1980a, 1980b；Cooper, Kleinschmidt, 1993,1995；Montoya-Weiss , Calantone1994；Cooper, Kleinschmidt,1995；许庆瑞,2002
	X_{11}	清晰的合作目标	Hausler et al. ,1994；Klofsten & Jones Evans,1996；Chisholm,1996；Geisler et al. ,1991；Hausler et al. , 1994；Klofsten & Jones Evans,1996；Burnham,1997；Jones Evans & Klofsten,1998
	X_{12}	研发战略的开放度	Ernst, 2002；Katila & Ahuja, 2002；Bonaccorsi & Piccaluga, 1994；Mey Krahmer, 1983
	X_{13}	强烈的合作动机	Bonaccorsi et al. ,1994
	X_{14}	清晰的合作创新内容	Cooper & Kleinschmidt, 1993, 1995；Calantone and Benedetto,1990；Cooper,1996；Pinto and Slevin,1987

续表

影响因素	序列	影响因素	文献来源
联盟组织	X_{15}	合作企业组织结构	Teece et al. , 1997；Zmud, 1982；Burns, Stalker, 1961；Burns, Stalker, 1961
	X_{16}	项目团队的稳定度	Cooper, 1987；Hobday, 1999；Hansen and Rush, 1998
	X_{17}	合作模式的选择	Das & Teng, 1998；Gulati, 1995；Osborn & Baughn, 1990； Chen, 2004； Katila & Ahuja, 2002；Santoro, 2002
	X_{18}	创新团队的沟通	Rothwell, 1992， Pinto and Slevin, 1987；López Martínez et al. , 1994；Brown & Eisenhart, 1997；Mora Valentin et al. , 2004
人事安排	X_{19}	高层领导对合作项目的关注和支持	Bonaccorsi et al. , 1994；Maidique & Ziger, 1984；Rothwell et al. , 1992；Montoya Weiss & Calantone, 1994；Cooper & Kleinschmidt, 1993, 1995；Lester, 1998；高建等, 1996；郭斌, 2006
	X_{20}	项目经理的经验与能力	Rothwell et al. , 1974, 1976；Hobday, 2000
	X_{21}	项目倡导者的存在	Rothwell, 1992； Kessler & Chakrabarti, 1996；Markham and Griffin, 1998
	X_{22}	技术桥梁人物的存在	Marquis, 1969；Chakrabarti, 1974； Santoro et al. , 2002；Pfeffer, 1981；Rothwell, 1992；许庆瑞, 2002
	X_{23}	科学家的参与	Murray, 2004
	X_{24}	项目成员的责任感	Pinto and Slevin, 1987， Hobday and Rush, 1999
	X_{25}	高素质的项目成员	Lester, 1998
关系因素	X_{26}	合作历史和经验	Mora Valentin et al. , 2003；Bonaccorsi, Piccalugadu, 1994；Santoro, 2000
	X_{27}	社会关系紧密程度	Geisler, 1995；Santoro, 2002
	X_{28}	利益分配	胡恩华, 郭秀丽, 2001
	X_{29}	合作信誉	Lewicki & Bunker； Lucas； Mora Valentin et al. , 2003；Chen, 2004

续表

影响因素	序列	影响因素	文献来源
关系因素	X_{30}	信任	Casson,1991；Buckley & Casson,1988；Larson,1991；Mora Valentin et al.,2003；Davenport et al.,1999；Blomqvist,2005
	X_{31}	创新文化距离	Leifer et al.,2000；Morison,1966；Foster,1986；Tushman & O'Reilly Ⅲ,1998；胡恩华、郭秀丽,2002
	X_{32}	技术和知识距离	Giovannetti，Hamel，Inkpen，Szulanshi，Nonaka，Takeuchi，Gupta，1995；Lane，Lubatkin，1998；Cummings,2001,2003；Vedovello,1998
	X_{33}	空间距离	Correa，Carlson，2000；Mora Valentin et al.,2003；Mansfield & Lee,1996；Fritsch & Schwirten,1999；Mcdonald & Gieser,1987；Landry et al.,1996；Fritsch & Schwirten,1999；Katz,1994；Mansfield & Lee,1996；Katz,1994；Mansfield & Lee,1996；Dill,1999
知识因素	X_{34}	知识的生命周期	Hamilton，Singh，1992；Ford，1982；Tyler，1991；Barclay,1992
	X_{35}	知识的变化速度	Scott,1992；Zahra,2002
	X_{36}	知识的复杂性	Simon，1979，1984；Ford，Schellenberg，1982；Miyazaki,1997；Abernathy et al.,1978；Zahra,2002；Koget,Zander,1992；林文宝,2001
	X_{37}	知识显性和隐性	Polanyi，1962，1966；Winter，1987；Anderson，1983；Hedlund，1994；Nonaka，1995；Koget，zander，1992；Utterback,1994；Hakanson,Nobe,1998；Chen,2004
	X_{38}	模块化和标准化	Langlios，Robertson，1992；Utterback，1994；Grant，1996
创新资源和软能力	X_{39}	充足的资金支持	Cooper，1996；Montoya Weiss and Calantone，1994，Maidique and Ziger,1984
	X_{40}	利用高教的先进设备和检测设施	Cooper，1996；Montoya Weiss and Calantone，1994；Maidique and Ziger,1984
	X_{41}	充足的人力资源投入	Pinto and Slevin,1987；Nightingale,2000

续表

影响因素	序列	影响因素	文献来源
创新资源和软能力	X_{42}	大学知识生产和解析能力	Kim and Wilemon,2002；Rothwell,1992；Cooper,1996
	X_{43}	企业吸收能力	Cohen & Levinthal, 1990；Mowery et al.，1996；Rosenberg & Frischtak,1991；Agmon & von Glinow,1991；Gambardella, 1992；Tsai, 2001；Makhija and Ganesh,1997
	X_{44}	企业创新能力	Cummings et al.，2003；Vedovello,1998

5.1.1.2 变量遴选

经过理论研究获得的协同创新绩效的第一轮44个影响指标,集中反映了研究者的意见,其科学性、有效性和合理性难以得到有效的保证。但是,由于通过自主创新建设中国特色创新型国家的伟大战略是新形势下的新探索,所以很多问题可能是前所未有的。鉴于以上原因,研究者通过企业调研、专家访谈以及专家咨询三种方式,在理论遴选的基础上对44个因素进行了补充和遴选。首先,对北京、烟台、杭州、嘉兴、绍兴等地区的六家典型企业进行了实地深入考察调研和案例分析,重点就典型项目的实际情况验证基本量表的内容,检查有无遗漏项目。其次,询问协同创新的专家意见,吸收合理性意见对调查问卷在进行修改。第三,向政府部门和创新服务机构征求意见。先后与浙江省经贸委产学合作办公室、高新技术处、技术装备处、先进制造业基地和浙江省工业经济研究所、杭州市风险投资机构和知识产权服务机构的相关人员共100人对问卷量表中的相关政策变量的设计进行了多次讨论建议,并吸收了他们的合理建议。完善了研究问卷中的部分内容,形成第二轮影响因素体系。

根据多方专家的咨询结果,对第一轮影响因素体系进行了如下调整:一是对创新政策模块和创新服务模块进行了合并,统一为外部支撑模块;把协同战略、联盟组织、成员安排和关系因素进行合并,成为合作网络模块。二是把"团队沟通变量"分解为"成员之间的交互强度"、"知识共享的流量和密度";把"知识的显性和隐性特征"分解为"知识的显性特征"和"知识的隐性特征"两个变量;把"大学的知识生产和解析能力"分解为"大学知识的生产能力"和"大学知识的解析能力"两个变量。通过上述调整得到了协同创新影响因素的第二轮指标体系四个影响模块46个影响指标(见表5.2)。

表 5.2　协同创新的影响因素（第二轮）

影响因素	指标序列	影响因素
外部支撑	X_1	知识产权保护政策
	X_2	政府优惠政策
	X_3	创新资助
	X_4	人才和教育政策
	X_5	知识产权服务
	X_6	金融服务
	X_7	中介组织服务
合作机制	X_8	对政策环境的了解程度
	X_9	对行业的了解程度
	X_{10}	对竞争对手的了解程度
	X_{11}	清晰的合作目标
	X_{12}	研发战略的开放度
	X_{13}	强烈的合作动机
	X_{14}	清晰的合作创新内容
	X_{15}	合作企业组织结构
	X_{16}	项目团队的稳定度
	X_{17}	合作模式的选择
	X_{18}	成员间交互的强度
	X_{19}	知识共享的总量和密度
	X_{20}	高层领导对合作项目的关注和支持
	X_{21}	项目经理的经验与能力
	X_{22}	项目倡导者的存在
	X_{23}	技术桥梁人物的存在
	X_{24}	科学家的参与
	X_{25}	项目成员的责任感
	X_{26}	高素质的项目成员
	X_{27}	合作历史和经验
	X_{28}	社会关系紧密程度
	X_{29}	利益分配
	X_{30}	合作信誉
	X_{31}	信任
	X_{32}	创新文化距离
	X_{33}	空间距离

续表

影响因素	指标序列	影响因素
知识属性	X_{34}	知识的生命周期
	X_{35}	知识的变化速度
	X_{36}	知识的复杂性
	X_{37}	知识的显性特征
	X_{38}	知识的隐性特征
	X_{39}	模块化和标准化
资源能力	X_{40}	充足的资金支持
	X_{41}	利用高教的先进设备和检测设施
	X_{42}	充足的人力资源投入
	X_{43}	大学知识生产能力
	X_{44}	大学知识解析能力
	X_{45}	企业吸收能力
	X_{46}	企业创新能力

5.1.2　理论假设

本研究在影响因素遴选的基础上,提出了相应的理论假设,具体见表 5.3 所示。

表 5.3　本研究的理论假设

假设	影响因素	假设内容
H_1	知识产权保护政策	知识产权保护政策越有效,协同创新绩效越好
H_2	政府优惠政策	政府优惠政策越有效,协同创新绩效越好
H_3	创新资助	创新资助越有效,协同创新绩效越好
H_4	人才和教育政策	人才和教育政策越有效,协同创新绩效越好
H_5	知识产权服务	知识产权服务越有效,协同创新绩效越好
H_6	金融服务	金融服务越有效,协同创新绩效越好
H_7	中介组织服务	中介组织服务越有效,协同创新绩效越好
H_8	对政策环境的了解程度	对政策环境的了解程度越高,协同创新绩效越好
H_9	对行业的了解程度	对行业的了解程度越高,协同创新绩效越好
H_{10}	对竞争对手的了解程度	对竞争对手的了解程度越高,协同创新绩效越好

续表

假设	影响因素	假设内容
H_{11}	清晰的合作目标	合作目标越清晰,协同创新绩效越好
H_{12}	研发战略的开放度	研发战略的开放度越高,协同创新绩效越好
H_{13}	强烈的合作动机	强烈的合作动机越强烈,协同创新绩效越好
H_{14}	清晰的合作创新内容	合作创新内容越清晰,协同创新绩效越好
H_{15}	合作企业组织结构	合作企业组织结构越合理,协同创新绩效越好
H_{16}	项目团队的稳定度	项目团队越稳定,协同创新绩效越好
H_{17}	合作模式的选择	合作模式越合理,协同创新绩效越好
H_{18}	成员间交互的强度	成员间交互的强度越高,协同创新绩效越好
H_{19}	知识共享的总量和密度	知识共享的总量和密度越高,协同创新绩效越好
H_{20}	高层领导对合作项目的关注和支持	高层领导越支持,协同创新绩效越好
H_{21}	项目经理的经验与能力	项目经理的经验与能力越高,协同创新绩效越好
H_{22}	项目倡导者的存在	项目倡导者的存在,协同创新绩效越好
H_{23}	技术桥梁人物的存在	技术桥梁人物的存在,协同创新绩效越好
H_{24}	科学家的参与	科学家的参与,协同创新绩效越好
H_{25}	项目成员的责任感	项目成员的责任感越高,协同创新绩效越好
H_{26}	高素质的项目成员	高素质的项目成员越多,协同创新绩效越好
H_{27}	合作历史和经验	合作历史和经验越多,协同创新绩效越好
H_{28}	社会关系紧密程度	社会关系紧密程度越高,协同创新绩效越好
H_{29}	利益分配	利益分配越合理,协同创新绩效越好
H_{30}	合作信誉	合作信誉越高,协同创新绩效越好
H_{31}	信任	信任越高,协同创新绩效越好
H_{32}	创新文化距离	创新文化距离越小,协同创新绩效越好
H_{33}	空间距离	空间距离越小,协同创新绩效越好
H_{34}	知识的生命周期	知识的生命周期越短,协同创新绩效越好
H_{35}	知识的变化速度	知识的变化速度越快,协同创新绩效越好
H_{36}	知识复杂程度	知识复杂程度越高,协同创新绩效越好
H_{37}	知识的显性特征	知识的显性特征越高,协同创新绩效越好

续表

假设	影响因素	假设内容
H_{38}	知识的隐性特征	知识的隐性特征越高,协同创新绩效越好
H_{39}	模块化和标准化	模块化和标准化越高,协同创新绩效越好
H_{40}	充足的资金支持	资金支持越充足,协同创新绩效越好
H_{41}	利用高教的先进设备和检测设施	利用高教的先进设备和检测设施越多,协同创新绩效越好
H_{42}	充足的人力资源投入	人力资源投入越充足,协同创新绩效越好
H_{43}	大学知识生产能力	大学知识生产能力越高,协同创新绩效越好
H_{44}	大学知识解析传播能力	大学知识解析传播能力越高,协同创新绩效越好
H_{45}	企业吸收能力	企业吸收能力越高,协同创新绩效越好
H_{46}	企业创新能力	企业创新能力越高,协同创新绩效越好

5.1.3 量表的信度和效度检验

5.1.3.1 量表的信度检验

信度(reliability)是测评工具反映被测评对象特征的可靠程度,或者测评结果在不同条件下的一致性程度的技术参数,它是衡量测评工具可靠性和一致性的参数(范柏乃和蓝志勇,2008)。本研究以 Cronbach α 系数作为评判标准,从量表的构思层次化入手,根据其内部结构的一致性程度,对量表整体和子量表的内部一致信度进行检验。

从统计学上讲,信度是测评结果反映系统变异的程度。评定测评工具信度的方法有很多,通常有内部一致性信度、折半信度、重测信度和平行信度等。通常使用相关系数(R)来评定测评工具的信度。若 $R=1$,即表明测评结果完全可信、可靠;$R=0$,则表明测评结果完全不可信、不可靠。经验表明,当 R 达到了 0.70 水平,测评工具就符合了评价理论的基本要求。本研究采用内部一致性信度和折半信度两种方法来检验该评价体系的信度。

内部一致性信度(internal consistent reliability)是根据评价体系内部结构的一致性程度,对评价体系信度进行的评定。采用 Cronbach α 系数评定经济发展协调度评价体系的内部一致性信度,α 系数的计算公式如下:

$$R_\alpha = \frac{K}{K-1}\left[1 - \frac{\sum S_i^2}{S^2}\right]$$

式中,K 为评价体系中评价指标的数量,S_i 为第 i 个评价指标的标准差,S_i^2 即为第 i 个评价指标的方差,S 是评价总得分的标准差,S^2 是评价总得分的方差。

见表 5.4 所示,风险因素量表的总体 Cronbach α 系数值为 0.8767,各子量表的 Cronbach α 系数值大部分超过了 0.7,符合最小为 0.6 的标准①。检验结果说明风险因素量表和各子量表具有良好的内部一致性信度。

表 5.4 协同创新影响因素量表的信度检验

检验项目	变量	Alpha if Item Deleted	Cronbach α 值
量表总体			0.8767
外部支撑	X_1	0.7245	0.8306
	X_2	0.7032	
	X_3	0.5715	
	X_4	0.7835	
	X_5	0.6231	
	X_6	0.7625	
	X_7	0.7145	
合作机制	X_8	0.7639	0.8063
	X_9	0.7492	
	X_{10}	0.6231	
	X_{11}	0.7825	
	X_{12}	0.7145	
	X_{13}	0.7062	
	X_{14}	0.6815	
	X_{15}	0.7639	
	X_{16}	0.7492	
	X_{17}	0.6231	
	X_{18}	0.7639	
	X_{19}	0.7492	
	X_{20}	0.6231	
	X_{21}	0.7825	
	X_{22}	0.7145	
	X_{23}	0.7062	
	X_{24}	0.6815	
	X_{25}	0.7639	
	X_{26}	0.7492	

① 引自:李怀祖.管理研究方法论.西安:西安交通大学出版社,2004:255.

检验项目	变量	Alpha if Item Deleted	Cronbach α 值
合作机制	X_{27}	0.6231	0.8063
	X_{28}	0.7825	
	X_{29}	0.7145	
	X_{30}	0.7062	
	X_{31}	0.6815	
	X_{32}	0.7639	
	X_{33}	0.7492	
知识属性	X_{34}	0.7218	0.8003
	X_{35}	0.7251	
	X_{36}	0.7072	
	X_{37}	0.7007	
	X_{38}	0.7029	
	X_{39}	0.7920	
资源能力	X_{40}	0.7605	0.7982
	X_{41}	0.7719	
	X_{42}	0.6938	
	X_{43}	0.7652	
	X_{44}	0.7326	
	X_{45}	0.7216	
	X_{46}	0.6978	

表 5.5 显示了创新绩效量表的信度检验结果,量表的 Cronbach α 系数值达到 0.7 的水平,符合 Cronbach α 系数值最小为 0.6 的标准。

表 5.5 创新绩效的信度检验

检验项目	变量	Alpha if Item Deleted	Cronbach α 值
创新绩效	创新绿色化程度	0.6493	0.7766
	创新成本	0.7187	
	市场占有率	0.7348	
	专利申请和行业标准	0.7007	

从总体检验情况看,协同影响因素和创新绩效量表信度检验的 Cronbach α 系数值都符合最低要求,因此认为本研究的量表设计符合信度要求。

5.1.3.2　量表的效度检验

效度（validity）是指测评工具究竟在多大程度上获得了真正想要测评对象特质的真实性和准确性的程度，即测评的有效程度。效度越高则表示测评结果所能代表测评对象特质的真实度越高，越能够达到评价的目的。对于一个科学化的评价体系来说，效度比信度更为重要。一项评价有信度不一定有效度，但效度高信度也一定高。所以，效度高是一个科学化评价体系的必要条件。

从统计学上讲，效度是指评价结果与某种外部标准（即效标）之间的相关程度，相关程度越高即表明评价结果越有效。检验效度的方法有多种，因测评的性质不同而有所不同。常用的效度评定方法主要有内容效度、构想效度和效标关联效度（或称实证效度）等。

内容效度（content validity）是指一个测评工具测评的内容与所要测评的内容之间的吻合程度，即内容效度是检验由概念构思到评价指标的经验推演是否符合逻辑，是否有效的检验指标（戴海崎，张锋，陈枫，2002）。在实践中，内容效度评定通常是采用专家经验判断法，即邀请一些熟悉该评价体系及评价对象的专家进行评判，要求专家根据自己专业知识和实际经验判断评价指标与评价对象之间的关系密切程度。内容效度评定的一个常用指标是"内容效度比"（Content Validity，简称 CVR），计算公式为：

$$CVR = \frac{n_e - \frac{n}{2}}{\frac{n}{2}}$$

式中，n_e 为评判中认为评价指标很好地反映了评价对象的专家数；n 为参与评判的专家总数。

研究者选择了 100 位专家参与内容效度评定，要求专家根据自己专业知识和实际经验，判断协同影响因素与创新能力之间的关系密切程度。结果表明：在 100 位专家中，有 75 位专家认为 46 个影响因素指标很好地概括了协同创新的主要动因，计算得到的内容效度比 CVR 为 0.75，这说明所构建的产影响因素体系与创新绩效体系具有较高的内容效度。

5.1.4　因子分析

在第三轮影响因素体系中，各项评价指标通常还存在着一定的相关性，这种相关性通过相关指标的重复赋权，导致被评价对象信息的重复使用，使评价的科学性和合理性受到质疑，从而使评价结果缺乏说服力和可信度。相关分析是通过对各个评价指标间的相关分析,删除一些相关系数较大的指标,消除指标所反映的信息重复对评价结果的影响,从而提高指标体系设计的科学性和合理性。因此,在对协同创新因素和创新绩效之间的关系进行回归统计分析前,先运用 SPSS 20.0 统计软件包进行因子分析,以减少变量的个数。

5.1.4.1 外部支撑子量表因子分析

在因子分析前,先对量表进行 KMO 样本充足度测度(Kaiser-Meyer-Olkin Measure of Sampling Adequacy)和巴特莱特球体检验(Bartlett test of sphericity)。见表 5.6 所示,KMO 值大于 0.7,巴特莱特球体检验的 x^2 值显著性概率小于 0.01,表明量表适合作因子分析。

表 5.6　KMO 和 Bartlett's 测试结果(KMO and Bartlett's Test)

Kaiser-Meyer-Olkin Measure of Sampling Adequacy.		0.734
Bartlett's Test of Sphericity	Approx. Chi-Square	122.951
	45	df
	0.000	Sig.

表 5.7　旋转后的因子载荷矩阵(Rotated Component Matrix[a])

	Component	
	1	2
知识产权保护政策	0.814	0.180
政府优惠政策	0.768	0.223
创新资助	0.767	−0.075
人才和教育政策	0.708	0.053
知识产权服务	0.226	0.830
金融服务	0.079	0.764
中介组织服务	0.018	0.717

从表 5.7 可以看出,量表中的变量可归为 2 个因子。因子 1 中知识产权保护政策、政府优惠政策、创新资助、人才和教育政策等 4 个变量影响均较大,而这几个变量都反映了创新政策方面的因素特征,因此,可将它们组成的因子 1 命名为创新政策因子。因子 2 的知识产权服务、金融服务、中介组织服务 3 个变量影响均较大,而这几个变量都反映了协同创新服务方面的特征,因此,可将它们组成的因子 2 命名为创新服务因子。

5.1.4.2　资源与能力子量表因子分析

由表 5.8 可知,KMO 值和巴特莱特球体检验的 x^2 值显著性概率检验结果都表明量表适合作因子分析。

表 5.8　KMO 和 Bartlett's 测试结果(KMO and Bartlett's Test)

Kaiser-Meyer-Olkin Measure of Sampling Adequacy.		0.846
Bartlett's Test of Sphericity	Approx. Chi-Square	111.03
	df	78
	Sig.	0.000

表 5.9　旋转后的因子载荷矩阵(Rotated Component Matrix^a)

	Component	
	1	2
企业吸收能力	0.814	0.180
企业创新能力	0.768	0.223
充足的资金支持	0.767	−0.075
充足的人力资源投入	0.708	0.053
大学知识解析能力	0.226	0.830
大学知识生产能力	0.079	0.764
利用高教的先进设备和检测设施	0.018	0.717

见表 5.9 所示,量表中的变量虽然旋转产生了两个主要因子。因子 1 中企业吸收能力、企业创新能力、充足的资金支持、充足的人力资源投入变量影响较大,而这几个变量都反映了企业吸收知识和利用知识能力方面的特征,因此,可将它们组成的因子 1 命名为企业吸收知识和利用知识能力因子。因子 2 中大学知识解析能力、大学知识生产能力、利用高教的先进设备和检测设施等 3 个变量影响均较大,而这几个变量都反映了大学知识生产和知识解析方面能力的特征,因此,可将它们组成的因子 2 命名为大学知识生产和知识解析方面能力因子。

5.1.4.3　知识特性子量表因子分析

见表 5.10 所示,因子分析时,采用方差最大旋转(Varimax)因子旋转方法,结果只能抽取一个因子,因此量表中的知识特性变量可归为一个因子,将该因子命名为知识特性因子。

表 5.10　旋转后的因子载荷矩阵（Rotated Component Matrix^{a}）

	Component
	1
知识的显性特征	0.771
知识的隐性特征	0.745
知识的复杂性	0.688
知识的变化速度	0.636
模块化和标准化	0.496
知识的生命周期	0.496

5.1.4.4　合作机制子量表因子分析

由表 5.11 可知，KMO 值大于 0.7，巴特莱特球体检验的 x^2 值显著性概率为 0.000，表明量表适合作因子分析。

表 5.11　KMO 和 Bartlett's 测试结果（KMO and Bartlett's Test）

Kaiser-Meyer-Olkin Measure of Sampling Adequacy.		0.729
Bartlett's Test of Sphericity	Approx. Chi-Square	319.760
	df	136
	Sig.	0.000

表 5.12　旋转后的因子载荷矩阵（Rotated Component Matrix^{a}）

	Component	
	2	
高素质的项目经理	0.845	0.102
高素质有责任感的项目成员	0.845	0.102
技术桥梁人物的存在对项目的影响程度	0.817	0.101
项目成员的责任感	0.778	−0.071
组织结构	0.705	0.295
高层领导对合作项目的关注和支持	0.665	0.084
项目的过程管理和团队的稳定性	0.578	0.351

续表

	Component	
	1	2
项目倡导者的存在	0.480	0.216
空间距离	0.478	0.371
成员间交互的强度	0.378	0.401
知识共享的总量和密度	0.321	0.491
利益分配	0.129	0.815
合作模式的选择	−0.069	0.782
社会关系紧密程度	0.208	0.686
合作信誉	0.561	0.571
信任	0.434	0.560
创新文化距离	−0.187	0.512
清晰的合作目标	0.397	0.472
研发战略的开放度	0.208	0.686
强烈的合作动机	0.561	0.571
清晰的合作创新内容	0.434	0.560
对政策环境的了解程度	0.308	0.486
对行业的了解程度	0.561	0.371
对竞争对手的了解程度	0.534	0.360
合作历史和经验	0.508	0.386

见表 5.12 所示,量表中的变量可归为 2 个因子。因子 1 包括项目成员、技术桥梁人物、项目的过程管理和团队、创新团队与内外部的沟通、科学家的参与、项目经理的经验与能力、组织间社会关系紧密程度等因子,主要体现的是协同创新过程中的跨组织创新团队的建设和管理,因此,将因子 1 命名为合作创新管理因子;因子 2 包括利益分配和风险承担、双方资源分配程序、合作模式、双方的信任程度、空间距离、合作信誉等因子,主要体现协同创新的合作模式,因此将因子 2 命名为合作模式因子。

5.1.4.5 创新绩效量表因子分析

由表 5.13 可知,KMO 值大于 0.7,巴特莱特球体检验的 x^2 值显著性概率为 0.000,表明量表适合作因子分析。

表 5.13 KMO 和 Bartlett's 测试结果(KMO and Bartlett's Test)

Kaiser-Meyer-Olkin Measure of Sampling Adequacy.		0.622
Bartlett's Test of Sphericity	Approx. Chi-Square	34.414
	df	10
	Sig.	0.000

由表 5.14 可知,因子分析时,采用方差最大旋转(Varimax)因子旋转方法,结果只能抽取一个因子,因此量表中的协同创新绩效变量可归为一个因子。因为一个因子对所有创新绩效指标影响都较大,所以将该因子命名为协同创新绩效因子。

表 5.14 因子载荷矩阵(Component Matrix)

	Component
	1
市场占有率	0.771
专利申请和行业标准	0.745
创新绿色化程度	0.688
创新成本	0.636

5.1.4.6 因子分析结果

通过以上对企业调查问卷各子量表的因子分析,将影响协同创新的 46 个因素和协同创新的 4 个因素,归纳出 8 个公共因子,见表 5.15 所示。

表 5.15 协同创新影响因素和创新绩效指标的因子分析结果

公共因子	对应因素
创新政策	知识产权保护政策
	政府优惠政策
	创新资助
	人才和教育政策
创新服务	知识产权服务
	金融服务
	中介组织服务

续表

公共因子	对应因素
知识特征	知识的显性特征
	知识的隐性特征
	知识的复杂性
	知识的变化速度
	模块化和标准化
合作网络	高素质的项目经理
	高素质有责任感的项目成员
	技术桥梁人物的存在对项目的影响程度
	项目成员的责任感
	组织结构
	高层领导对合作项目的关注和支持
	项目的过程管理和团队的稳定性
	项目倡导者的存在
	空间距离
合作模式	知识共享的总量和密度
	利益分配
	合作模式的选择
	社会关系紧密程度
	合作信誉
	信任
	创新文化距离
	清晰的合作目标
	研发战略的开放度
	强烈的合作动机
	清晰的合作创新内容
	对政策环境的了解程度

续表

公共因子	对应因素
合作模式	对行业的了解程度
	对竞争对手的了解程度
	合作历史和经验
企业吸收利用知识能力	企业吸收能力
	企业创新能力
	充足的资金支持
	充足的人力资源投入
大学知识生产解析能力	大学知识解析能力
	大学知识生产能力
	利用高教的先进设备和检测设施
创新绩效因子	市场占有率
	专利申请和行业标准
	创新绿色化程度
	创新成本

5.1.5 回归分析——识别影响协同创新的关键因素

通过上文的因子分析,本研究得知存在多个因子对协同创新绩效产生作用,而找出其中能够最好地解释影响协同创新变化的关键因子,构造关键因素集以便为协同创新的管理和政策制定提供指导,是本研究的主要目的。

为此,本研究采用多元线性回归分析方法,这就需要先对多元线性回归的两大基本问题——多重共线性、序列相关进行检验并解决,以保证回归结果的科学性。

5.1.5.1 多重共线性分析

用容许度(Tolerance)和方差膨胀因子(VIF)判断是否存在多重共线性。采用强行进入的方法让各因子一次性全部进入回归方程,要求输出容许度(Tolerance)和方差膨胀因子(VIF)的值。对初步回归结果的检验发现,VIF 的值存在大于 10,说明存在显著性多重共线性。

5.1.5.2 序列相关分析

用 Durbin-Waston 统计值判断是否存在序列相关。初步回归结果输出

Durbin-Waston 统计值为 1.877，接近 2，说明不存在序列相关，见表 5.16。

表 5.16　序列相关检验（Model Summary^b）

					Model Summary^b
模型	R	R^2	调整后的 R^2	估计值的标准误差	Durbin-Watson 统计值
1	0.510^a	0.260	0.237	0.85881608	1.935

　　a. Predictors：(Constant)、企业能力、大学能力、知识特性、创新政策、合作网络、合作机制、创新服务
　　b. Dependent Variable：创新绩效

　　最后，解决多重共线性与异方差问题，获得回归结果，本研究决定采用反向逐步回归方法（Backward）；而为消除异方差现象，选择"企业能力"因子的倒数为权重，采用加权最小二乘法估计回归方程的参数。回归结果见表 5.17 和表 5.18。

表 5.17　逐步回归模型的总体效果参数（Model Summary^{g,h}）

					统计值变化					Durbin-Watson 统计值
Model Summary^{g,h}										
模型	R	R^2	调整后的 R^2	估计值标准误差	R^2 变化	F 变化	自由度1	自由度2	变化的显著性概率	
1	0.510a	0.260	0.237	0.85675227	0.260	11.24	7	191	0.000	
2	0.510b	0.260	0.237	0.85674333	0.260	11.24	6	192	0.000	
3	0.509c	0.259	0.240	0.85480736	0.000	0.125	5	193	0.724	
4	0.507d	0.257	0.241	0.85415632	−0.003	0.705	4	194	0.402	
5	0.497e	0.247	0.236	0.85741454	−0.010	2.491	3	195	0.116	
6	0.497f	0.247	0.239	0.85559803	0.000	0.170	2	196	0.680	
7	0.497f	0.247	0.239	0.85567974	0.000	0.168	1	197	0.656	1.877

　　a. Predictors：企业能力、大学能力、知识特性、创新政策、合作网络、合作机制、创新服务
　　b. For regression through the origin (the no-intercept model)，R Square measures the proportion of the variability in the dependent variable about the origin explained by regression.
　　c. Predictors：企业能力、大学能力、知识特性、创新政策、合作网络、合作机制
　　d. Predictors：企业能力、大学能力、知识特性、合作网络、合作机制
　　e. Predictors：企业能力、大学能力、知识特性、合作网络
　　f. Predictors：企业能力、大学能力、知识特性
　　g. Predictors：企业能力、大学能力
　　h. Dependent Variable：创新绩效
　　i. Linear Regression through the Origin

表 5.18 逐步回归模型的方差分析表(ANOVA[g,h])

模型		平方和	自由度	方差	F	显著性概率
1	回归项	49.504	7	8.251	11.240	0.000[a]
	残差项	140.933	191	0.734		
	总计	190.437b	198			
2	回归项	49.524	6	8.251	12.340	0.000[b]
	残差项	140.956	192	0.734		
	总计	190.437b	198			
3	回归项	49.412	5	9.882	13.525	0.000[c]
	残差项	141.024	193	0.731		
	总计	190.437b	198			
4	回归项	48.897	4	12.224	16.755	0.000[d]
	残差项	141.539	194	0.730		
	总计	190.437b	198			
5	回归项	47.080	3	15.693	21.347	0.000[e]
	残差项	143.356	195	0.735		
	总计	190.437b	198			
6	回归项	46.955	2	23.478	32.071	0.000[f]
	残差项	143.481	196	0.732		
	总计	190.437b	198			
7	回归项	46.955	1	23.988	33.071	0.000[g]
	残差项	143.481	197	0.731		
	总计	190.437b	198			

表 5.17 显示了回归模型的复相关系数值(R)、确定系数值(R^2)、调整后的确定系数值以及回归的标准误差。表 5.18 显示了回归模型的已解释变差、残差平方和、总变差、回归模型的 F 检验及其显著性。从表 5.18 的 F 检验显著性可以判断,回归模型总体效果是好的。回归的未标准化残差序列绝对值与自变量的相关分析显示,相互之间在 0.05 水平上没有显著相关性,说明异方差现象得到消除,回归满足高斯假设条件。

5.1.5.3 回归分析

运用 SSPS20.0 对回收的 198 问卷进行回归分析,结果表明 F 检验显著性可以判断回归模型总体效果较好(见表 5.19)。

表 5.19 回归分析结果

方程	自变量	因变量	标准化回归系数(Beta 值)	回归系数的显著性 T 检验（显著性 P 值）	回归系数的显著性 F 检验（显著性 P 值）	拟合优度检验(R^2 值)
1	常数 企业能力 大学能力 知识特性 创新政策 合作网络 合作机制 创新服务	创新绩效	 0.312 0.213 0.156 0.137 0.101 0.133 0.071	0.0000 0.0006 0.0004 0.0006 0.0017 0.0000 0.0006 0.0003	0.0000	0.556
2	常数 知识特性 创新政策 合作网络 合作机制 创新服务	企业能力	 0.240 0.242 0.153 0.140 0.187	0.0000 0.0031 0.0012 0.0006 0.0004 0.0006	0.0000	0.659
3	常数 知识特性 创新政策 合作网络 合作机制 创新服务	大学能力	 0.241 0.128 0.190 0.252 0.113	0.0000 0.0006 0.0001 0.0004 0.0006 0.0017	0.0000	0.497

从表 5.19 第一个回归方程的分析发现,企业协同创新能力、大学协同能力两个因子对协同创新绩效具有很大的影响权重,是影响协同创新的关键因子。为了进一步探索其他因子对企业协同创新能力、大学协同创新的影响关系,构建了回归方程 2 和回归方程 3,通过多重共线性、序列相关进行检验,发现方程 2 和方程 3 不存在序列相关,且具有多重共线性。方程 2 和方程 3 的分析结果发现,其他因子对企业协同创新能力、大学协同创新能力存在影响关系,为协同机制和作用路径的研究提供了方向。

5.1.6 假设检验

通过回归分析,得出协同创新的关键因素假设检验结果,具体见表 5.20 所示。

表 5.20 协同创新关键因素回归分析结果

假设	内容	结果
H_1	知识产权保护政策越有效,协同创新绩效越好	成立
H_2	政府优惠政策越有效,协同创新绩效越好	成立
H_3	创新资助越有效,协同创新绩效越好	成立
H_4	人才和教育政策越有效,协同创新绩效越好	成立
H_5	知识产权服务越有效,协同创新绩效越好	成立
H_6	金融服务越有效,协同创新绩效越好	成立
H_7	中介组织服务越有效,协同创新绩效越好	成立
H_8	对政策环境的了解程度越高,协同创新绩效越好	成立
H_9	对行业的了解程度越高,协同创新绩效越好	成立
H_{10}	对竞争对手的了解程度越高,协同创新绩效越好	成立
H_{11}	合作目标越清晰,协同创新绩效越好	成立
H_{12}	研发战略的开放度越高,协同创新绩效越好	成立
H_{13}	强烈的合作动机越强烈,协同创新绩效越好	成立
H_{14}	合作创新内容越清晰,协同创新绩效越好	成立
H_{15}	合作企业组织结构越合理,协同创新绩效越好	成立
H_{16}	项目团队越稳定,协同创新绩效越好	成立
H_{17}	合作模式越合理,协同创新绩效越好	成立
H_{18}	成员间交互的强度越高,协同创新绩效越好	成立
H_{19}	知识共享的总量和密度越高,协同创新绩效越好	成立
H_{20}	高层领导越支持,协同创新绩效越好	成立
H_{21}	项目经理的经验与能力越高,协同创新绩效越好	成立
H_{22}	项目倡导者的存在,协同创新绩效越好	成立
H_{23}	技术桥梁人物的存在,协同创新绩效越好	成立
H_{24}	科学家的参与,协同创新绩效越好	成立

续表

假设	内容	结果
H_{25}	项目成员的责任感越高,协同创新绩效越好	成立
H_{26}	高素质的项目成员越多,协同创新绩效越好	成立
H_{27}	合作历史和经验越多,协同创新绩效越好	成立
H_{28}	社会关系紧密程度越高,协同创新绩效越好	成立
H_{29}	利益分配越合理,协同创新绩效越好	成立
H_{30}	合作信誉越高,协同创新绩效越好	成立
H_{31}	信任越高,协同创新绩效越好	成立
H_{32}	创新文化距离越小,协同创新绩效越好	成立
H_{33}	空间距离越小,协同创新绩效越好	成立
H_{34}	知识的生命周期越短,协同创新绩效越好	成立
H_{35}	知识的变化速度越快,协同创新绩效越好	成立
H_{36}	知识复杂程度越高,协同创新绩效越好	成立
H_{37}	知识的显性特征越高,协同创新绩效越好	成立
H_{38}	知识的隐性特征越高,协同创新绩效越好	成立
H_{39}	模块化和标准化越高,协同创新绩效越好	成立
H_{40}	资金支持越充足,协同创新绩效越好	成立
H_{41}	利用高教的先进设备和检测设施越多,协同创新绩效越好	成立
H_{42}	人力资源投入越充足,协同创新绩效越好	成立
H_{43}	大学知识生产能力越高,协同创新绩效越好	成立
H_{44}	大学知识解析传播能力越高,协同创新绩效越好	成立
H_{45}	企业吸收能力越高,协同创新绩效越好	成立
H_{46}	企业创新能力越高,协同创新绩效越好	成立

5.1.7 小结

本节通过因子分析得出 7 个公共因子,通过逐步回归分析,识别出具有回归显著性的 2 个关键因子,它们构成了协同创新的关键因素集,见图 5.1。

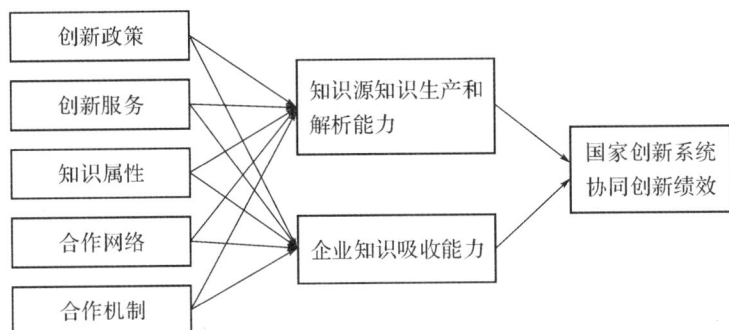

图 5.1 协同创新影响因素与创新绩效之间关系模型(修正后)

5.2 协同创新机理和作用路径的实证研究

本节在第三章协同创新机理研究框架和本章第一节关键因素识别结果的基础上,运用 SPSS20.0 统计软件,对国家创新系统协同创新的静态机制与路径进行研究。首先,对研究框架进行了修正(见图 5.1),提出了相应的理论假设;最后,通过通径分析方法对协同创新的机理和路径进行了实证研究。

5.2.1 通径分析

针对修正后的概念模型(见图 5.1),通过通径分析方法对国家创新系统的关键影响因素与协同创新之间相互作用的路径关系。分析结果发现,协同创新过程中的大学协同创新能力、企业(龙头企业)协同创新能力等影响协同创新绩效的关键因素。创新政策、创新服务、合作网络、合作机制和知识属性通过大学协同创新能力、企业(龙头企业)协同创新能力两个中间变量,进而对协同创新绩效产生影响;同时,大学协同能力和企业协同能力相互之间存在交互影响效应(见图 5.2)。

5.2.2 研究结论

从图 5.2 可以看出,协同创新的作用路径有:创新政策→企业协同创新能力→创新绩效,创新政策→大学协同创新能力→创新绩效;创新服务→企业协同创新能力→创新绩效,创新服务→大学协同创新能力→创新绩效;合作网络→企业协同创新能力→创新绩效,合作网络→大学协同创新能力→创新绩效;合作机制→企业协同创新能力→创新绩效,合作机制→大学协同创新能力→创

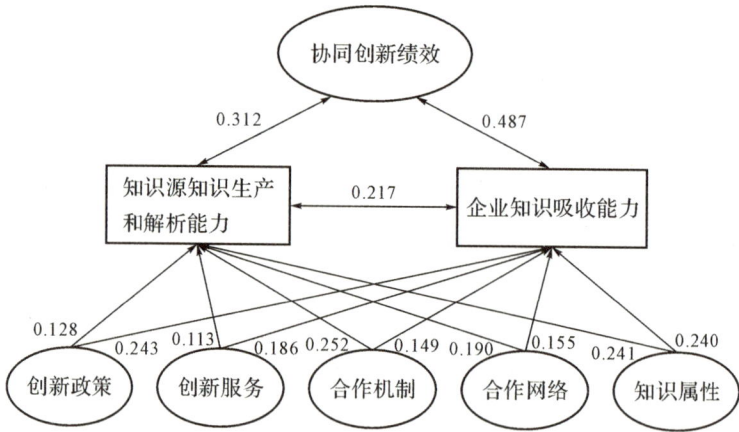

图 5.2　协同创新的作用路径图

新绩效；知识属性→企业协同创新能力→创新绩效，知识属性→大学协同创新能力→创新绩效。

　　其中，创新政策、创新服务主要是通过影响企业协同创新能力对协同创新绩效产生影响；知识属性、合作网络和合作机制对企业和大学协同创新都存在较大影响，从而影响协同创新的绩效。另外，企业协同创新能力和大学协同创新能力之间存在交互影响效用。

　　通过机理分析发现的主要路径为后续研究提供了两个方向：一是企业协同创新能力和大学协同创新能力是影响协同创新绩效的关键因素，二是企业协同创新能力和大学协同创新能力之间存在交互影响效应。这两个研究发现为研究国家创新系统的协同创新动态机制提供了重要依据。

06   国家创新系统动态协同机制

本章在第五章研究国家创新系统协同创新静态机制的研究基础上，根据"创新政策、创新服务、合作网络、合作机制和知识属性是通过企业协同创新能力和大学协同创新能力两个中间变量，最终正向协同创新绩效"的研究发现，借鉴复杂系统理论的经典"B-Z"动态机制分析模型，借助 Matlab 仿真分析软件，对企业协同创新能力、大学协同创新能力和协同创新绩效三者的动态演进机制展开研究，并以创新政策作为控制变量，研究国家创新系统协同创新的动态演进机制。

6.1   研究模型与方法

6.1.1   研究模型

基于案例分析手段，对发达国家创新系统的演进过程分析，国家创新系统的创新主体是产业技术派系的龙头企业，国家创新系统的协同创新机制实际上是市场激烈竞争背景下，企业不断拓展知识学习和创新合作范围的自然学习机制，这也决定了国家创新系统从第一代到第二代、第三代的演进，具有明显的自组织特征。因此，本书借鉴了复杂性科学研究中的重点模型，即"B-Z"反应模型，作为构建国家创新系统动态演化机制的数学模型。

"B-Z"反应也称贝洛索夫-扎波金斯基反应，是一类著名的非平衡热力学中的化学振荡反应，具体指在金属铈离子作为催化剂时，柠檬酸在酸性条件下被溴酸钾氧化时可呈现化学振荡现象，并在时间上产生一定的节律性，即溶液在无色和淡黄色两种状态间进行着规则的周期振荡。"B-Z"反应模型是典型的具有自组织性质的系统，这种宏观上的时空结构由大量微观粒子自组织运动产生，并根据现代动力学奠基人普利高津运用耗散结构理论对振荡反应（如浓度随时间有序的变化）解释：当体系远离平衡态时，即在非平衡非线性区，无序的均匀态并不总是稳定的。在特定的动力学条件下,无序的均匀定态可以失去稳定性,产生时空有序的状态。"B-Z"反应过程复杂,通过反应中主要反应物浓度的变化,最终将反应落到 3 种关键物质 Br^-、$HBrO_2$、Ce^{4+} 上。为了描述系统的自组织行为,借鉴普利高津分析布鲁塞尔器模型的方法,特引入符号 X、Y、Z 分别表示 $HBrO_2$、Br^-、Ce^{4+},引入 A、P 分别表示 BrO_3、HBr,则"B-Z"反应可以用如下反应方程式表示:

$$A+Y \xrightarrow{k1} X+P \tag{1}$$

$$X+Y \xrightarrow{k2} 2P \tag{2}$$

$$A+X \xrightarrow{k3} 2X+2Z \tag{3}$$

$$2X \xrightarrow{k4} P \tag{4}$$

$$Z \xrightarrow{k5} hY \tag{5}$$

其中 $k1,k2,\cdots,k5$ 是反应速率常数,h 是 Ce^{4+} 再生 Br^- 的能力,这里为实验确定的常数。各反应物质的微观粒子做大量无规则运动和碰撞,尽管微观上表现为无序,但从宏观上,该反应不仅空间上有序,时间上也有序。

与此类似,国家创新系统的协同创新过程的本质是以知识为核心的价值创新过程,从信息获取、知识生产、知识整合、知识的扩散与应用,经历着发展变化的过程(McElroy,2000),由此,构成了错综复杂的组织系统。基于自组织协同论中役使原理和绝热消去原理(Haken,2006),为构建序变量方程研究国家创新系统的动态协同机制提供了新手段。尽管目前我国基于复杂性科学对国家创新系统从事定量化模型研究的成果还很不足,但是李朝霞(2001)将布鲁塞尔器模型作为耗散结构临界值的判定工具,李嘉明等(2009)基于二维系统动力方程研究了产学研联盟演化机制,张铁男等(2011)引入系统动力学"B-Z"反应模型构建了三维变量模型对企业系统演化规律进行了定量研究。"B-Z"反应模型是复杂性科学研究的重点模型,耗散结构理论和协同论等都将其作为经典案例进行研究,但是以"B-Z"反应模型为基础研究国家创新系统动态协同创新的研究还不常见,可能成为本书在研究方法上的创新点。

6.1.2 研究方法

Matlab 是美国 MathWorks 公司出品的商业数学软件,用于算法开发、数据可视化、数据分析以及数值计算的高级技术计算语言和交互式环境,主要包括 Matlab 和 Simulink 两大部分。它将数值分析、矩阵计算、科学数据可视化以及非线性动态系统的建模和仿真等诸多强大功能集成在一个易于使用的视窗环境中,为科学研究、工程设计以及必须进行有效数值计算的众多科学领域提供了一种全面的解决方案,并在很大程度上摆脱了传统非交互式程序设计语言(如 C、Fortran)的编辑模式,代表了当今国际科学计算软件的先进水平。

本书运用 Matlab7.5.0 数学软件,借鉴复杂系统理论中经典的"B-Z"反应模型,对国家创新系统静态协同机制研究中的关键变量之间的动态协同机制,预测研究不同条件下国家创新系统的动态研究机制,为政策的优化提供理论依据。

6.2 变量与参数

借鉴自组织协同论(Haken,1973)将系统变量分为快变量与慢变量,探索慢变量主宰着系统演化发展进程和结果的役使原理。本书根据国家创新系统协同创新静态机制的研究结果,确定变量与参数统计表(见表 6.1)。

表 6.1 变量与参数统计表

变量	变量名称	变量解释
状态变量:x_1	企业协同创新水平	描述企业协同水平状况,反映企业吸收知识、利用知识和企业资金、人才投入的整体水平
状态变量:x_2	高校协同创新水平	描述知识生产、知识转移水平状况,反映高校知识生产、知识解析、研究装备的整体水平
状态变量:x_3	创新绩效水平	描述产学研联盟合作领域的创新状态,反映联盟所在产业的产品市场占有率、专利数、标准主导、绿色创新绩效等总体水平
控制变量:θ	激励政策	包括知识产权政策、创新资助、人才政策等总体情况
调节参数:α	企业协同能力	通过企业吸收能力、创新能力和资金、人才投入测量
调节参数:β	转移能力	通过高校知识生产能力、知识解析能力和研究装备测量获得
调节参数:γ	创新绩效	通过产品市场占有率、专利和标准、绿色创新和创新成本四个变量获得

6.3 研究框架

借鉴张铁男(2011)基于"B-Z"反应的企业系统协同演化分析模型,按照协同创新机制的研究结果,构建企业协同创新能力(简称企业能力)、大学协同创新能力(简称大学能力)、国家创新系统协同创新绩效(简称创新绩效)的三维方程组。

6.3.1 企业协同创新能力演化方程

在初始状态下产学研双方具有一直的合作需求且显性转移知识为主,企业能力与高校能力正相关,但随着高校隐性知识比重的增加,知识转移难度增加,企业知识吸收效果无法同步开始提高;另外实证结果表明,创新绩效一直受到激励政策的影响,因此在激励政策 θ 的情况下,状态变量的 Logistic 演化方程式为:

$$\frac{1}{\alpha}\frac{\mathrm{d}x_1}{\mathrm{d}t} = \theta x_1 + \theta\frac{\beta}{\alpha}x_2 + \gamma x_1 x_3$$

其中 θx_1 表示在政策激励下 x_1 的自身影响因素;$\theta\frac{\beta}{\alpha}x_2$ 表示政策激励下 x_2 对 x_1 的影响因子,$\frac{\beta}{\alpha}$ 是影响系数,θ 反映创新政策对于 x_1 的作用,高校知识转移促进了企业吸收能力的增强;$\gamma x_1 x_3$ 表明创新绩效 x_3 对于 x_1 的影响,两者存在相互促进的共演关系,企业创新绩效的提升会作用于企业更大的研发投入,强化创新能力,其与是否受到政策驱动关系弱。

6.3.2 大学协同创新能力演化方程

在初始状态高校知识是吸收能力、协同创新绩效提高的源泉,所以高校知识转移能力的演化过程同时受到吸收能力和创新绩效的影响,因此在激励政策 θ 的情况下,联盟规模状态变量的 Logistic 演化方程式为:

$$\frac{1}{\beta}\frac{\mathrm{d}x_2}{\mathrm{d}t} = -\theta x_2 - \alpha x_1 x_2 + \frac{\gamma}{\beta}x_3$$

其中 $-\theta x_2$ 表示在政策激励下 x_2 的自身影响因素,其系数为负表示随着高校知识转移能力的不断提高,边际收益递减;$-\alpha x_1 x_2$ 则表示 x_1 对 x_2 的影响因子,在政策激励确定的情况下,企业存在加大产学研合作还是追加投入提高吸

收能力的两难抉择；$\dfrac{\gamma}{\beta}x_3$ 是协同创新绩效对高校吸收能力的影响因素，协同创

新绩效的提升存在促进效应，$\dfrac{\gamma}{\beta}$ 为影响系数。

6.3.3　协同创新绩效演化方程

企业是创新的主体，创新最终要通过企业对知识的吸收利用途径，最终实现商业化的成功，所以协同创新绩效本质上仅与自身状态和吸收能力水平相关，因此在激励政策 θ 的情况下，状态变量的 Logistic 演化方程式为：

$$\frac{1}{\gamma}\frac{\mathrm{d}x_3}{\mathrm{d}t} = \eta_1 x_3 + \eta_2 \theta \frac{\alpha}{\gamma} x_1$$

其中 $\eta_1 x_3$ 是协同创新绩效自身影响因子，产学研联盟的内生动力促使创新绩效自身状态存在上升趋势，η_1 是常数；$\eta_2 \theta \dfrac{\alpha}{\gamma} x_1$ 是吸收能力对协同创新的影响因子，外部激励政策通过吸收能力对协同创新绩效产生作用，体现了随着吸收能力的改善协同创新绩效提升，$\dfrac{\alpha}{\gamma}$ 是影响系数，η_2 是常数，通常 η_2 大于 1，体现产学研联盟的协同效应。方程中不包含知识转移变量 x_2，是因为协同创新绩效最终反映在企业创新绩效之中，高校知识转移对于创新绩效的直接影响机制不明确。本书假定 $\eta_1 = 2$，反映产学研联盟的内生动力促进创新绩效，呈现强者更强的马太效应；假定 $\eta_2 = 2$，反映吸收能力促进创新绩效的条件下，产学研联盟的协同效应同时倍增了创新绩效。

6.3.4　动态演化模型

基于"B-Z"反应模型，以企业能力、高校能力、协同创新绩效为三变量，研究得到了如下动态演化模型：

$$\begin{cases} \dfrac{\mathrm{d}x_1}{\mathrm{d}t} = \alpha\theta x_1 + \theta\beta x_2 + \alpha\gamma x_1 x_3 \\[2mm] \dfrac{\mathrm{d}x_2}{\mathrm{d}t} = -\theta\beta x_2 - \alpha\beta x_1 x_2 + \gamma x_3 \\[2mm] \dfrac{\mathrm{d}x_3}{\mathrm{d}t} = 2\gamma x_3 + 2\alpha\theta x_1 \end{cases}$$

6.4 仿真研究

6.4.1 稳定性分析

在系统的演化过程中,从混乱到有序的改变需要经过不断的涨落,从而使系统不断突破稳定性条件,达成序参量役使下的自组织(张铁男,2011)。由此,本书采用线性稳定性分析,探索国家创新协同创新动态演化的阈值条件。根据系统动态演化方程组,设置拟扰动项表达式为:

$$\begin{cases} q_1 = q_1^0 + u_1 \\ q_2 = q_2^0 + u_2 \\ q_3 = q_3^0 + u_3 \end{cases}$$

u_1, u_2, u_3 为定态解的微小扰动,$q_1^0 = q_2^0 = q_3^0 = 0$ 为定态解。对动态演化方程作线性化处理,得到方程组:

$$\begin{cases} \dfrac{dx1}{dt} = \alpha\theta x_1 + \theta\beta x_2 \\ \dfrac{dx_2}{dt} = -\theta\beta x_2 + \gamma x_3 \\ \dfrac{dx_3}{dt} = 2\gamma x_3 + 2\theta\alpha x_1 \end{cases}$$

即 $dx/dt = WX, W = \begin{bmatrix} \alpha\theta & \beta\theta & 0 \\ 0 & -\beta\theta & \gamma \\ 2\alpha\theta & 0 & 2\gamma \end{bmatrix}$,满足非零解的条件是 $W - kI = 0$; 即:

$$\begin{vmatrix} \alpha\theta - k & \beta\theta & 0 \\ 0 & -\beta\theta - k & \gamma \\ 2\alpha\theta & 0 & 2\gamma - k \end{vmatrix} = 0$$

解得方程,$k^3 + (\beta\theta - \alpha\theta - 2\gamma)k^2 + (2\alpha\theta\gamma - 2\beta\gamma - \alpha\beta\theta^2)k = 0$。根据胡尔维茨判别法,对于线性系统,当所有特征值的实部均为负值时,系统是稳定的,其判定条件为:(1)特征值方程所有系数大于 0;(2)胡尔维茨行列式及其主子式的值均大于 0。鉴于方程常数项为 0,故可知以企业能力、高校能力知识转移、协同创新绩效为三变量的系统一定无法满足稳态条件。

6.4.2 仿真研究

本书设置微分方程中反映企业吸收能力、高校知识转移能力、协同创新绩效三个变量的初始状态为 $X_0 = [x_1, x_2, x_3]$，x_1, x_2, x_3 分别表示协同创新开展前三要素的投入情况。同时，针对于外部环境所产生的激励机制，本书区分了两种情形：(1)令控制变量激励政策 $\theta = 1$，反映国家与区域对于协同创新的支持性较弱，协同创新处于自发自动的条件下实施合作；(2)令控制变量激励政策 $\theta = 2$，反映国家与区域对于协同创新给予强大的政策支持，提供产学研各方开展协同创新的必要基础设施投入、人才输入、政策扶持等激励机制，从而推动了地方协同创新活动的展开。本书将针对协同创新过程中的三种不同状态，基于 Matlab 仿真分析软件分别展开研究：第一种状态是企业吸收能力较弱，高校知识转移能力较强，产学研合作主要倚重高校的知识转移状态下的动态协同机制和政策激励效果；第二种状态是企业和高校具有相当的协同创新能力，企业知识吸收能力较强同时高校知识转移能力也较强状态下的动态协同机制和政策激励效果；第三种是基于实证统计数据，在当前状态下协同创新的动态机制和政策激励效果。

6.4.2.1 倚重高校知识转移能力的动态机制研究

在倚重高校知识转移能力实施产学研合作的过程中，企业一般不具备研发、科技人力资本等形成吸收能力的基础条件，协同创新的知识输入与支持完全依赖高校知识转移，协同创新的绩效依赖于产学研合作的深入展开，存在一定的滞后性。故仿真初始状态分别定义企业吸收能力为 0，高校知识转移能力为 1，协同创新绩效为 0。即在初始状态 $X_0 = [0, 1, 0]$ 条件下，根据激励政策弱 ($\theta = 1$) 和强 ($\theta = 2$) 两种情况分别展开实证研究。

首先，协同创新弱激励环境下 ($\theta = 1$) 的仿真结果见图 6.1，y_1 为企业吸收能力，y_2 为高校知识转移能力，y_3 为协同创新绩效。研究结果：在企业吸收能力不足情况下，单纯依靠高校知识转移能力，协同创新绩效总体较差。在 $x = 2$ 的状况下，协同创新绩效不到 1，处于胶着状态；在 x 大于 2 以后，协同创新的演化过程才开始呈现企业吸收能力与创新绩效的提升，高校知识转移能力呈现先下降后升高的平缓变化。实证结果说明，在外部政策激励较弱的条件下，高校知识转移能力很难实现协同创新，且合作周期要求很长，高校压力很大。

第二，协同创新强激励环境下 ($\theta = 2$) 的仿真结果见图 6.2。研究结果：在企业吸收能力不足情况下，单纯依靠高校知识转移能力，强激励政策具有一定

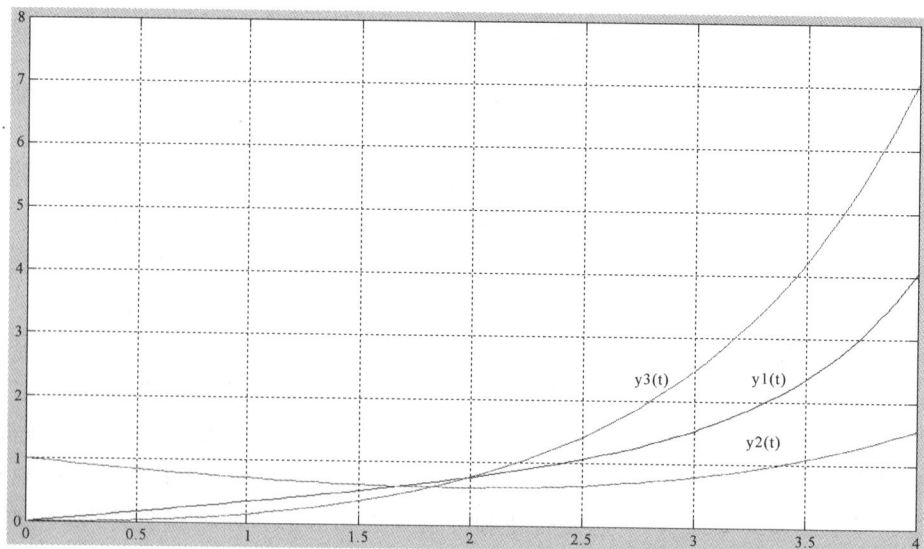

图 6.1　三要素协同演化趋势(无吸收能力基础,弱政策激励)

效果,但是协同创新绩效总体较差。在 $x=2$ 的状况下,协同创新绩效从弱激励政策环境下的不到 1,提升到 3.6,但是总体情况还是不容乐观。实证结果说明:在外部政策激励较强的条件下,高校知识转移能力有利于提高协同创新的绩效,但是政策激励的绩效比较低下,这也解释了在当前技术创新激励政策不遗余力的情况下,自主创新能力提高速度无法令人满意的现象。

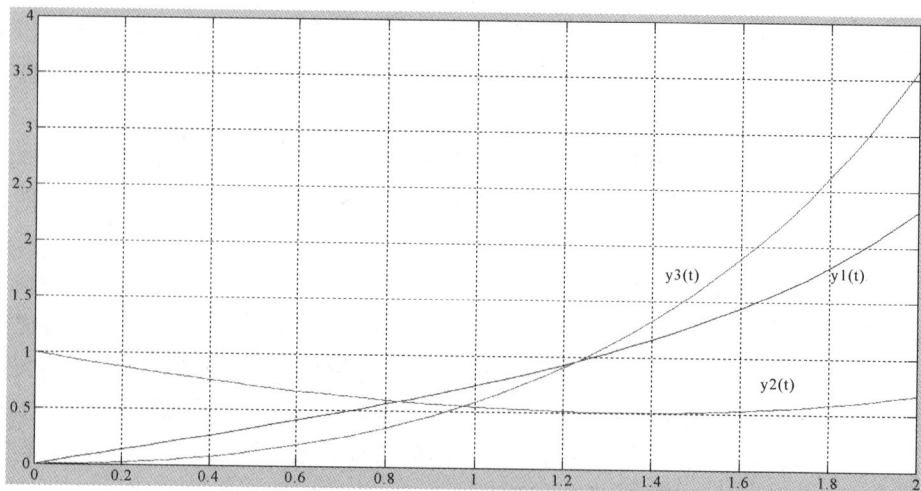

图 6.2　三要素协同演化趋势(无吸收能力,强政策激励)

6.4.2.2 企业吸收能力和高校知识转移能力均衡下的动态机制研究

企业吸收能力和高校知识转移能力均衡条件下,企业前期研发投入、知识积累等使吸收能力具备一定的基础条件,高校因科研导向的生产活动具备了一定的知识转移能力,而协同创新的绩效依赖于产学研合作的深入展开,存在一定的滞后性。故仿真初始状态分别定义企业吸收能力为1,高校知识转移能力为1,协同创新绩效为0。即在初始状态 $X_0 = [1,1,0]$ 条件下,根据激励政策弱 $(\theta=1)$ 和强 $(\theta=2)$ 两种情况分别展开实证研究。

首先,协同创新弱激励环境下 $(\theta=1)$ 的仿真结果见图6.3,y_1 为企业吸收能力,y_2 为高校知识转移能力,y_3 为协同创新绩效。实证结果:在协同创新外部政策激励较弱的条件下,当 $x=2$ 时,创新绩效接近5,协同创新实现了协同创新绩效的快速提升,吸收能力同时提高,高校知识转移能力呈现先下降后上升的缓慢变化趋势。原因分析:在外部政策激励较弱的条件下,高校知识转移能力的原有基础基于市场需求快速产业化,实现了对企业吸收能力的显著提升以及对于协同创新绩效的促进,使得短期内知识转移能力呈现因大量输出而出现的下降趋势,长期因高校知识基础的相对稳定以及高校基础知识投入与产业知识反哺效应,致使高校知识转移能力缓慢提升;在已有吸收能力的基础之上,高校知识转移能力的扩散成功地促进了吸收能力的提升;协同创新绩效受到高校知识转移与企业吸收能力的支持呈现快速增长的趋势,绩效提升同时促进了企业更大规模的创新投入,从而实现与企业吸收能力相互促进、共同演进的增长趋势。

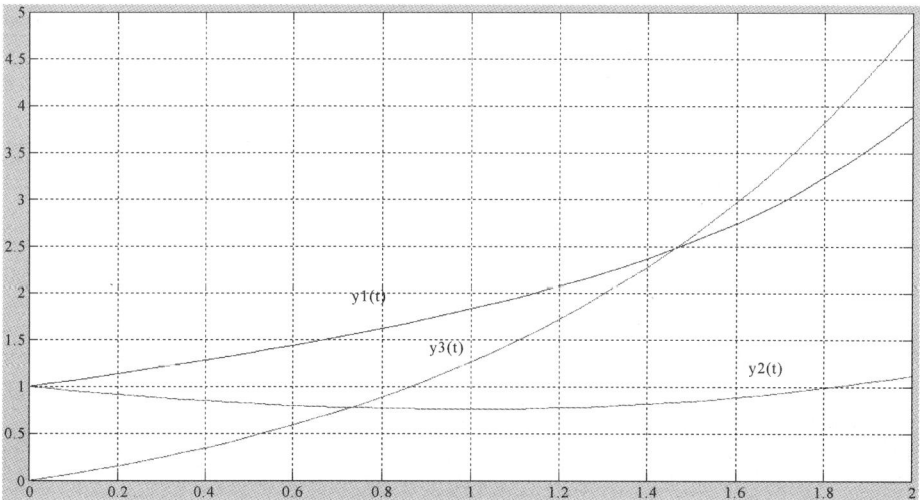

图6.3 弱激励环境中吸收能力、知识转移、创新绩效三要素演化趋势

第二,协同创新强激励环境下($\theta = 2$)的仿真结果见图 6.4。研究结果:在强政策激励的情况下,企业吸收能力、高校知识转移能力以及协同创新绩效呈现与弱政策激励相同的变化趋势,但是协同创新得到快速提升,在 $x = 2$ 的情况下,创新绩效为 19,是弱政策激励情况下的 4 倍。同时,吸收能力也同步提高,高校知识转移能力呈现先下降后上升的缓慢变化趋势。企业吸收能力、高校知识转移能力以及协同创新绩效三者之间存在一致的相互关系,即:在企业具备吸收能力基础、高校具备知识转移能力基础的条件下,协同创新有利于快速提升企业的知识水平与吸收能力水平,产生有效的创新绩效。原因分析:首先,高校知识转移促进了知识的产业化,进一步促进企业吸收能力与创新绩效的提升,高校本身因知识基础的稳定知识转移能力呈现先缓慢下降、后缓慢升高的趋势;第二,与产业互动的长期结果是高校也提升了自身的知识转化能力。这也印证了国家与区域创新政策具有提升吸收能力与创新绩效的正效应。

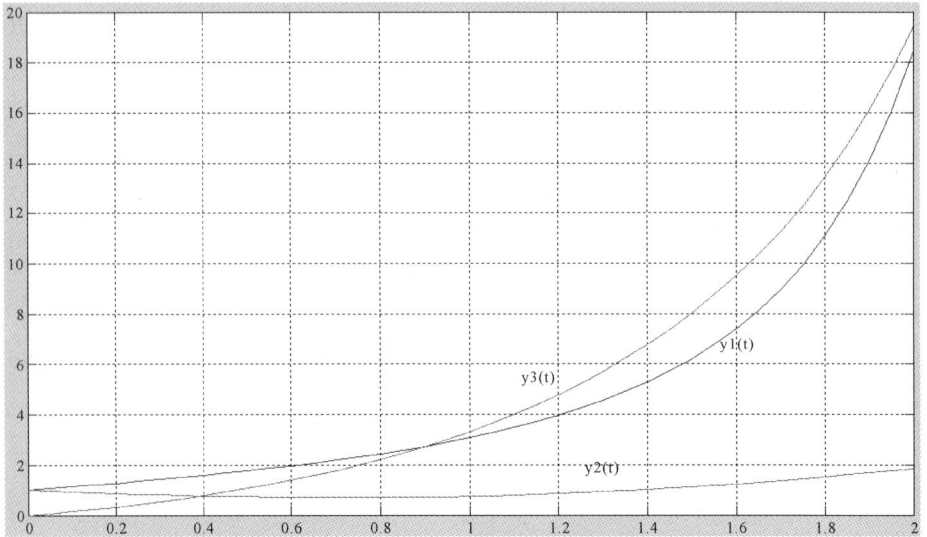

图 6.4　强激励环境中吸收能力、知识转移、创新绩效三要素演化趋势

6.4.2.3　基于当前情况下的动态机制研究

根据 198 份问卷统计数据的实证结果,在当前协同创新的条件下,单位吸收能力对于创新绩效的影响系数为 0.757,单位知识转移能力对于创新绩效的影响系数位 0.343,激励政策对于企业吸收能力的影响系数为 1.098,对于高效知识转移能力的影响系数 1.234,在此取两者平均,令激励政策对于协同创新的

影响系数为 1.166。确定初始状态 $X_0 = [0.757, 0.343, 0]$，由此得到图 6.5 的仿真结果，其中 y_1 为企业吸收能力，y_2 为高校知识转移能力，y_3 为协同创新绩效。

实证结果：第一，当前情况下协同创新绩效还是处于相对较低的水平；当 $x = 2$ 时，创新绩效略高于 4；当 x 大于 2 时，创新绩效才开始出现快速增长；$x = 3$ 时，创新绩效可以达到 14。第二，吸收能力与创新绩效随时间演进具有高度相关性。第三，高校知识转移能力呈缓慢下降后缓慢升高的微小变化，演化趋势稳定。

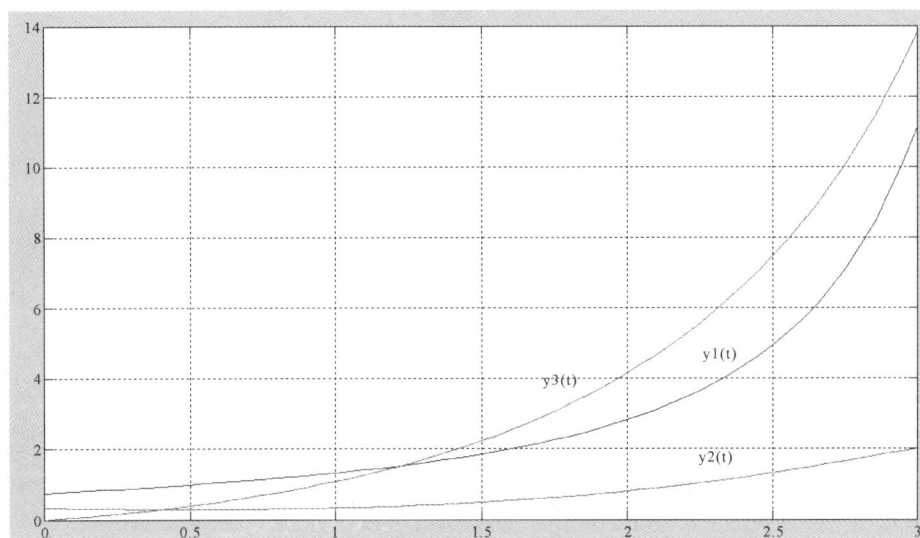

图 6.5　三要素协同演化趋势（依赖实证结论）

6.4.3　仿真结果总结

首先，吸收能力与协同创新绩效存在高度相关性。当企业吸收能力不足时（见图 6.1），高校知识转移能力对创新绩效的影响力明显不足，且对合作周期时间要求较高，产学研合作只有通过相对长的时间的合作，才能使高校科研的中心下移，最后慢慢促进创新绩效的提升；当企业吸收能力较高时（见图 6.2），知识转移效率提高，协同创新绩效估计可以提升 5 倍；在当前情况下，企业吸收能力尚显不足，很大程度地制约了协同创新绩效。

第二，高校知识转移能力呈现较稳定状态。高校的知识储备相对稳定，知识转移能力受到本身知识基础、人才储备与研究能力的影响，不以协同创新的程度为转移。在产学研开展的初期,由于知识产业化的放开,高校知识转移能力因为受到合作磨合期不利因素的影响略有下降,而后逐步回升。高校知识转移能力回升的另一个原因是通过产学研合作,高校得到知识反哺,更加了解产业技术需求和市场需求,知识结构得到优化,提升了协同创新能力。

第三,激励政策对协同创新具有积极作用,但是激励政策的重点应该针对吸收能力的提高。当企业吸收能力不足,但是激励政策较强时(见图6.2),协同创新绩效得到了 4 倍的提升;当企业吸收能力较高且激励政策较强时(见图6.2),协同创新绩效也得到了 4.5 倍的提升。当前,激励政策已经很多,但是激励作用并不显著,主要原因是激励政策的针对性明显不强。如果激励政策能够高度刺激企业吸收能力的提高,协同创新绩效必将随着企业吸收能力的提高,更显著性提升。

6.5　本章小结

本章在国家创新系统协同创新静态机制研究的基础上,确定了国家创新系统协同创新中的关键变量和参数,并利用"B-Z"反应模型构建了企业协同创新能力、高校协同创新能力和协同创新绩效的三维演化方程组和动态演化模型。然后,运用 Matlab 仿真分析软件模拟了协同创新过程中的两种理论状态下(企业吸收能力弱、高校知识转移能力强状态下;企业吸收能力和高校知识转移能力均衡下),在不同强度的协同创新政策激励下,国家创新系统协同创新的动态演化机制。然后,对当前我国协同创新实际状态下的协同创新动态机制进行了实证研究。结果表明,企业吸收能力与协同创新绩效存在高度相关性;外部政策激励对协同创新绩效具有积极作用;高校知识转移能力的发挥受制于外部政策激励的影响较大。在协同创新过程中,需要企业吸收能力和高校知识转移能力协同发展,同时要有外部政策激励来提供环境和条件支撑。

07 国家创新系统协同创新政策研究

武欣(2010)回顾了有关创新政策的文献后指出,虽然当前研究仍没有明确创新政策的概念及范围,但也基本取得了以下几点共识:①创新政策是科技与经济融合发展的产物;②创新政策的范围广泛,不同于科学政策、技术政策,但三者之间存在交叉和重叠;③创新政策应被视为一个体系,涉及科学技术、教育、竞争、区域、贸易、金融等多个政策领域;④与创新相关的各政策领域间的相互协调,已成为创新政策研究的关注重点之一。在此借鉴陈劲(2005)的定义,创新政策是指政府为促进技术创新活动的产生和发展,规范创新主体行为而制订并运用的各种直接或间接的政策和措施的总和,它是一个完整的体系。

2006年,国务院颁布了《国家中长期科学和技术发展规划纲要(2006—2020年)》和《实施〈国家中长期科学和技术发展规划纲要(2006—2020年)〉若干配套政策》,我国促进创新型国家建设战略逐步形成比较全面的政策体系。以上两份文件在激励自主创新环境的营造、企业成为技术创新主体的推动,以及创新型国家的建设方面作出了重要部署,并出台了10个方面的配套政策,包括:科技投入、税收激励、金融支持、政府采购、引进消化吸收再创新、创造和保护知识产权、人才队伍、教育与科普、科技创新基地与平台、加强统筹协调。不管从政策制定而言,还是从协同创新中心建设的实践而言,我国在推动国家创新系统建设,特别是促进协同创新方面,不仅实践上落后于发达国家,而且在政策上也滞后于发达国家。

结合我国创新型国家建设过程中的实际背景,在前述理论和实证研究的基础上,借鉴 Freitas 和 Tunzelmann(2008)的政策目标、政策、工具政策执行的三维度模型,本章将对新形势下的协同创新的政策目标、政策工具、政策执行加以研究,并针对促进企业吸收能力提出相关政策建议。

7.1 协同创新政策目标

创新政策的目标,就是实施创新政策所要达到的最终效果。尽管各国政府以及学术界在是否需要技术创新政策这个问题上的观点日趋一致,但是,对于技术创新政策的目标却存在着明显的分歧。大体说来,学术界在这方面存在着"克服市场失败论"、"培育技术创新能力论"、"发展技术创新的基础设施论"三种迥然不同的观点(王飞绒,2005)。协同创新政策的目标,毫无疑问应是提高协同创新绩效。根据对国家创新系统的综合分析,我们认为国家创新系统中协同创新政策目标主要有:

(1)促进协同创新能力的提高

协同创新绩效取决于创新主体(企业、大学、研究机构、中介组织等)之间的交互作用所引起的系统耦合效应。我们通过实证研究得知,高校知识转移能力和企业知识吸收能力是促进协同创新绩效的中间因素。因此,协同创新政策只有以提高国家创新系统中各参与主体的创新能力为主要目标,才能达到提高协同创新绩效的最终目标。

(2)营造有利实现协同创新的系统环境

在国家创新系统中,政府需要提供促进协同创新各主体间良好合作的政策环境。我们知道从创新系统论的角度出发,协同创新系统在运行过程中可能存在各种各样的系统缺陷,即企业之间以及企业与高校或科研机构之间互动过程中的障碍。这些障碍主要包括技术信息的缺失,创新系统参与者之间交流与合作机制的障碍,知识产权保护和技术研发的外部性等问题。协同创新的系统缺陷会导致知识共享困难以及技术合作受到限制,进一步影响到系统的创新能力。因此,协同创新政策的本质目标是克服协同创新的系统缺陷,更好地促进协同创新在深度和广度上拓展。为达到协同创新政策的目标,需借鉴西方发达国家通过法律和政策的颁布制定来促进科技和经济有效结合的做法,大力开展与协同创新相关的政策理论研究与分析,建立健全鼓励协同创新主体之间合作的法律制度;制定合适的财税金融、风险投资、专项贷款等扶持政策、法律规范和管理办法;加强协同创新的外在环境建设,努力建设一种公平、公正的创新合作环境,引导实现创新的大协同(陈劲,2012)。

(3)提高协同创新绩效

协同创新绩效用来衡量协同创新活动的实施结果。协同创新的创新过程中技术与各非技术要素全面协同,各创新要素(如战略、组织、文化、制度、技术、市场等)在全员参与和全时空域的框架下进行全方位的协同匹配,以实现各自单独所无法实现的"1+1+1>3"的协同效应,从而促进创新绩效提高(陈劲,2012)。郑刚等人创造性提出了实现全面协同的五阶段过程模型(见表 7.1),即全面协调应该经过接触/沟通、竞争/冲突、合作、整合、协同五个阶段。而协同创新政策的目标,是通过政府有关政策的引导和扶持,为不同的创新参与主体搭建接触/沟通的桥梁,化解竞争/冲突,达到促进各参与主体合作,有效整合创新资源,促进企业、大学、科研机构等参与主体发挥各自优势,共同开展和推动创新。

表 7.1　全面协同的五个阶段

阶段	特征	作用	典型行为/特征
1	接触/沟通	协同的前提,交流与共享部分信息	定期研发—营销—制造部门联席会议
2	竞争/冲突	不同要素、部门、职能、人员间不同利益而产生竞争,并有可能冲突	新产品开发中市场导向与技术导向间的冲突
3	合作	为共同目标而协作配合、共享信息与知识资源	组建跨职能团队
4	整合	围绕共同目标实现各部分一致性、一体化	设产品经理、型号经理
5	协同	实现各部分单独无法实现的效果,整体最优化	新产品开发速度加快

资料来源:郑刚,梁欣如.全面协同:创新致胜之道——技术与非技术要素全面协同机制研究.科学学研究,2006,(24):268-273.

7.2　促进国家创新系统协同创新的政策建议

基于前面的实证研究,本书提出促进国家创新系统协同创新的政策建议。协同创新政策是实现协同创新目标的手段,其工具的选择范围及其组合必须由协同创新政策体系及其所确立的目标所决定,协同创新政策理念是各种协同创新政策工具的核心和灵魂(陈劲,2012)。政府的政策工具应在国家技术战略基础上体现出灵活性、多样性和层次性,各类政策应长短互补,刚柔相济,形成一套完整的政策工具体系,从而更好地促进协同创新。

7.2.1 优化创新环境的政策建议

国家创新环境的优化更多地体现为整个环境面的改善和国家出台的激励创新主体创新的政策。

创新环境是指在创新过程中,影响创新主体进行创新的各种外部因素的总和;主要包括国家对创新的发展战略与规划,国家对创新行为的经费投入力度以及社会对创新行为的态度等,良好的创新环境将有助于协同创新的实现。

7.2.1.1 提倡创新精神,培育创新文化,形成有利于协同创新的良好氛围

胡锦涛同志在 2006 年全国科学技术大会上的重要讲话中指出:建设创新型国家必须在全社会努力发展创新文化,培育创新精神。有了创新文化,才能形成创新发展的氛围,才能为创新发展提供引导和动力。历史告诉我们,任何一个科技创新活跃、经济繁荣的时代,都会有重大的文化创新引导,需要有文化的繁荣。培育和建设创新文化是一项系统工程,需要全社会的共同努力。要坚持解放思想、实事求是、与时俱进,通过理论创新不断推进制度创新、文化创新,为科技创新提供科学的理论指导、有力的制度保障和良好的文化氛围。要在全社会培育创新意识,倡导创新精神,完善创新机制。要大力倡导敢于创新、勇于竞争和宽容失败的精神,努力营造鼓励、支持科技人员创新的有利条件。要注重从青少年入手培养创新意识和实践能力,积极改革教育体制、改进教学方法,大力推进素质教育。要在全社会广为传播科学知识、科学方法、科学思想、科学精神,形成讲科学、爱科学、学科学、用科学的社会风尚。

7.2.1.2 优化组合创新政策工具,加强创新政策协同,加大创新政策的执行力度

1. 优化组合创新政策工具

（1）财政政策

在协同创新过程中,国家的财政政策有着直接而关键的作用。财政政策由政府通过直接控制和调节,从收入和支出两个方面来影响国家资源的分配,其主要工具是增加政府财政支出和税收优惠。对于支持协同创新的财政政策来说,必须采取两种政策相结合的做法。

①加大财政科技投入力度,优化财政科技投入结构。

建立更加多元化、多渠道的科技投入体系,通过对协同创新平台以及各创新主体针对性的投资提升科技投入水平。针对协同创新主体的特点和功能,财政科技投入必须重点解决国、行业和区域经济社会发展中的重大科技问题。要积极发挥资助导向作用。一是要更多地着眼于引导企业从事增强国家竞争

力的技术创新上来,注重引导企业间及企业与其他创新主体间的合作。二是除继续重视上游的 R&D 外,也逐渐加强对下游的支持,可以考虑在技术开发费、技术引进费、技术改造费中,用财政拨款、贷款优先、贷款贴息等办法引导和鼓励企业创新。三是在继续关注大企业的同时,积极帮助中小企业的创新活动。(王飞绒,2005;陈劲,2012)

②改进和完善税收优惠政策。

税收政策是调整技术创新运作的重要手段。我国目前的税收政策对技术创新的激励功能远不到位,甚至在个别具体措施上还存在偏差,应予以调整。

税收政策调整应在税基减免和扩大优惠面两方面进行。税基减免应该更侧重于引导,强调事先优惠,而税额减免则应侧重于利益的直接让度,强调事后让度。建议以税基减免为主,并与税额减免有机结合,将事先优惠与事后优惠并重,运用税收抵扣、加速折旧等手段。如企业 R&D 经费超过其当年销售额5%(视不同行业的情况增减)的部分,可冲抵该企业当年的所得税等,以鼓励企业科技投入。扩大优惠面,就是指对技术创新企业的税收优惠不仅惠及科技工业园内企业,也惠及高新技术工业园区外的企业,可考虑向着一视同仁目标努力。如对所有产学研合作开发的新技术、新产品,均给予税收优惠;对所有自主创新的重要产品,以及对重要成果进行开发生产的企业,在三年内免税。

(2)政府采购政策

政府采购被普遍认为是影响工业中创新的方向和速度的重要政策工具。而我国政府采购政策的主要目标则仍停留在降低政府公共开支、避免行政腐败等低层次上,直接针对技术创新的部分相当少,政府采购促进技术创新的目标没有被充分地理解和认识。主要原因是政府对新技术的采购一般集中于国防和民用航空等领域,而这些恰恰是我国技术水平总体上较低、生产能力比较弱的领域,政府虽然希望购买,但为解燃眉之急常常要从国外进口。目前,可以采取的政策措施有:

①确立政府采购的科技创新目标,加大政府技术采购的力度。

政府采购的政策目标是在保证采购物品质优价廉的基本目标的前提下,通过政策调控实现科技创新、环境保护和扶植中小企业等功能。就科技创新来说,通过购买最终产品和高新技术等多种政府统一采购手段,推动企业和科研机构等创新参与主体积极开展创新活动,促进产业结构优化和鼓励科技进步。为此,必须确立政府采购的科技创新目标,普及政府技术采购意识。

②确立政府采购支持技术创新的重点领域和行业。

从美国政府的经验来看,美国政府采购对计算机、半导体、集成电路技术等工业的支持持续了多年,每年政府采购的比例随着民间技术需求市场的逐步形成而递减。我国政府采购总量有限,不可能对各个行业和产业面面俱到地予以支持,可以选择在我国有发展前景、有比较优势以及对社会经济发展起关键作业的重点产业加以扶持,以刺激在尖端技术领域和关键技术领域的创新,培育一批有实力的高新技术产业。

(3)风险投资政策

风险投资对于促进创新活动具有重要作用。在我国风险投资尚处于起步阶段,需要政府从政策角度加以规范和完善,为风险投资的发展创造一个公平的政策环境。

①重新构建风险投资主体。

国家应当从政府补助、税收优惠、政府担保等诸多方面积极扶持风险投资的发展,积极鼓励和引导各类银行和民间资本建立风险投资基金,建立股份制的投资公司,形成多元化的投资主体。同时,政府还应创造一个使各市场主体都能平等进入的资本市场,积极吸引境外资金向高新技术产业投资,鼓励多种融资方式,促使投资来源的多元化,扩大风险投资资金的规模。

②完善风险投资的有效退出机制。

风险资本的退出主要有三种方式:一是受资公司在股票市场上公开发行股票,风险资本通过出售股份退出;二是将投资公司的股份全部或部分转让给一个大公司;三是由受资公司回购风险资本。目前,我国风险投资政策体系不完善,业内机制不健全,尤其是投资退出渠道不畅通,这说明中国的风险投资市场的确还不够成熟,需要在政策层面上完善风险资本的退出机制。

③加强风险投资专业人才的培养。

我国风险投资尚属起步阶段,风险投资专业人才仍十分匮乏,因而要加强专业人才的培养。一是在风险投资业中,逐步推进执业资格认证制度,提高现有人员的专业水平;二是促进人员流动,组织从业人员学习发达国家风险投资的先进实践经验,并争取有风险投资操作经验的海外人员为国服务;三是进行高校课程改革,使金融学及其相关专业的大学生和研究生能掌握风险投资专业知识和实务,为风险投资行业提供预备人才。

(4)知识产权政策

知识产权保护对于激励创新、促进知识和信息的传播与获取、促进技术转移发挥着不可或缺的作用。近年来我国已逐步建立比较完善的知识产权法律和管理体系,然而,由于我国知识产权制度起步较晚,同时由于我国知识产权产出较之发达国家处于落后水平,因此,我国在知识产权立法和执法方面具有明确的被动性,知识产权制度对于保护和激励创新、促进技术进步和繁荣经济发展方面还远远未起到应有的作用。目前,我国应将知识产权战略纳入国家创新发展战略,重点在以下几个方面加强:

①在国际 TRIPS 协议框架下进一步优化我国知识产权保护制度,形成既与国际接轨又符合我国国情的知识产权法律体系。我国作为 WTO 成员须遵守《与贸易有关的知识产权协议》(TRIPS 协议),因此我国的知识产权保护制度首先必须符合 TRIPS 协议的有关框架,在此前提下应从我国的实际情况出发,不断优化我国知识产权保护制度,以最大限度地保障我国经济社会创新发展的最大利益。

②将知识产权保护纳入国家创新发展战略,促进协同创新发展。通过知识产权保护,在高科技局部领先领域抢占专利权制高点,在民族优势产业领域取得绝对控制权,加强对引进技术消化、吸收与创新成果的专利保护,形成国家在创新技术和产品上的绝对实力,提高在国际社会知识产权保护的话语权。

③不断培养全社会的知识产权意识。当前来看,我国知识产权保护状况还不适应深化改革开放、建设创新型国家的要求,一些地区和领域侵犯知识产权、制售假冒伪劣商品现象仍时有发生,干扰了市场经济正常秩序,妨害企业竞争力和创新积极性,损害了中国的国际形象。另一方面,中国企业运用知识产权参与竞争和维权的意识不强,不少商标和版权等在海外遭遇侵权。知识产权保护需要全社会共同参与、共同推动,全社会知识产权意识的培养就成了当务之急。知识产权意识的培养应通过基础教育、职业教育和社会舆论宣传等途径全方位、多渠道、多手段开展。

2.加强创新政策协同

政策协同是指政策制定和实施主体利用不同的政策措施相互协同以实现不同的政策目标,它至少包括两方面的含义,一是政策措施之间的协调,一是政策目标之间的协调。对于任何既定的宏观调控目标,一个有效的政策组合成本低于单一的政策工具,同时必须注意到政策工具间效用的方向和力度把握(武一,2001)。与其他国家相比,我国的创新政策在完备性方面并不落后,但缺乏的是各区域政策之间的协同性和集成度,难以形成强有力的政策效果(刘红光,刘科伟,张继飞,2006)。借鉴仲为国、彭纪生、孙文祥(2008)的研究结果,笔者认为创新政策协同至少包括以下三个方面的含义:

(1)政策制定和实施主体之间的协同

我国协同创新政策工具涉及财政税收、政府采购、风险投资、中小企业等方方面面,不同的政策制定和实施部门之间必须加强协同,保障协同创新总体目标的实现,防止政策多门、互相牵制、扯皮、推诿等现象。这就要求国家建立协同创新政策协调机构和协调机制,保障政策实施效果。

(2)政策目标之间的协同

目前我国出台的一些政策目标并没有直接考虑或主要考虑促进协同创新问题。当前创新驱动发展已经成为国家战略的情况下,各项政策措施的出台均应考虑创新目标导向。只有政策目标导向一致,才能保证政策措施相互协调。

(3)政策措施之间的协同

在具有中国特色的社会主义市场经济条件下,行政措施和市场调节措施并存。我们给出协同创新的政策工具和政策建议,并不意味着国家行政政策可以代替市场自由调节。相反,借鉴发达国家的经验,可以发现以市场导向为主的协同创新机制是我们发展的方向。因此,政策措施的协同显得尤为重要。在国家创新系统中,协同创新应通过政策手段激发作为创新主体的企业的创新积极性,这就要求我们要进一步加大金融政策特别是风险投资政策,以及中小企业政策力度。

3.加大创新政策的执行力度

(1)加大政策宣传力度

全国上下统一思想,提高认识。国家各相关部门要会同各省市、自治区的科技局、经委、税务等部门,大力宣传企业自主创新政策。召开专题政策研讨会,向各综合管理部门宣讲鼓励企业自主创新政策。同时充分利用各种新闻媒体,大力宣传鼓励企业自主创新的各项政策措施。适时召开专题业务会、举办培训班,积极利用继续教育工程介绍鼓励企业自主创新有关政策。

(2)严格贯彻落实各项政策

各项政策出台后,各地要尽快出台相应的实施细则,促进创新政策落到实处。同时积极收集企业实施过程中的反馈意见,以进一步促进政策的调整。

7.2.2 提升企业吸收能力的政策建议

推动协同创新,关键在于提高企业的知识吸收能力。在目前我国企业知识吸收能力普遍较为薄弱的情况下,政府有责任通过相关政策加以引导和扶持。

(1)重视和加强人才培养,建立健全人才培养机制

企业的知识吸收能力一定程度上取决于内部员工的知识吸收能力,与员工素质息息相关。在当前情况下,政府应完善职业教育立法,在全社会树立终身学习的理念,将建设学习型组织作为企业战略,形成全员培训的局面。进一步加大企业人才培养力度,采取各种政策手段鼓励企业加大职工岗位技能培训和

人员培养力度,不断提供从业人员的知识水平与经验能力,丰富其多元化的知识背景,以促进企业的消化能力和增强对新知识的认知。

(2)鼓励企业加大研发投入,支持企业开展内部研发及合作研发

通过税收优惠及财政补贴等多种措施,鼓励企业将更多的资金投入研发中去。在开展内部研发的基础上,鼓励企业与大学、科研机构合作协同开展研发活动。通过大量的政府和企业 R&D 投入,改善企业进行科学技术研究的硬件和软件设施,增强企业技术创新的水平和能力,提升知识吸收能力。推动企业结合自主研发与技术转移两种策略,并由研发资源投入来提升技术引进的水平。推动企业与大学,特别是研究型大学的合作,彼此之间建立战略联盟的关系,不断提高对知识的吸收能力。

(3)为企业获取、吸收外部知识提供全方位的信息服务,促进知识的流动、传播和吸收利用

逐步建立健全技术信息、技术咨询和专业化技术服务有机结合的技术服务系统,为企业获取、吸收外部知识搭建平台,扩大企业外部知识沟通交流网络,畅通创新系统中各个参与要素主体的信息沟通渠道,从而最大化降低知识吸收的成本。

7.2.3 提升高校知识转移能力的政策建议

(1)进一步提高政府对推进高校知识转移的重视程度和投入力度

提高重视程度,首先,要进一步深化和提高对促进高校知识转移重要性和紧迫性的认识,把促进高校知识转移放到更加重要的战略地位。其次,要进一步落实整体推进高校知识转移的体制机制。第三,要充分利用正在建设中的三个全国性大平台(中国技术交易所、国家技术交易中心、中国版权交易基地),以推进科技成果转化和产业化为主题,举办融论坛、展示、交易于一体的全国性活动,一年一度,形成长效机制。

加大投入力度,对促进高校知识转移的相应工作进行重点支持和持续支持。每一个重大科技项目,都应当体现协同创新的要求,按照以企业为主体、产学研结合的新机制和新模式来组织和运行。

(2)按照协同创新的理念和思路,搭建和利用好服务平台

创新服务平台是政府推动与市场机制相结合;通过优化和整合各类科技资源,向社会提供的开放共享平台。技术转移工作需要政府大力支持,搭建公共服务平台。从国外经验看,欧盟驿站、英国技术集团等都是在政府支持下建立的,至今仍在政府支持下开展各项业务。

在高校科技成果转化过程中可以以高校和科研院所为主搭建以下平台：一是技术交易服务子平台，建立统一的交易标准，促进技术交易；二是专业技术服务子平台，建立专业技术服务网络，强化对产业关键共性技术的研发服务；三是科技公共资源服务子平台，集成科技文献、大型仪器、科学数据、自然科技资源，提高科技资源的利用率和覆盖率；四是信息集成服务子平台，促进技术平台的网络建设及信息流通渠道建设，建立权威的技术信息中心；五是科技成果与信用评估子平台，提供权威的、有公信力的评估结果。

(3)进一步加强技术转移工作的政策法规建设

目前高校和科研院所知识转移过程中存在的主要问题和制约因素，迫切需要通过加强政策法规建设来解决。我国目前尚缺乏此方面的相关立法。在这种情况下，应尽早制定促进高校知识和技术转移的法规，明确技术输出方、输入方和中介方的法律地位和各自的责任、义务和权益，规范他们的行为。参照发达国家科学技术价值评定的标准体系，结合我国的具体情况，制定技术的价格标准体系，为合理地进行有偿技术转移铺平道路。

(4)积极探索促进高校知识流动和技术转移的新机制、新模式

要充分发挥高校和科研院所在知识流动和技术转移中的作用，可以采取如下有效措施：一是尽快改变科技计划支持方式，促使高校院所主动面向企业，形成产学研合作；二是推出有利于成果转化的科技成果评价体系；三是建立科研人员投身技术转移的激励机制。

7.3 本章小结

本章在前面实证研究基础上，提出了协同创新政策的目标，包括促进协同创新能力的提高、营造有利实现协同创新的系统环境和提高协同创新绩效，结合协同创新政策目标，从优化创新环境、提升企业吸收能力、提升高校知识转移能力三个方面提出了相应的政策建议。

08 结论与展望

8.1 主要结论

本书以 198 份创新企业调研的有效样本为研究基础,基于 SPSS 和 AOM 统计分析软件研究了协同创新静态机制,提炼了影响协同创新绩效的企业吸收能力和高校知识转移能力两个关键要素;借鉴复杂系统理论中经典的"B-Z"三维分析模型,基于 Matlab 仿真分析软件探索了动态演进机制。本研究的主要结论如下:

(1)基于国家创新系统的视角入手,梳理了协同创新的相关理论和概念,辨析了自主创新、协同创新和开放式创新的内涵,总结提出了知识是协同创新核心要素,知识的生产、转移、吸收利用是影响协同创新绩效的关键环节,高校知识转移能力和企业吸收能力是直接制约协同创新绩效提升的关键因素等观点。

(2)基于问卷调查数据,探索了协同创新的静态机制。第一,验证了企业吸收能力和高校知识转移能力对于协同创新过程的关键影响作用,其中企业吸收能力对于创新绩效的影响效果更为明显(0.757>0.433),是影响协同创新绩效的主导因素。第二,知识的二元特性同时影响高校知识转移能力和企业吸收能力,但知识属性较强对于高校的知识转移存在抑制作用,这可能源于当前产学研合作过程中高校承担了太多的责任。第三,合作网络特性决定了高校知识转移能力和企业吸收能力的效率,但其对于企业吸收能力的作用不显著。原因之一可能是当前产学研合作途径相对单一,且以企业倚重高校等研究机构为主流,高校保姆式的合作形式反而制约了企业自主研发能力和吸收能力的提升;另外一个原因也可能是企业吸收能力的不足,制约了开放式学习的广度、深度和交互性。第四,激励政策能有效促进企业吸收能力与高校知识转移能力提升。

(3)不同于以往的相关研究,本书在静态协同创新机制研究的基础上,借鉴复杂系统理论中经典的"B-Z"三维分析模型,基于 Matlab 仿真分析软件探索了三种状态中激励政策强度变化下,协同创新绩效、企业吸收能力和高校知识转移能力三者协同演进的动态机制。研究发现:首先,吸收能力与协同创新绩效存在高度相关性。企业吸收能力不足时,高校知识转移效率很低,合作周期很长,且重心下移,容易形成保姆式的合作模式;当企业吸收能力较高时,知识转移效率提高,协同创新绩效估计可以提升 5 倍;在当前协同创新绩效处于总体相对较低水平情况下,企业吸收能力的提高成为提高协同创新的关键。第二,高校知识转移能力呈现较稳定状态。高校的知识储备相对稳定,知识转移能力受到本身知识基础、人才储备与研究能力的影响,不以协同创新的程度为转移。在产学研合作开展的初期,由于知识产业化的放开,高校知识转移能力因为受到合作磨合期不利因素的影响略有下降,而后逐步回升。高校知识转移能力回升的另一个原因是通过产学研合作,高校得到知识反哺,更加了解产业技术需求和市场需求,知识结构得到优化,提升了协同创新能力。第三,激励政策对协同创新具有积极作用,但是激励政策的重点应该针对吸收能力的提高。当企业吸收能力不足,但是激励政策较强时,产学研协同创新绩效得到了 4 倍的提升;当企业吸收能力较高且激励政策较强时,协同创新绩效也得到了 4.5 倍的提升。当前,激励政策已经很多,但是激励作用并不显著,主要原因是激励政策的针对性明显不强。如果激励政策能够高度刺激企业吸收能力的提高,协同创新绩效必将随着企业吸收能力的提高,更显著性提升。

8.2 主要创新点

基于创新系统视角对协同创新机制展开研究,视角本身不是创新点;基于问卷统计数据分析协同创新静态机制,不是创新点;基于知识要素,研究协同创新过程,也不是创新点。本研究的创新点主要如下:

(1)不同于以往的静态协同创新机制的研究方法,本书借鉴复杂系统理论中经典的"B-Z"三维分析模型,基于 Matlab 仿真分析协同创新绩效、企业吸收能力和高校知识转移能力三者协同演进的动态机制,是复杂系统理论在创新管理领域的探索性运用,研究方法具有一定创新性。

(2)基于静态协同机制的实证研究和动态协同机制的仿真研究,发现了企业吸收能力在协同创新进程中的关键作用。这一研究发现,不仅有利于企业了解吸收能力对于实施开放式创新过程中的战略性意义,而且也为激励政策的优化提供了针对性方向,研究结论或具有一定创新性。

8.3   后续研究展望

如何提高国家创新系统协同创新效率,不仅是实施创新驱动发展战略的关键问题,也是经济转型升级必须跨越的"达尔文鸿沟"。研究发现,企业吸收能力是影响协同创新绩效的主导因素。企业如何优化当前的创新战略,以提高开放式创新的水平,高校如何相应以帮助提高企业的吸收能力,创新政策如何优化以进一步发挥对企业吸收能力提高的激励作用,将是后续研究的方向。

B 参考文献 ····································
ibliography

[1]Agrawal A，Rebecca H. Putting Patents in Context：Exploring knowledge transfer from MIT[J]. Management Science,2002,48 (1):44-60.

[2]Alen T J. Managing the Flow of Technology：Technology Transfer and the Dissemination of Technological Information within the R and D Organization[M]. Cambridge ：MIT Press,1977.

[3]Andrew C Inkpen，Eric W K. Tsang. Social Capital，Networks，Andknowledge Transfer[J]. Academy of Management Review,2005,30(1):146-165.

[4]Antonelli C. The New Economics of the University：A Knowledge Governance Approach [J]. Journal of Technology Transfer,2008,33(1):1-22.

[5]Argote L,McEvily B,Reagans R. Introduction to the special issue on managing knowledge in organizations：Creating，retaining，and transferring knowledge[J]. Management Science, 2003, 44 (49): 4-7.

[6]Arrow K J. The Economic Implications of Learning by Doing[J]，Review of Economic Studies,1962,29:155-173.

[7]Arrow K. Economic welfare and the allocation of resources for invention，in Nelson R. R. (ed.)，The Rate and Direction of Inventive Activity [M]. Princeton，NJ：Princeton University Press,1962.

[8]Arundel A，Geuna A. Proximity and the use of public science by innovative European firms[J]. Economics of Innovation and New Technology,2004,13 (6):559-580.

[9]Arza V Channels. benefits and risks of public-private interactions for knowledge transfer:a conceptual framework inspired by Latin America[J]. Science and Public Policy,,2010,37(7):473-484.

[10]Averch H A. The political economy of R&D taxonomies[J]. Research Policy, 1991, 20:179-194.

[11]Bercovitz J, Feldman M. Academic entrepreneurs:Organizational change at the individual level[J]. Organization Science,2008, 19(1):69-89.

[12]Bercovitz J, Feldman M. Entrepreneurial universities and technology transfer: a conceptual framework for understanding knowledge-based economic development[J]. Journal of Technology Transfer, 2006,31(1): 175-188.

[13]Boardman C, Bozeman B. Role strain in university research centers[J]. The Journal of Higher Education, 2007, 78(4):430-463.

[14]Boardman C, Corley E. University research centers and the composition of research collaborations. Research Policy, 2008, 37, 900-913.

[15]Booty I. Interpersonal and interaction influences on informal resource exchanges between R&D and researcher across organizational boundaries [J]. Academy of Management Journal,2000,43(1):50-60.

[16]Bozeman B, Corley E. Scientists' collaboration strategies: implications for scientific and technical human capital[J]. Research Policy, 2004,33 (4): 599-617.

[17]Bozeman B, Dietz J, Gaughan M. Scientific and technical human capital: an alternative model for research evaluation[J]. International Journal of Technology Management, 2001, 22(7/8):636-655.

[18]Bozeman B, Gaughan M. Impacts of grants and contracts on academic researchers' interactions with industry[J]. Research Policy, 2007,36: 694-707.

[19]Burmeister A, Colletis-Wahl K. Proximity in production networks: the circulatory dimension[J]. European Urban and Regional Studies, 1997,4 (3):231-241.

[20]Calderini M, Scellato G. Academic research, technological specialization and the innovation performance in European regions:an empirical analysis in the wireless sector [J]. Industrial and Corporate Change, 2005, 14:

279-305.

[21]Capaldoa. Network structure and innovation: the lever aging of a dual network as a distinctive relational capability[J]. Strategic Management Journal, 2007,28: 585-608.

[22]Carayannis E G. Fostering synerges between information technology and managerial and organizational cognition: The role of knowledge management[J]. Technovation,1999,19(4): 219-231.

[23]Carlsson B,Fridh A. Technology transfer in United States universities: a survey and statistical analysis[J]. Journal of Evolutionary Economics, 2002,12:199-232.

[24]Chen C J. The effects of knowledge attribute,alliance characteristics,and absorptive capacity on knowledge transfer performance [J]. R&D Management, 2004, 34(3): 311-321.

[25]Chesbrough H. Open Innovation: The New Imperative for Creating and Profiting from Technology[M]. Boston, MA: Harvard Business School Press,2003

[26]Christensen Clayton, Overdorf, Michael. Meeting the Challenge of Disruptive Change [M]. Harvard Business Review,2000.

[27]Clark B R. The modern integration of research activities with learning and teaching[J]. Journal of Higher Education,1997,68(03): 242.

[28]Clark B R. The modern integration of research activities with learning and teaching[J]. Journal of Higher Education,1997, 68(03): 242.

[29]Clark B R. Places of Inquiry: Research and Advanced Education in Modern Universities [M]. Berkeley and Los Angeles: University of California Press, 1995.

[30]Clark B R. The Academic Life: Small Worlds, Different Worlds[M]. Princeton, NJ: Carnegie Foundation for the Advancement of Teaching,1987.

[31]Clark B R. The Higher Education System: Academic Organization in Cross-National Perspective[M]. Berkeley and Los Angeles: University of California Press, 1983.

[32]Cohen W M, Levinthal D A. Absorptive capacity: a new perspective on learning and innovation [J]. Administrative Science Quarterly,1990,35:

128-52.

[33]Cotgrove S. The sociology of science and technology[J]. The British Journal of Sociology,1970, 21 (1): 1-15.

[34]Cowan R, Jonard N, Ozman M. Knowledge dynamics in a network industry [J]. Technological Forecasting&Social Change, 2004, 71: 469-484.

[35]Cowan R,Jonard N. Network structure and the diffusion of knowledge [J]. Journal of Economic Dynamics&Control,2004,28:1 557—1 575.

[36]Cowan R, David P A, Foray D. The explicit economics of knowledge codification and tacitness[J]. Industrial and Corporate Change,2000,9 (2):211-253.

[37]Cumming J L,Tang B S. Transferring R&D Knowledge:The Key Factors Affecting Knowledge Transfer Success[J]. Journal of Engineering and Technology Managemem, 2003,41(20):39-68.

[38]D'Este P, Perkmann M. Why do academics engage with Industry? The entrepreneurial university and individual motivations [J]. Journal of Technology Transfer, 2010,36: 316-339.

[39]D'Este P,Iammarino S. The spatial profile of university-business research partnerships[J]. Papers in Regional Science, 2010,89:335-350.

[40]Dasgupta P, David P A. Toward a new economics of science [J]. Research Policy,1994,23: 487-521.

[41]Di Gregorio D, Shane S. Why do some universities generate more start-ups than others? [J]. Research Policy, 2003, 32 (2): 209-227.

[42]Dietz J S, Bozeman B. Academic careers, patents, and productivity: industry experience as scientific and technical human capital[J]. Research Policy,2005, 34(3): 349-367.

[43]Drucker P F. Post-Capitalist Society [M]. Boston: Harvard Business School Press, 1993.

[44]Dyer J H,Chu W. The role of trustworthiness in reducing transaction costs and improving performance: empirical evidence from the United States,Japan,and Korea[J]. OrganizationScience,2003,14:57-68.

[45]Eiduson B T. Scientists:their Psychological World[M]. New York:Basic Books, 1962.

[46]Etzkowitz H. Entrepreneurial science in the academy: a case of the transformation of norms[J]. Social Problems, 1989, 36(1):14-29.

[47]Etzkowitz H, Leydesdorff L. The dynamics of innovation: from national systems and "Mode 2" to a Triple Helix of university-industry-government relations, Research Policy,2000, 29:109-123

[48]Faulkner W, Senker J. Knowledge Frontiers: Public Sector Research and Industrial Innovation in Biotechnology, Engineering Ceramics Parallel Computing[M]. NewYork:Oxford University Press,1995.

[49]Feldman M, Feller I, Bercovitz J, Burton R. Equity and the technology transfer strategies of American research Universities[J]. Management Science, 2002, 48(1):105-121.

[50]Feller I, Ailes C P, Roessner J D. Impacts of research universities on technological innovation in industry:Evidence from engineering research centers[J]. Research Policy, 2002,31: 457-474.

[51]Fischer M, Varge A. Spatial knowledge spillovers and university research:Evidence from Austria[J]. The Annals of Regional Science, 2003,37:303-322

[52]Foray D. The Economics of Knowledge[M]. Cambridge:MIT press,2004

[53]Freema C. Technology and Economic Performance:Lessons from Japan [M]. London:Pinter Publishers,1 987

[54]Freenmn C. Network of Innovations:Synthesis of Research Issues[J]. Research Policy,1991,20:499-514

[55]Garavelli A C, Gorgoglione M, Scozzi B. Managing knowledge transfer by knowledge technologies [J]. Technovation Journal,2000, 22: 269-279.

[56]Gertler M S. Being there proximity, organization, and culture in the development and adoption of advanced manufacturing technologies[J]. Economic Geography, 1995,71(1): 1-26.

[57]Gibbons M, Johnston R. The roles of science in technological innovation [J]. Research Policy,1974,3(3):220-242.

[58]Gibbons M, Kogut B. Does good science lead to valuable knowledge? Biotechnology firms and the evolutionary logic of citation pattern[J]. Management Science,2002,49(4):336-356.

[59]Gibbons M,Limoges C,Nowotny H,Schwartzman C,Scott P, Trow M.

The New Production of Knowledge: The Dynamics of Science and Research in Contemporary Society[M], London: Sage Publications,1994.

[60]Grant R M. The knowledge-based view of the firm: Implications for management practice [J]. Long Range Planning, 1997, 30(3): 450-454.

[61]Gulbrandsen M, Smeby J C. Industry funding and university professors' research performance[J]. Research Policy,2005, 34(6):932-950.

[62]Haken H. Synergetics of brain function international[J]. Journal of Psychophysiology, 2006,60(5):110-124.

[63]Hayek F A. Economics and Knowledge[J]. Economica, 1937, 4(13): 33-54.

[64]Hayek F A. The Use of Knowledge in Society[J]. American Economic Review, 1945,35(4):519-530.

[65]Hayek F A. Sensory Order [M]. Chicago: University of Chicago Press,1952.

[66]Henson M T. The Search—Transfer Problem: The Role of Weak Ties in Sharing Knowledge Across Organization Subunits[J]. Administrative Science Quarterly,1999,(44):82-111.

[67]Hong W, Walsh J P. For money or glory? Commercialization, competition, and secrecy in the entrepreneurial university [J]. Sociological Quarterly,2009 50 (1): 145-171.

[68]Janet B,Maryann F. Entrepreneurial universities and technology transfer: a conceptual framework for understanding knowledge—based economic development[J]. Journal of Technology Transfer,2006,31:175-188

[69]Jensen R A,Thursby M C. Proofs and prototypes for sale: the licensing of university inventions[J]. American Economic Review,2001,91:240-259.

[70]Joshi K D, et al. Knowledge transfer within information systems development teams: examining the role of knowledge source attributes [J]. Decision Support Systems, 2007,43:322-335.

[71]Kane A L. Knowledge transfer between groups via personnel rotation: Effects of social identity and knowledge quality [J]. Organizational Behavior & Human Decision Processes, 2005,96(1): 56—71.

[72]Kim C,Song J. Creating new technology through alliances: an empirical investigation of joint patents[J]. Technovation,2007,27:461-470.

[73]Kingston W. Innovation needs patents reforms [J], Research Policy 2001, 30(3):403-423.

[74]Kirat T, Lung Y. Innovation and proximity Territories as loci of collective learning processes[J]. European Urban and Regional Studies, 1999,6(1):27-38.

[75]Klofsten M, Jones-Evans D. Comparing academic entrepreneurship in Europe: the case of Sweden and Ireland[J]. Small Business Economics, 2000,14:299-309.

[76]Kogut B. The network as knowledge:Generative rules and the emergence of structure[J]. Strategic Management Journal,2000,21: 405-425.

[77]Kogut B, Zander U. Knowledge of the firm,combinative capabilities,and the replication of technology[J]. Organization Science,1992,3:383-397.

[78]Krabel S, Mueller P. What drives scientists to start their own company?: an empirical investigation of Max Planck Society scientists[J]. Research Policy , 2009,38(6):947-956.

[79]Landry R, Amara N, Ouimet M. Determinants of knowledge transfer: evidence from the Canadian university researchers in natural sciences and engineering[J]. Journal of Technology Transfer,2007,32: 561-592.

[80]Landry R, Saihi M, Amara N, Ouimet M. Evidence on how academics manage their portfolio of knowledge transfer activities [J]. ResearchPolicy, 2010,39(10):1387-1403.

[81]Lee Y S. Technology transfer and the research university: a search for the boundaries of university-industry collaboration[J]. Research Policy, 1996, 25:843-863.

[82]Lee Y S. The sustainability of university-industry research collaboration: an empirical assessment[J]. Journal of Technology Transfer, 2000, 25: 111-133.

[83]Leonard. The Role of Tacit Knowledge in Group Innovation [J]. California Management Review,1998,40(3):112—132.

[84]Levin S G, Stephan P. Research productivity over the life cycle:evidence for academic scientists[J]. The American Economic Review, 1991, 81 (1): 114-132.

[85]Louis K S, Blumenthal D, Gluck M, Stoto M A. Entrepreneurs in

academe: an exploration of behaviors among life scientists [J]. Administrative Science Quarterly, 1989, 34 (1): 110-131.

[86]Louis K S, Jones L M, Anderson M S, Blumenthal D, Campbell E G. Entrepreneurship, secrecy, and productivity: a comparison of clinical and non-clinical faculty[J]. Journal of Technology Transfer, 2001, 26 (3): 233-245.

[87]Lundvall B A. Innovation as an interactive process: from user-producer interaction to the national system of innovation[M], In G. Dosi et al. (eds), Technical Change and Ecnomic Theory, London: Pinter, 1988.

[88]Lundvall B A. Product innovation and user-producer interaction[M]. Aalborg: Aalborg University Press, 1985.

[89]Lundvall B A, JohnsonB. The learning economy[J]. Journal of Industry Studies, 1994, 1(2): 23-42.

[90]Lundvall B A. National Innovation Systems: Towards a Theory of Innovation and Interactive Learning[M]. London: Pinter, 1992.

[91]Malerba F. Sectoral systems of innovation and production[J], Research Policy, 2002, 31(2): 247-264.

[92]Mansfield E, Lee J Y. The modern university: contributor to industrial innovation and recipient of industrial R&D support[J]. Research Policy, 1996, 25: 1047-1058.

[93]Mansfield E. Academic research underlying industrial innovations: sources, characteristics, and financing[J]. Review of Economics and Statistics, 1995, 77 (1): 55-65.

[94]Meyer M. Are patenting scientists the better scholars? An exploratory comparison of inventor-authors with their non-inventing peers in nano-science and technology[J]. Research Policy, 2006, 35 (10): 1646-1662.

[95]Moenaert R K, et al. Communication Flows in International Product Innovation Teams[J]. Journal of Product Innovation Management, 2000, (17): 360-377.

[96]MonjonS, Waelbroeck P. Assessing spillovers from universities to firms: evidence from French firm-level data[J]. International Journal of Industry Organization, 2003(21): 1255-1270.

[97]Mulkay M J, Turner B S. Over-production of personnel and innovation in

three social settings[J]. Sociology , 1971, 5 (1):47-61.

[98]Murray F, Graham L. Buying science and selling science: gender differences in the market for commercial science [J]. Industrial and Corporate Change, 2007, 16 (4):657-689.

[99]Nelson R R. Institutions supporting technical advance in industry[J]. The American Economic Review,1986,7(2): 186-189.

[100]Nelson R R. The market economy and the scientific commons [J]. Research Policy,2004,33(3): 455-471.

[101]Nelson R R. National Innovational Systems: A Comparative Analysis [M]. New York:Oxford University Press,1993.

[102]Nelson R R. The simple economics of basic scientific research[J]. The Journal of Political Economy,1959,67(3):297-306.

[103]Nielsen B. The role of knowledge Embeddedness in the creation of synergies in strategic alliances[J]. Journal of Business Research, 2005, 58:1194—1204.

[104]Nonaka I. A dynamic theory of organizational knowledge creation[J]. Organization Science, 1994, 5(1): 14-37.

[105]Nonaka I,Toyama R, Nagata A. A film as a knowledge creating entity: a new perspective on the theory of the firm[J]. Industrial and Corporate Change,2009(1):1-20.

[106]Nowotny H, Scott P, Gibbons M. Re-thinking Science: Knowledge and the Public in an Age of Uncertainty [M]. London: Polity Press, 2001.

[107]OECD. Knowledge Management in a Learning Society [R]. OECD Publications, Paris,2000.

[108]OECD. National Innovation Systes[R]. OECD Publication, Paris,1997.

[109]OECD. Economy based economy[R]. 1996.

[110]Oerlemans L A G, Meeus M T H. Do organizational and spatial proximity impact on firm performance? [J]. Regional Studies, 2005, 39 (1):89-104.

[111]Owen-Smith J. From separate systems to a hybrid order: accumulative advantage across public and private science research one universities[J]. Research Policy, 2003, 32 (6):1081-1104.

[112]Phene A, Tallman S. Knowledge flows and geography in biotechnology

[J]. Journal of Medical Marketing，2002,2：241-254.

[113]Polanyi M. Personal Knowledge：Towards a Post-Critical Philosophy [M]. London：Routledge and Kegan Paul,1958.

[114]Polanyi M. The republic of science[J]. Minerva,1962,1：54-74.

[115]Prigogine I. Evolution of complex and Law of nature [J]. Issue of philosophy of Nature science，1980(3)：35-45.

[116]Purser R E, Pasmore W A. Organizing for Learning[J]. Research in Organizational Change and Development,1992,(6)：37-114.

[117]Reagans R,McEvily B. Network Structure and Knowledge Transfer：The Effects of Cohesion and Range[J]. Administrative Science Quarterly, 2003,48(2)：240-26.

[118]Rice R E, Aydin C. Attitudes toward new organizational technology： network proximity as a mechanism for social information-processing[J]. Administrative Science Quarterly, 1991,36(2)：219-244.

[119]Ring P S, Van de ven A H. Structuring cooperative relationships between organizations[J]. Strategic Management Journal, 1992, 13： 483-498.

[120]Romer P M. The Origins of Endogenous Growth [J]. Journal of Economic Perspectives,1994,8(1)：3-22.

[121]Romer P M. Endogenous Technological Change[J]. Journal of Political Economy, 1990,98(5)：71-102.

[122]Ruttan V W. Technology, growth, and development: an induced innovation perspective[M]. New York：Oxford University Press,2001.

[123]Salter A J, Martin B R. The economic benefits of publicly funded basic research：a critical review[J]. Research Policy, 2001, 30： 509-532.

[124]Santoro M, Betts S. Making industry-university partnerships work[J]. Research-Technology Management, 2002, 45 (3)：42-46.

[125]Saxenian A. Regional Advantage：Culture and Competition in Silicon Valley and Route 128[M]. Cambridge：Harvard University Press,1994.

[126]Schartinger D, Schibany A, Gassler H. Interactive relations between university and firms：empirical evidence for Austria[J]. Journal of Technology Transfer, 2001, 26： 255-268.

[127]Schumpeter J. the Theory of Economy Development [M]. Harvard

Business Review, 1993.

[128]Sequeira K, Martin B. The Links between University Physics and Industry[M]. London: Institute of Physics, 1997.

[129]Siegel D, Waldman D, Link A. Assessing the Impact of Organizational Practices on the Productivity of University Technology Transfer Offices: An Exploratory Study [C]. Cambridge, MA: National Bureau of Economic Research, Working Paper, 1999.

[130]Simonin B L. Ambiguity and the process of knowledge transfer in strategic alliances [J]. Strategic Management Journal, 1999, 20 (7): 595-623.

[131]Simonin B L. Transfer of marketing know-how in international alliances: An empirical investigation of the role and antecedents of knowledge ambiguity[J]. Journal of international business studies, 1999, 30(3): 463-490.

[132]Slaughter S, Rhoades G. Academic Capitalism and the New Economy [M]. Baltimore :Johns Hopkins University Press, 2004.

[133]Stephan P E, Levin S G. Striking the Mother Lode in Science: the Importance of Age, Place and Time[M]. New York: Oxford University Press, 1992.

[134]Stephan P. The economics of science [J]. Journal of Economic Literature, 1996,34 (3):1199-1235.

[135]Sternberg R. Innovative linkages and proximity: empirical results from recent surveys of small and medium sized firms in German regions[J]. Regional Studies, 1999, 33(6):529 - 540.

[136]Szuhnski G. The Process of Knowledge transfer:A Diachronic Analysis of Stickiness[J]. Organizational Behavior and Decision Process, 2000, 82(1): 9—27.

[137]Szulanski G. Exploring internal stickiness:impediments to the transfer of best practice within the firm [J]. Strategic Management Journal (Winter Special Issue), 1996, 17:27-44.

[138]Tassey G. The Role of Government in Supporting Measurement Standards for High-Technology Industries[J]. Research Policy , 1982 (11):311-320.

[139]Teeee D. Technology transfer by multinational firms: the resource cost of transferring technological know—how[J]. The Economic Journal, 1977,(87):242-261.

[140]Tijssen R. Universities and industrially relevant science: towards measurement models and indicators of entrepreneurial orientation[J]. Research Policy, 2006, 35: 1569-1585.

[141]Todtling F,Lehner P,Kaufmann A. Do different types of innovation rely on specific kinds of knowledge interaction? [J]. Technovation, 2009, 29:59-71.

[142]Tornquist K M,Kallsen L A. Out of the ivory tower: characteristics of institutions meeting the research needs of industry [J]. Journal of Higher Education, 1994, 65 (5): 523-539.

[143]Torre A, Rallet A. Proximity and localization. Regional Studies, 2005, 39(1):47-59.

[144]Tyre M J, von Hippel E. The Situated Nature of Adaptive Learning in Organizations[J]. Organization Science, 1997, 8(1):71-83.

[145]Von Hippel E. Lead Users: A Source of Novel Product Concepts[J]. Management Science,1986,32(7): 791-805.

[146]von Hippel E. Sticky Information and the locus of Problem Solving: Implications for Innovation [J]. Management Science, 1994, 40 (4): 429-435.

[147]Wang P,et al. An integrated model of knowledge transfer from MNC parent to China subsidiary[J]. Journal of World Business, 2004, 39:168-182.

[148]Wejnert B. Integrating models of diffusion of innovations: a conceptual framework[J]. Annual Review of Sociology, 2002, 28:297-326.

[149]Wig K M. Integrating intellectual capital and knowledge management [J]. Long Range Planning, 1997, 30(3): 399-405.

[150]Wilkof M V, Brown D W, Selsky J W. When the stories are different: the influence of corporate culture mismatches on inter-organizational relations[J]. The Journal of Applied Behavioral Science, 1995, 31: 373 - 388.

[151]Williamson O. Opportunism and its critics[J]. Managerial and Decision

Economics，1993，14：97-107.

[152]Wolfgang T，Hermann H. The functional aspects of self organized pattern formation[J]. New Ideas in Psychology，2007，25(1):1-15.

[153]Wright M. Mid-range universities' linkages with industry：Knowledge types and the role of intermediaries[J]. Research Policy，2008，37：1205-1223.

[154]Zaheer A，McEvily B，Perrone V. Does trust matter? Exploring the effects of interorganizational and interpersonal trust on performance[J]. Organization Science，1998，9：141-159.

[155]ZahraS A，George G. Absorptive capacity：a review，reconceptualization，and extension[J]. Academy of Management Review，2002，27:185-203.

[156]Zander U，Kogut B. Knowledge and the Speed of the Transfer and Imitation of Organizational Capabilities[J]. Organization Science，1995，6(1):76-92.

[157]Zander U，Kogut B. Knowledge and the speed of the transfer and imitation of organizational capabilities：An empirical test [J]. Organization Science，1995，6(1):76—92.

[158]ZimanJ. Prometheus bound：Science in a dynamic steady state[M]. Cambridge:Cambridge University Press,1994.

[159]Zollo M，Reuer J J，Singh H. Interorganizational routines and performance in strategic alliances[J]. Organization Science，2002，13：701-713.

[160]伯顿·R. 克拉克. 高等教育系统:学术组织的跨国研究[M]. 杭州:杭州大学出版社,1994：159—160.

[161]伯顿·R.克拉克. 高等教育新论——多学科的研究[M]. 杭州:浙江教育出版社,1988.

[162]伯顿·R.克拉克.探究的场所——现代大学的科研和研究生教育[M]. 王承绪,译. 杭州:浙江教育出版社,2001.

[163]蔡文娟，陈莉平. 社会资本视角下产学研协同创新网络的联接机制及效应[J]. 科技管理研究,2007,(1):172—175.

[164]曹兴,郭然. 知识转移影响因素研究及其展望[J]. 中南大学学报(社会科学版),2008,(2):230—236.

[165]陈劲,蒋子军,陈钰芬. 开放式创新视角下企业知识吸收能力影响因素研

究[J]. 浙江大学学报(人文社科版),2011,41(5):71—82.

[166]陈劲. 国家技术发展系统初探[M],北京:科学出版社,2000.

[167]陈守明,赵小平,赵贺. 大学在产业集群知识转移中角色的实证研究[J].
科学学研究,2007,12(25):375—380.

[168]陈守明,赵小平. 大学对知识型产业集群的嵌入性和知识转移的影响[J].
科学学与科学技术管理,2007,(10):73—79.

[169]程艳霞,吴应良. 隐性知识传播模型及共享体系研究[J]. 情报方法,
2005,(8):16—17.

[170]范晓荣. 发达国家高等教育产学研合作教育分析与借鉴[J].继续教育研
究,2008,(11):95—96.

[171]方放,曾德明. 中国研究型大学在国家创新体系中的作用[J]. 湖南农业
大学学报(社会科学版),2005,(1):77—78.

[172]高祥宇,卫民堂,李伟. 人际信任对知识转移促进作用的研究[J]. 科研管
理,2005,(6):106—112.

[173]国家中长期科学技术发展规划和纲要(2006—2020 年)[R]. 新华
社,2006.

[174]郝文杰,晓峰. 研发团队内部知识转移绩效影响因素的实证研究[J]. 工
业技术经济,2008,(10):62—64.

[175]赫尔曼·哈肯. 高等协同学[M]. 郭治安,译. 北京:科学出版社,1989.

[176]胡恩华等. 基于协同创新的集群创新企业与群外环境关系研究[J]. 科学
管理研究,2007,(3):23—26.

[177]姜昱汐等. 大学科技园协同创新中政产学研的作用及收益分析[J]. 现代
教育管理,2011,(8):33—35.

[178]蒋翠清等. 开放的组织知识转移—创造—应用模型研究[J]. 科学学与科
学技术管理,2006,(2):67—71.

[179]柯江林,石金涛. 知识型团队有效知识转移的社会资本结构优化研究[J].
研究与发展管理,2007,(1):21—27.

[180]李兵,张春先. 协同知识创新管理的研究和探讨[J] 科研管理,2004,(2):
124—128.

[181]李纲,刘益. 组织间的重叠知识与知识转移的关系模型[J]. 科技管理研
究,2008,(2):211—213.

[182]李金华,孙东川. 复杂网络上的知识传播模型[J]. 华南理工大学学报,
2006,(6):99—102.

[183]廖述梅. 高校研发对企业技术创新的溢出效应分析[J]. 科研管理,2011,6:11—17.

[184]林继志,张向前. 教学研究型高校科研评价体系理论分析[J]. 科技进步与对策,2010,(18):136—140.

[185]林晶晶,周国华. 企业—大学合作中的知识转移机制研究[J]. 中国软科学,2006,(3):139—144.

[186]林莉. 知识联盟中知识转移的障碍因素及应对策略分析[J]. 科研管理,2004,(4):29—32.

[187]林昭文等. 基于互惠动机的个体间隐性知识转移研究[J]. 科研管理,2008,(4):28—33.

[188]刘力. 产学研合作的历史考察及本质探讨[J]. 浙江大学学报(人文社会科学版),2002,(3):109—116.

[189]柳卸林,贾蓉,游光荣. 建设科研与教育结合的知识创新体系[J]. 国防科技,2007,(8):37—43.

[190]柳卸林. 国家创新系统:现状与未来[M],北京:经济管理出版社,1999:45—63.

[191]吕卫文. 国外知识编码研究评介[J]. 科技进步与对策,2007,(4):164—167.

[192]马费成,王晓光. 知识转移的社会网络模型研究[J]. 江西社会科学,2006,(7):38—44.

[193]马庆国等. 基于复杂适应系统的个体知识转移影响因素分析[J]. 科研管理,2006,(3):50—54.

[194]马庆国等. 知识转移的影响因素分析[J]. 北京理工大学学报(社会科学版),2006,(1):10—13.

[195]孟庆敏等. 基于知识供应链的高校知识转移模式研究[J]. 科技管理研究,2008,(8):143—144.

[196]倪延年. 论知识传播在知识经济发展中的社会功能[J]. 理论研究,2006,(5):54—58.

[197]牛冲槐等. 科技型人才聚集下的知识转移路径研究[J]. 科技管理研究,2010,(6):193—196.

[198]潘杰义,李燕,詹美求. 企业—大学知识联盟中知识转移影响因素分析[J]. 科技管理研究,2006,(7):206—210.

[199]彭湃. 大学、政府与市场:高等教育三角关系模式探析—个历史与比较的

视角[J]. 高等教育研究,2006,9:100—105.

[200]全利平,蒋晓阳. 协同创新网络组织实现创新协同的路径选择[J]. 科技进步与对策,2011,(9):15—19.

[201]疏礼兵,贾生华. 知识转移过程模式的理论模型研究述评[J]. 科学学与科学技术管理,2008,(4):95—100.

[202]司托克斯. 基础科学与技术创新——巴斯德象限[M]. 周春彦,谷春立,译. 北京:科学出版社,1999.

[203]苏卉. 知识接收方特性对知识转移效率影响的实证研究[J]. 情报杂志,2009,(5):138—142.

[204]孙莱祥. 研究型大学的课程改革与教育创新[M]. 北京:高等教育出版社,2005.

[205]唐方成,席西民. 知识转移与网络组织的动力学行为模式[J]. 系统工程理论与实践,2006,(5):122—127.

[206]唐晓云. 中国中小企业创新政策的分析——基于1997—2008年样本[J]. 科学学研究,2011,(12):1807—1812.

[207]唐炎华,石金涛. 国外知识转移研究综述[J]. 情报科学,2006,(1):153—160.

[208]汪应洛,李勖. 知识的转移(资本化)特性研究[J]. 系统工程理论与实践,2002,22(10):8—11.

[209]王立平. 我国高校 R&D 研发知识溢出的实证研究——以高技术产业为例[J]. 中国软科学,2005,(12):54—59.

[210]王晓光,马费成. 社会网络视角下知识转移的机制与策略[J]. 科技进步与对策,2007,(11):102—105

[211]王毅. 粘滞知识转移研究述评[J]. 科研管理,2005,(2):71—75.

[212]王兆祥. 知识转移过程的层次模型[J]. 中国管理科学,2006,(3):122—127.

[213]魏江,王铜安. 个体、群组、组织间知识转移影响因素的实证研究[J]. 科学学研究,2006,(1):91—97,160.

[214]吴玉鸣. 中国区域研发/知识溢出与创新的空间计量经济研究[M]. 北京:人民出版社,2007.

[215]伍晓玲,周明. 组织内部的知识转移及其困难研究[J]. 科学学与科学技术管理,2004,(2):68—71.

[216]奚雷.彭灿. 战略联盟中组织间知识转移的影响幽豢与对策建议[J]. 科技

管理研究,2006,(3):166—169.

[217]夏海兰,杨华玲.中国知识创新体系存在问题探析[J].北京科技大学学报(社会科学版),2002,(4):45—48.

[218]肖洪武.加快建设科研与教育有机结合的知识创新体[J].科技和产业,2008,(5):90—93.

[219]肖小勇,文亚青.组织间知识转移的主要影响因素[J].情报理论与实践,2005,28(4):355—358.

[220]熊励等.协同创新研究综述——基于实现途径视角[J].科技管理研究,2011,(14):15—18.

[221]徐国东等.企业一大学合作中的知识转移影响因素分析[J].情报杂志,2008,(2):87—89.

[222]杨璐.组织内部个体知识转移过程及影响因素分析[J].科技情报开发与经济,2008,(21):143—145.

[223]杨玉兵,胡汉辉.网络结构与知识转移[J].科学学与科学技术管理,2008,(2):123—127.

[224]杨玉兵,潘安成.强联系网络、重叠知识与知识转移关系研究[J].科学学研究,2009,(1):25—29.

[225]杨振华,施琴芬.管理过程视角下的高校隐性知识管理[J].科技与经济,2006,(1):36—39.

[226]叶飞等.产学研合作过程中知识转移绩效的关键影响因素研究[J].工业技术经济,2009,(6):116—120.

[227]约翰·S.布鲁贝克.高等教育哲学[M].杭州:浙江教育出版社,2001.

[228]翟杰全.构建面向知识经济的国家科技扩散体系[J].科研管理,2001,(1):8—13.

[229]张钢,陈劲,许庆瑞.技术、组织与文化的协同创新模式研究[J].科学学研究,1997,(2):56—61.

[230]张海涛等.知识转移的研究现状与展望[J].图书情报工作,2009,(22):108—111.

[231]张力.产学研协同创新的战略意义和政策走向[J].教育研究,2011,(7):18—21.

[232]张莉.知识转移的影响因素及转移过程研究[J].情报科学,2005,(11):1606—1609.

[233]张生太,李涛,段兴民.组织内部隐性知识传播模型研究[J].科研管理,

2004,(4):28—31.

[234]张永宁,陈磊. 知识特性与知识转移研究综述[J]. 中国石油大学学报(社会科学版),2007,(1):62—67.

[235]张志勇等. 基于动态网络模型的研发团队隐性知识转移研究[J]. 运筹与管理,2007,(16):142—147.

[236]周光礼,马海泉. 科教融合:高等教育理念的变革与创新[J]. 中国高教研究,2012,(8):15—23.

[237]周和荣,张鹏程,张金隆. 组织内非正式隐性知识转移机理研究[J]. 科研管理,2008,(5):70—76.

[238]周密等. 社会关系视角下的知识转移理论研究评述及展望[J]. 科研管理,2007,(3):78—85.

[239]朱少英,徐渝. 基于组织学习的知识动态扩散模型[J]. 科研管理,2003,(1):67—70.

A 附 录
ppendix ···

附录一:访谈提纲

访谈提纲

一、请简要谈谈您参与(或管理)高校、科研机构和企业之间协同创新项目的经历,包括人才培养、科学研究和合作创新等活动。

二、请谈谈您如何理解高校、科研机构和企业之间的协同创新。

三、您认为影响我国高校、科研机构和企业之间协同合作创新的因素有哪些?

四、您认为我国高校、科研机构和企业之间的协同合作创新面临什么困难和障碍?

五、您认为进行或加强哪些方面的工作才能有效地解决影响高校、科研机构和企业之间协同合作创新的问题,以此提升我国自主创新能力?

附录二:调查问卷

协同创新机理研究调查问卷封面信

尊敬的先生/女士:

　　您好! 感谢您拨冗参与本问卷调查!

　　本调查问卷旨在了解我国国家创新系统的基本情况,通过发现需要解决的问题,来探寻协同合作过程中的主要影响因素,探索我国协同创新的运行机制,从而为相关政府部门在提升创新政策绩效提供科学的政策建议。

　　本问卷旨在获取相关研究数据,所得数据纯属科学研究之用。因此,完全采用匿名的方式进行,您个人的回答将会受到严格的保密,请您不要有任何顾虑。如您对分析结果感兴趣,欢迎您提供邮箱,我们会在研究结束后及时将研究结果发送给您! 感谢您的合作和支持!

敬　祝

　　工作顺利 万事如意

浙江大学科教发展战略研究中心

通信地址:浙江大学玉泉校区 1715 信箱

邮政编码:310027

联系电话:0571-87953882

传真:0571-87951599

E-mail:wangcx@nsfc.gov.cn

　　填写说明:

　　本问卷共分四个部分:第一部分是有关您及所在研究机构或企业的基本情况;第二部分是对"协同创新的影响因素"进行全面了解;第三部分是了解您所在研究机构的"协同创新绩效"情况。请注意每部分的填写提示。

　　第一部分:基本信息(请在□内打勾"√"或在横线上填写相应信息):

　　1.您所在的学科:＿＿＿＿＿＿＿＿＿＿＿

　　2.您的学术职称(请选择最高项):

(1)高级 (2)副高级 (3)中级 (4)初级及以下

3.您所在科研组织(或团队)的规模:

(1)5人以下 (2)5～10人 (3)10～20人 (4)20～50人 (5)50人以上

4.您所在科研组织成员的平均年龄段:

(1)25～30岁 (2)30～40岁 (3)40～45岁 (4)45～50岁 (5)50～55岁

5.科研资金的主要来源(可多选):

(1)国家重大项目 (2)省部级项目 (3)地市级项目 (4)企业横向项目 (5)其他

6.在三年内,您所在科研团队主要投入的R&D经费累计达到:

(1)小于200万元 (2)200万元～1000万元 (3)1000万元～3000万元 (4)3000万元～5000万元 (5)5000万元以上

第二部分:协同创新的影响因素:(请在相应的数字中打"√",1—5表示与您的实际情况契合的程度,1表示完全不符合,5表示完全符合)

编号	题项	影响因素相应分值				
		1完全不符合	2基本不符合	3不能确定	4基本符合	5完全符合
1	知识产权保护政策	①	②	③	④	⑤
2	政府优惠政策	①	②	③	④	⑤
3	创新资助	①	②	③	④	⑤
4	人才和教育政策	①	②	③	④	⑤
5	知识产权服务	①	②	③	④	⑤
6	金融服务	①	②	③	④	⑤
7	中介组织服务	①	②	③	④	⑤
8	对政策环境的了解程度	①	②	③	④	⑤
9	对行业的了解程度	①	②	③	④	⑤
10	对竞争对手的了解程度	①	②	③	④	⑤
11	清晰的合作目标	①	②	③	④	⑤
12	研发战略的开放度	①	②	③	④	⑤
13	强烈的合作动机	①	②	③	④	⑤

续表

编号	题　项	影响因素相应分值				
		1 完全 不符合	2 基本 不符合	3 不能 确定	4 基本 符合	5 完全 符合
14	清晰的合作创新内容	①	②	③	④	⑤
15	合作企业组织结构	①	②	③	④	⑤
16	项目团队的稳定度	①	②	③	④	⑤
17	合作模式的选择	①	②	③	④	⑤
18	成员间交互的强度	①	②	③	④	⑤
19	知识共享的总量和密度	①	②	③	④	⑤
20	高层领导对合作项目的关注和支持	①	②	③	④	⑤
21	项目经理的经验与能力	①	②	③	④	⑤
22	项目倡导者的存在	①	②	③	④	⑤
23	技术桥梁人物的存在	①	②	③	④	⑤
24	科学家的参与	①	②	③	④	⑤
25	项目成员的责任感	①	②	③	④	⑤
26	高素质的项目成员	①	②	③	④	⑤
27	合作历史和经验	①	②	③	④	⑤
28	社会关系紧密程度	①	②	③	④	⑤
29	利益分配	①	②	③	④	⑤
30	合作信誉	①	②	③	④	⑤
31	信任	①	②	③	④	⑤
32	创新文化距离	①	②	③	④	⑤
33	空间距离	①	②	③	④	⑤
34	知识的生命周期	①	②	③	④	⑤
35	知识的变化速度	①	②	③	④	⑤
36	知识复杂程度	①	②	③	④	⑤
37	知识的显性特征	①	②	③	④	⑤
38	知识的隐性特征	①	②	③	④	⑤
39	模块化和标准化	①	②	③	④	⑤

续表

编号	题　项	影响因素相应分值				
		1 完全不符合	2 基本不符合	3 不能确定	4 基本符合	5 完全符合
40	充足的资金支持	①	②	③	④	⑤
41	利用高教的先进设备和检测设施	①	②	③	④	⑤
42	充足的人力资源投入	①	②	③	④	⑤
43	大学知识生产能力	①	②	③	④	⑤
44	大学知识解析传播能力	①	②	③	④	⑤
45	企业吸收能力	①	②	③	④	⑤
46	企业创新能力	①	②	③	④	⑤

第三部分:协同创新绩效(请在相应的数字中打"√",1—5 表示与您的实际情况契合的程度,1 表示完全不符合,5 表示完全符合):

编号	指　标	协同创新绩效相应分值				
		1 完全不符合	2 基本不符合	3 不能确定	4 基本符合	5 完全符合
P1	创新绿色化程度	①	②	③	④	⑤
P2	创新成本	①	②	③	④	⑤
P3	市场占有率	①	②	③	④	⑤
P4	专利申请和行业标准	①	②	③	④	⑤

问卷到此结束,再次感谢您的热心参与!

I 索 引
ndex

·······································

图书在版编目（CIP）数据

知识:国家创新系统的协同本质 / 叶伟巍,王翠霞著.
—杭州：浙江大学出版社,2015.7
ISBN 978-7-308-14568-8

Ⅰ.①知… Ⅱ.①叶… ②王… Ⅲ.①国家创新系统
—研究—中国 Ⅳ.①F204②G322.0

中国版本图书馆 CIP 数据核字（2015）第 069125 号

知识:国家创新系统的协同本质

叶伟巍　　王翠霞　著

责任编辑	周卫群	
封面设计	刘依群	
出版发行	浙江大学出版社	
	（杭州天目山路 148 号　邮政编码 310007）	
	（网址:http://www.zjupress.com）	
排　　版	杭州中大图文设计有限公司	
印　　刷	浙江海虹彩色印务有限公司	
开　　本	710mm×1000mm　1/16	
印　　张	16.25	
字　　数	292 千	
版 印 次	2015 年 7 月第 1 版　2015 年 7 月第 1 次印刷	
书　　号	ISBN 978-7-308-14568-8	
定　　价	48.00 元	